TRVTZ-NACHTIGAL.
oder
GEISTLICHES POËTISCH LVST-WAELDLEIN.

Als noch nie zuvor in Teutscher
Spraach auff recht Poëtisch gesehen ist.

Allen geistlichen, gottliebenden Seelen,
vnd sonderlich der poëtischen Kunst gelehrten Liebhabern zur Erquickung.
Durch einen Priester der Societet JESV.
Anno 1634.

Ad Musas de Auctore

Sicelides Musae Sacrum decorate Poëtam
qui vos Germano nunc facit ore loqui.

Ettliche Merckpünctlein für den Leser

1.

TrutzNachtigal wird das Büchlein genand weil es trutz allen Nachtigalen süß, vnd lieblich singet, vnd zwar auff recht Poëtisch. Also daß es sich auch wol bey sehr guten Lateinischen, vnd andern poëten dörffe hören lassen.

2.

Dan daß auch in der Teutschen Spraach man gut poëtisch dichten, vnd reden könne; vnd es nicht bißhero an der Spraach, sondern an poëten, so es einmahl auch im Teutschen wagen dörfften, gemanglet habe; wird der Leser gleich auß disem Büchlein erfahren.

3.

Vnd ist die Meinung des Auctors darauff gangen, daß auch Gott in Teutscher Spraach seine Sänger, vnd poëten hette, die sein Lob, vnd Namen eben also künstlich, vnd poëtisch als andere in anderen Spraachen, singen, vnd verkünden köndten.

4.

Derohalben dan, so es dem Leser gefallen solte (: wie verhoffentlich es allen gelehrten gefallen wird :) so seye Gott zu tausendmahl gelobt, vnd gebenedeyet: dan ie anders nichts alhie gesucht worden ist, als daß nur die Hertzer deren, die es lesen werden, in Gott, vnd göttlichen sachen ein genügen, vnd frolocken schöpffen.

5.

Vnd zwar die teutsche wörter betreffend, solle sich der Leser drauff verlassen, daß keins passiret worden

ist, so sich nicht bey guten authoren finden lasse, oder
bey guten teutschen bräuchich seye.

6.

Was aber die Art deren ReymVerß betrifft, seind es
theils Jambische, theils Trochaische Verß, wie es die
gelehrten nennen: Dan sonst keine andere art sich im
Teutschen recht arten, noch klingen wil. Die Quanti-
tèt aber, das ist, die Länge vnd Kürtze der Syllaben, ist
Gemeinlich vom accent genommen, also daß dieienige
Syllaben auff welche in gemeiner außspraach der accent fellt, für Lang gerechnet seind, vnd die andere für
Kurtz.

Ich sage, Gemeinlich; dan ich gut rund bekennen
muß, daß ettwan auch | darwider gehandlet, vnd es (3ʳ)
nitt allezeit so gar genaw in acht genommen ist: aber
doch also; daß es entweder der Leser nitt vermercken
noch achten, oder auch die ohren nitt verletzen wird.
Vnd auß disem merckpünctlein, welches wenig bißher
gedacht oder verstanden, entstehet die Lieblichkeit aller anderen ReymVerß, welche sonsten ohn solches
gar vngeformt, vnd vngeschliffen lauten, vnd weis
mancher nitt warumb. Aber dises ist die vrsach, weil
man auff den accent nicht merket.

7.

Nun solle man aber auch im Lesen acht geben daß man
keinen buchstaben außlasse oder auch hinzusetze, da-
mitt man nicht zwo syllaben mache wo nur eine ist,
oder eine wo zwo seind. Vnd derohalben solle man
auffmerken ob exempelweis geschrieben seye *Drauff*,
oder *Darauff*: *Drumb* oder *Darumb*. *Lieb* oder *Liebe*:
Grab oder *Grabe*. *Stehn* oder *stehen* vnd dergleichen,
dan sonsten die poëtische zahl der syllaben nicht bestehen wurde.

[Verzeichnis der Gedichtüberschriften]

1. Eingang dieses Buchleins, Trutz Nachtigal genandt.
2. Ein Liebgesang der Gespons JESV
3. Anders Liebgesang der Gespons JESV
4. Ein anders Liebgesang vnd ist ein spiel der Gespons JESV, mit einer Echo oder widerschall
5. Anders Liebgesang der Gespons JESV, darinn eine Nachtigal mit der Echo oder widerschall spielet.
6. Anders liebgesang der gespons JESV, darinn Sie ihre Vnruh beklaget
7. Anders Liebgesang der Gespons JESV, darinn die eigenschafft einer volkommen begierlichen Liebe abgemahlet sein.
8. Anders Liebgesang der Gespons JESV zum anfang der Sommerzeit.
9. Die Gespons JESV sucht ihren geliebten, vnd find ihn im garten alda Er gefangen wird.
10. Die Gespons JESV sucht, vnd findet Jn auff dem Creutzweeg
11. Spiegel der liebe. Oder von Maria Magdalena da sie nach dem Judischen Osterfest am grossen Sabbath morgens fruh ihren JESVM in dem grabe gesucht.
12. Ermahnung der Buß an den Sunder daß er die Burg seines hertzens Christo einraume
13. Conterfey deß menschlichen Lebens
14. Daß Vatter Vnser poëtisch auffgesetzt
15. Bußgesang eines recht zerknirschten hertzens.
16. Ein anders Bußgesang eines zerknirschten hertzens.
17. Eine Christliche Seel muntert sich auff im abgang ihrer trawrigkeit
18. Jubel einer christlichen Seelen nach vberwundener trawrigkeit
19. Poëtisch gesang von dem H: Francisco Xavier der gesellschafft JESV alß Er in Jappon schiffen wolte

7

20. Die Gespons JESV lobet Gott bey dem gesang der Vögel.
21. Anleitung zur Erkandtnuß vnd liebe deß Schöpffers auß den geschöpfften
22. Lob Gottes auß einer weitläuffigen Poëtischen beschreibung der fröligen Sommerzeit
23. Lob deß Schöpffers darin ein kleines wercklein seiner weißheit, nemblich die wunder liebliche handtirung der Jmmen oder Bienen Poëtisch beschrieben wird
24. Anders Lob Gottes, vnd ist der 148. Psalm Davids Poëtisch auffgesetzt
25. Anders Lobgesang auß den wercken Gottes
26. Anders Lobgesang, darin die Geschöpff Gottes zu seinem Lob ermanet werden
27. Ein anders Lobgesang, auch auß dergleichen wercken Gottes, so Jhn immerdar preisen
28. Anders Lobgesang darin noch außfuhrlicher alle Geschöpff Gottes Jn zu loben angemahnet werden
29. Ein gar hohes Lobgesang darin daß geheimnuß der hochheiligen Dreyfaltigkeit so wol Theologisch, alß Poëtisch, wie viel geschehen können entworffen wird
30. Eine Ecloga. Das ist ein hirtengesang oder hirtengespräch darin zween hirten, Einer Damon, der ander Halton genandt, ie einer vmb den andern in die wett spilen, vndt zu nacht Gott loben, dieweil Mon, vndt Sternen scheinen.
31. Andere Ecloga oder hirtengesang darin ietzgemelte beide Hirten zu morgens fruh Gott loben, alweil die schöne Sonn scheinet.
32. Andere Ecloga, oder Hirtengesang, darin gemelte hirten Gott loben bey ihren Schäfflein: vnd ihr lieb zu Gott anzeigen
33. Christmeß gesang darin Ein Engel die geburt Christi den hirten verkundigt.
34. Christnachtliche Ecloga oder hirtengesang, darin zween hirten Damon, vnd Halton das Christkindlein

besucht haben, gegen im mit liebe befangen, ihren brand entdecken.
35. Ein kurtzer Poëtisch Christgesang vom Ochß, vnd Eselein bey der krippen
36. Ecloga oder hirtengesang darin zween hirten Damon, vnd Halton ihre gaben erzehlen, so sie dem Christkindlein schencken wöllen.
37. Der Evangelisch guter hirt sucht daß verlohren Schäfflein.
38. Trawrgesang von der noth Christi am Oelberg in dem garten.
39. Eine Ecloga oder hirtengesang vom Blutschweiß Christi in dem garten, darin der Mon alß ein sternen hirt Poëtisch eingefuhrt wird, so Christum vnder der person eines Hirten Daphnis genand beklaget
40. Eine Ecloga oder hirtengesang von der gefängnuß Christi vnder der person deß hirten Daphnis.
41. Anders hirtengesang, darin der Bach Cedron Poëtisch eingefuhrt wird, so die gefängnuß Christi vnder der Person deß hirten Daphnis beklaget
42. Ein gesang vber daß *Ecce Homo* nach der geißlung vnd Cronung Christi.
43. Ein trawriges gespräch so Christus an dem Creutz fuhret
44. Klag- vnd trawrgesang der mutter JESV, vber den todt ihres Sohns, vnder der person deß iungen hirten Daphnis
45. Ein klägliches Hirtengesang darin zween hirten Damon, vnd Halton den todt Christi vnder der person deß hirten Daphnis weitläuffig betrawren
46. Eine Christliche Seel singet von dem Creutz, vnd wunden Christi.
47. Ecloga oder hirtengesang von Christo dem gekreutzigten, vnder der person deß hirten Daphnis, vnd bey gleichnuß eines jungen wüldts
48. Ein hirtengesang darin die zween hirten einer nach dem andern mit vnderschiedlichen gleichnussen den

gekreutzigten, vnd aufferstehenden JESVM, vnder der person deß hirten Daphnis Poëtisch bereymen.

49. Hirtengesang, Vber daß Creutz, vnd aufferstehung Christi, darin waß der eine hirt Damon genandt von seinem vorhaben vorspielet, der ander Halton genant, allweg, auff das Geistlich nachdeutet.

50. Ander hirtengesang darin der hirt Damon, die schöne Oesterliche Sommerzeit, vnd die Vrstend Christi gar Poëtisch bereymet.

[51. Am Heyligen Fronleichnams Fest, von dem hochwürdigen Sacrament des Altars.

52. Die Gesponß IESV erweckt die vögelein zum Lob GOTTES.]

[1]
Eingang zu disem Büchlein Trvtz-Nachtigal genandt

1.

Wan Morgenröt sich zieret
  Mitt zartem Rosenglantz,
Vnd gar sich dan verlieret
  Der Nächtlich Sternentantz:
Gleich lüstet mich spatziren
  Jn grünen LorberWald,
Aldà dan Musiciren
  Die pfeifflein mannigfalt.

2.

Die Flügelreiche Schaaren,
  Das FederBürschlein zart
Jn süssem Schlag erfahren
  Noch kunst, noch athem spart:
Mitt Schnäblein wolgeschliffen
  Erklingens wunder fein,
Vnd frisch in Lufften schiffen
  Die schöne Mütterlein.

3.

Der grüne Wald ertönet
  Von krausem Vogelsang;
Mitt Stauden stoltz gekrönet
  Die Krufften geben klang:
Die Bächlein krumb geflochten
  Auch lieblich stimmen ein,
Von Steinlein angefochten
  Gar süßlich sausen drein.

4.

   Die sanffte Wind in Lufften
     Auch ihre Flügel schwach
An händen, Füß, vnd Hufften
     Erschüttlen mitt gemach:
   Da sausen gleich an bäumen
     Die lindgerührte Zweig,
   Zur Músic sich nitt säumen;
     O woll der süssen Streich!

5.

   Doch süsser noch erklinget
     Ein sonders Vögelein,
So sein gesang volbringet
     Bey Sonn- vnd Monetschein.
Trvtz-Nachtigal mitt Namen
     Es nunmehr wird genandt,
Vnd vilen Wilt, vnd Zahmen
     Geht vor, gantz vnbekandt

6.

Trvtz-Nachtigal mans nennet,
     Jst wund von süssem Pfeil:
Jn Lieb es lieblich brennet,
     Wird nie der wunden heil.
Gelt, Pomp, vnd Pracht auff Erden,
     Lust, Frewden es verspott,
Vnd achtets für beschwerden,
     Sucht nur den schönen Gott.

7.

Nur klinglets aller orten
     Von Gott, vnd Gottes Sohn;
Vnd nur zun Himmelpforten
     Verweisets allen ton:

Von Bäum- zun Bäumen springet,
  Durchstreichet Berg, vnd Thal,
Jn Feld- vnd Wälden singet,
  Weiß keiner Noten Zahl.

8.

Es thut gar manche farthen,
  Verwechßlet ort, vnd Lufft:
Sichs ettwan setzt in garten
  Betrübt an holer klufft;
Auchs ettwan frewdig singlet
  Susampt der süssen Lerch,
Gott lobend es vmbzinglet
  Den Oel- vnd ander Berg.

9.

Auch schwebets auff den Waiden,
  Vnd wil beyn Hirten sein
Da Cedron kombt entscheiden
  Die grüne wisen rein.
Thut zierlich sammen raffen
  Die Verßlein in bezwang,
Vnd setzet sich zun Schaaffen,
  Pfeifft manchen Hirtensang

10.

Auch wider da nitt bleibet,
  Sichs hebt in Wind hinein,
Den lären Lufft zertreibet
  Mitt schwancken federlein:
Sichs setzt an grober Eichen
  Zur schnöden Schedelstatt,
Wil kaum von dannen weichen,
  Wird Creutz, noch peinen satt.

11.

Mitt Jhm wil mich erschwingen,
 Vnd manchem schwebend ob,
Den LorberCrantz ersingen
 Jn Teutschem GottesLob.
Dem Leser nicht verdriesse
 Der Zeit, vnd Stunden lang:
Hoff ihm es noch erspriesse
 Zu gleichem Cithersang.

[2]
Ein Liebgesang der
gespons JESV.

1.

Die reine Stirn der Morgenröt
 War nie so fast gezieret,
Der Frühling nach dem Winter öd
 War nie so schön muntiret,
Die weiche brust der Schwanen Weiß
 War nie so wol gebleichet,
Die gülden pfeil der Sonnen heiß
 Nie so mitt glantz bereichet:

2.

Als JESV Wangen, Stirn, vnd Mund
 Mitt gnad seind vbergossen;
Lieb hatt auß seinen äuglein rund
 Fast tausend pfeil verschossen,
Hatt mir mein hertz verwundet sehr,
 O wee der süssen peine!
Für Lieb ich kaum kan rasten mehr
 Ohn vnterlaß ich weine.

3.

Wie Perlen klar auß Orient
  Mir zäh von augen schiessen:
Wie Rosenwässer wolgebrendt
  Mir thränen vberfliessen.
O keusche Lieb, Cupido rein,
  Aldà dein hitz erkühle,
Da dunck dein heisse Flüttig ein,
  Daß dich so starck nitt fühle.

4.

Zu scharpff ist mir dein heisser brand,
  Zu schnell seind deine Flügel:
Drumb nur auß thränen mitt verstand
  Dir flechte Zaum, vnd Zügel.
Kom nitt zu streng:
Mich nitt verseng:
  Nitt bren mich gar zu kohlen.
Dich weisen laß,
Halt zihl, vnd maaß,
  Dich brauch der linden strolen.

5.

O Arm, vnd Hende JESV weis,
  Jhr Schwesterlein der Schwanen,
Vmbfasset mich nitt lind, noch leis;
  Darff euch der griff ermahnen.
Starck hefftet mich an seine brust,
  Vnd satt mich lasset weinen:
Jch ihn erweich, ist mir bewust,
  Vnd wär das hertz von Steinen.

6.

O JESV mein du schöner Held
  Lang warten macht verdriessen:
Groß Lieb mir nach dem Leben stellt,
  Wan soll ich dein geniessen?

O süsse Brust!
O freud, vnd lust!
  Hast endlich mich gezogen:
O miltes Hertz!
All pein, vnd schmertz
  Jst nun in wind geflogen.

7.

Alhie nun will ich rasten lind,
  Auff JESV brust gebunden.
Alhie mich mag Cupido blind
  Biß gar zu tod verwunden.
Am hertzen JESV sterben hinn
  Jst nur in lusten leben,
Jst nur verlieren mitt gewin,
  Jst tod im Leben schweben.

[3]
Anders Liebgesang
der gespons JESV.

1.

Gleich früh sich wan entzündet
  Der silberweisse tag,
Vnd klar die Sonn verkündet
  Was Nachts verborgen lag,
Die Lieb in meinem hertzen
  Ein Flämmlein stecket an,
Das brinnt gleich einer kertzen,
  So niemand leschen kan.

2.

Wan schon ichs trag in Winden,
  Gen Ost- vnd Nordenbrauß,

Doch ruh, noch rast mag finden,
　　Last nie sich blasen auß.
O wee der quaal, vnd peinen!
　　Wo soll mich wenden hinn?
Jch immerdar muß weinen,
　　Weil stäts in schmertzen bin.

3.

Wan wider dan entflogen
　　Der Tag zur Nacht hinein,
Vnd *nunder sich gebogen
　　Die Sonn, vnd Sonnenschein,
Das Flämmlein so mich queelet,
　　Noch bleibt in voller glut;
All stund, so vil man zehlet,
　　Michs ie noch brennen thut.

4.

Das Flämmlein das ich meine,
　　Jst JESV süsser Nam:
Es zehret Marck, vnd Beine,
　　Frist ein gar wundersam.
O süssigkeit in schmertzen!
　　O schmertz in süssigkeit!
Ach bleibe noch im hertzen,
　　Noch bleib in Ewigkeit.

5.

Ob schon in pein, vnd quaalen
　　Mein Leben schwindet hinn,
Wan JESV pfeil, vnd Stralen
　　Durchstreichen Mut, vnd Sinn;
Doch nie so gar mich zehret
　　Die Liebe Jesu mein,

---

* poëticè pro hinunder.

Als gleich sie wider nehret,
   Vnd schenckt auch frewden ein.

6.

O flämmlein süß, ohn massen!
   O bitter auch, ohn zihl!
Du machest mich verlassen
   All ander freud, vnd spiel,
Du zündest mein gemüte,
   Bringst mir groß hertzenleid:
Du kühlest mein geblüte,
   Bringst auch ergetzlichkeit

7.

Ade zu tausend jahren,
   O Welt zu guter Nacht:
Ade laß Mich nur fahren,
   Jch längst hab Dich veracht.
Jn JESV lieb ich lebe,
   Sags rund von hertzen grund
Jn lauter lust ich schwebe,
   Wie sehr ich bin verwund.

[4]
Ein anders Liebgesang:
vnd ist ein spiel der gespons
JESV mitt einer Echo oder
widerschal.

1.

Jn grünem Wald ich newlich saß,
   Gen einer steinen klausen;
Da kam durch zartes Laub, vnd Graß
   Ein sanfftes Windlein sausen.

Ein Brünnlein klar
Beyseiten war,
　So frisch, vnd frölich spritzet;
Ein Bächlein rein,
Auch eben fein
　Von holem Felsen schwitzet.

2.

Der schöne Frühling schon begund,
　Es war im halben Mertzen,
Da seufftzet ich von Seelengrund,
　Der Brand mir schlug vom hertzen.
Jch JESVM rieff
Auß hertzen tieff:
　Ach JESV thet ich klagen;
Da gund es bald,
Auch auß dem Wald
　Ach JESV deutlich sagen.

3.

Gar laut es mir zun ohren kam,
　Dacht iemand wär im Walde:
Michs drum nitt also wunder nahm,
　Noch merckets also balde.
Jch sah mich vmb,
Vnd wider vmb,
　Ach JESV rieff beyneben:
Alßbald in eyll,
Wie schneller pfeil
　Ach JESV rieff es eben.

4.

Jch dacht es wurd auch iemand sein,
　Den JESV Lieb mögt brennen:
Vnd sprach: nun bin ichs nitt allein,
　Ach mögt ich ihn dan kennen!

Jch rieff *Holà?*
Vnd schnell *Werdà?*
  Ob leut fürvber giengen:
Da thäts *Hola?*
Vnd schnell *Werda?*
  Jm selben ton erklingen.

5.

Jch sprach *Hiehèr, Hiehèr* gar hel,
  Vermeint zu Mir solls kommen:
Da sprachs *Hiehèr Hiehèr* gar schnell,
  Doch niemands hab vernommen.
Jch dacht bey Mir:
Er rüffet Dir,
  Mich ließ nach Jhm entführen;
Tratt auff die bein,
Zum wald hinein;
  Da kond ich niemand spüren.

6.

Ach laß dich sehn *Jch suche dich*
  Rieff abermahl behende.
Da rieff es nur, *Jch suche dich*
  Die letzte wortt vom ende.
Jch widerumb,
Jn kurtzer Summ;
  Weil suchest mich *kom here*
Da gab es nur,
Als wie zuvor,
  Die letzte wort von fehre.

7.

Ey dacht ich dan, ist wunderlich:
  Ruff Jch; so rufft er wider;
Such Jch nun Jhn, so sucht er Mich:
  Mein haupt ich sencket nider.

    Da fiel mirs ein,
    Es mögte sein
      Mein JESVS, den ich liebe,
    Dems brechte lust, [13]
    Das vnbewùst
60   Auff, ab er mich nur triebe.

8.

Jch sprach: bist du *dan JESVS nicht?*
    Vnd seufftzet auß dem grunde.
Da sprach es deutlich *JESVS nicht:*
    Vnd seufftzet auch zur stunde.
65 Ey wer bist dan? (12ᵛ)
Mir *zeig es an*,
    Gar freundlich thät ich fragen:
Doch nichts gewan:
Weil *zeig es an*,
    Zu mir es auch thät sagen.

9.

Bald *JESV* rieff ich vberlaut,
70   *Ach JESV*, mehr, vnd mehre.
Da rieff es *JESV* gleich so laut,
    Ach JESV gleich so sehre.
Drauff ich gedacht:
Man deiner lacht,
    Nur hebe dich von hinnen,
75 Weil iederzeit
Ohn recht bescheid
    Man hie mag nichts gewinnen

10. [14]

Jch sprach: was werd ich machen dan?
    Weil nie wilt recht *bescheiden*.
Drauff bald, als vil ich kond verstahn,
80   Es riete mir zu *scheiden*.

21

>
> Ja scheiden zwar,
> Jch muß fürwar,
>   Bey dir ich nichts erjage:
> Doch eines dich (13ʳ)
> Muß fragen ich:
>   Nur dises mir noch sage.

11.

> Mein, wo dan JESVM treff ich an?
>   Jst dirs halt vn*verborgen*.
> Da wolt es sein kein wissen han,
>   Rieff zimlich laut, *verborgen*.
> Ey dan dich troll,
> Rieff Jch im groll,
>   Fahr hinn in *Gottes Namen:*
> Jch auch tratt an,
> Vnd wolte gan,
>   Da klang von weitem *Amen.*

12.

> Alßdan mitt hellem *Ach* vnd *Ach*
>   Die Brust ich schlug in schmertzen:
> Gleich selbe wortt, mitt selbem schlag
>   Schien thät es auch von hertzen.
> Jch sprach zu letzt, [15]
> Hab gnug geschwetzt,
>   Wer auch soll Dich nun *schweigen?*
> Drauffs endlich noch,
> Mitt halbem poch,
>   Gar deutlich sagte *Schweigen.*

13.

> Wolan *so schweige* schnell ich rieff:
>   Schnell rieff es auch *So schweige*. (13ᵛ)
> Da mach ich mir gedancken tieff,
>   Das haupt hinvnder neige:

105 Das haupt ich senck,
Vnd endlich denck,
 Ob auch wan mich wurd wenden,
Es gleich bereit
Von Solcher seit
 Auch antwort mir solt senden.

14.

Drumb kehr mich vmb, vnd schawen wil,
110 Ruff hinn mitt gantzer stärcke:
Da bleibts an Jener seyten stil,
 Kein wörttlein ich vermercke.
Drauff wider wand
Zur ander hand,
115 Recht zu den holen Steinen;
Dan hört ich stät,
Als offt ich redt, [16]
 Ein Stimm, fast gleich der meinen.

15.

Har, har, jch nun *hab funden dich*,
 Rieff laut, weil ichs verstunde.
Da rieff es auch *hab funden dich*
120 Nur wortt auß meinem Munde.
Alßdan zuhand
Hab erst erkandt,
 Weils Einerseyts nur redte,
Das nur der Schall, (14ʳ)
Mitt gleichem hall
 Mitt mir gespielet hette.

16.

125 Jch rieff bist du *der Widerschal?*
 Hieß wilkom ihn beyneben:
Da rieff es laut *der widerschal.*
 Auch Wilkom mir thäts geben.

23

                Alßdan bereit,
                Wir alle beyd,
130   Noch weiter thaten spielen,
                Weil ohne Maß,
                Ohn vnderlaß,
                    Die Fugen vns gefielen.

                        17.

                Wolan, wolan, O WiderSchall,
                    Weil einmahl dich hab funden;
135   Jch spielen wil mitt dir im ball   [17]
                    Hinfürter manche stunden.
                Der Ball so dir
                Dan kombt von mir
                    Soll heissen JESVS Name,
                Der Ball so du
                Solt schlagen zu
140   Soll sein auch JESVS Name.

                        18.

                Jn disem Wald, bey disem Thall
                    Gar offt ich wil spatziren,
                Vnd mich mitt Dir, O Widerschall,   (14ᵛ)
                    Gar freundlich verlustiren.
145   O süsser Schall!
                O weisser Ball!
                    Mitt dir wil vilmahl spielen;
                Biß zu dem grab
                Nitt laß ich ab,
                    Wan schon all himmel fielen.

                        19.

                Mein JESVM wil nun tausend mahl
150   Jn wälden lan erklingen,
                Mitt Mir auch sollen vberal
                    Die Bäum, vnd Stauden springen.

Heck, laub, vnd graß,
Wans mercken das,
　Mitt müssens auch zum Reyen,
Vnendlich mahl
Durch Berg, vnd Thal
　Will JESVM fröhlich schreyen.

20.

O JESV, JESV, JESV mein
　Wie brennt mir mein geblüte!
Nun bitt ich dich; doch laß es sein
　Sampt deiner gnad, vnd güte,
Daß tag, vnd Nacht,
Jn stäter wacht,
　Die welt nur JESVM singe,
Vnd immerdar,
Das gantze jahr
　Vor ihm in frewden springe.

[5]

Anders Liebgesang der ge-
spons JESV
Darin eine Nachtigal mitt
der Echo, oder Widerschal
spielet.

1.

Ach wan doch JESV liebster mein
　Wan wirst dich mein erbarmen?
Wan wider zu mir kehren ein?
　Wan fassen mich in armen?
Was birgest dich?
Was kränckest mich?
　Wan wird ich dich vmfangen?

25

Wan reissest ein
All meine pein?
　Wan schlichtest mein verlangen?

2.

O wilkom süsse Nachtigal
　Kombst gleich zu rechter stunde:
Erfrisch den lufft mitt bestem schall,　(15ᵛ)
　Erschöpff die kunst von grunde;
Ruff meinem Lieb,
Er nitt verschieb;
　O JESV, ruff mitt kräfften;
Ruff tausend mahl,
Ruff ohne zahl,
　Wer weis es ie mögt hefften?

3.

Ach ruff, vnd ruff, o Schwester zart,
　Mein JESVM zu mir lade:
Mir trewlich hilff zu diser fahrt,
　Dan Jch in zähren bade.
O Schwester mein,
Sing süß, vnd rein,
　Ruff meinem Schatz mitt Nahmen:
Dan kurtz, dan lang
Zieh deinen klang;
　All Noten greiff zusamen.

4. [20]

Wolan; scheint mich verstanden hatt
　Die Maisterin in wälden:
Jhrs albereit geht wol von statt,
　Die Färblein schon sich melden.
Jn starcker zahl,
Nun manches mahl,
　Den ton sie schon erhebet,

26

    Weil auch der Schall,
    Auß grünem Thall,
      Jhr deutlich widerstrebet.

5.

Da recht, du fromme Nachtigal,
   Du ienem Schal nitt weiche:
Da recht, du trewer WiderSchal,
   Du stäts dich ihr vergleiche.
Zur schönen Wett
Nun beyde trett,
   Mein JESVM last erklingen,
Ob schon im Streit
Der schwächsten seit
   Am leben solt mißlingen.

6.

Die Nachtigal den Schall nitt kendt,
   Vnd helts für ihr Gespielin:
Verwundert sich wies mög behend
   So gleichen ton erzihlen.
Bleibt wenig stumm:
Schlägt widerumb:
   Denckt ihr bäld obzusiegen:
Doch Widerpart
Machts gleicher art,
   Kein Pünctlein bleibt verschwigen.

7.

Bald steiget auff die Nachtigal
   Je mehr, vnd mehr, vnd mehre;
Gleich folgt auch der Widerschall,
   Wans ie noch höher were.
Drumb zierlich fecht,
Vnd starcker schlegt
   Das Frewlein reich von stimmen,

Steigt auff, vnd auff,
Gantz ohn verschnauff,
　Doch thuts der Schall erklimmen.

8.

Alßdan geht vber zihl, vnd schnur,
　Das hertz mögt sich zerspalten,
Sie sucht es in B moll, B dur,
　Auff allerhand gestalten:
Thut hundertfalt
Den Baß, vnd Alt,
　Tenòr, vnd Cant durchstreichen:
Doch Stimm, doch kunst:
Jst gar vmbsonst, [22]
　Der Schall thuts auch erreichen.

9.

Da kitzlet sie dan Ehr, vnd Preis
　Mitt gar zu scharpffen Sporen,
Erdenckt noch schön- vnd schöner weis,
　Meint sey noch nicht verlohren.
All mut, vnd blut,
Vnd athem gut
　Versammlet sie mitt hauffen
Wil noch zum Sieg
Jm schönem krieg
　Mitt letzten kräfften lauffen.

10.

Ey da kracht ihr so mütigs hertz,
　Gleich ton, vnd Seel verschwinden:
Da leschet sich die gülden kertz, (17ʳ)
　Entzuckt von starcken winden.
O mütigs Hertz!
O schöne kertz!
　O wol, bist wol gestorben.

28

Die Lorber Cron
Jm letzten Ton
    Du doch noch hast erworben.

11.

Dan zwar ein Seufftzerlein gar zart
    Jm tod hast lan erklingen,
Das so subtil dein widerpart
    Mitt nichten mögt erschwingen:
Drumb ja nitt lieg;
Dein ist der Sieg;
    Das Cräntzlein dir gebüret,
Welchs dir allein
Von blümlein fein
    Jch schon hab eingeschnüret.

12.

Adè dan fahlbe Nachtigal,
    Von fahlbem tod entferbet:
Weil du nun ligst in grünem thal,
    Sag, wer dein Stimmlein erbet?
Könds ie nitt sein,
Es wurde mein?
    O Gott könd ichs erwerben!
Wolts brauchen stät,
So früh, so spät,
    Biß auch im sang thät sterben.

13.

Nun doch wil ich in disem wald
    Bey deinem grab verbleiben:
Hoff mich mitt ihren pfeilen bald
    Begierd, vnd Lieb entleiben.
Will ruffen starck
Zum toden-sarck,
    Biß mein geliebter komme:

Will ruffen laut
Meins hertzen traut,
 Biß letzt ich gar erstumme.

[6]
Anders Liebgesang der gespons JESV, darin sie ihre vnruh beklagt.

1.

Die Lieb ohn Wehr, vnd waffen
 Mich hatt genommen ein:
Gibt immer mir zu schaffen,
 Mag nie zufrieden sein.
Doch nur mir kombt von oben,
 Von JESV solcher streit;
Hab weit von mir geschoben
 Die weltlich Vppigkeit

2.

Nur JESV Lieb mich zehret,
 Nur JESV krenckest mich:
Was quaal mir widerfähret,
 Von JESV reget sich.
Von ihm was pein ich leyde,
 Was fewr, vnd hertzen brand
Jch niemand recht bescheyde,
 Wers nitt hatt selbst erkandt

3.

Wan früh vor hellen tagen
 Die Morgenröt auffgaht
Vnd kaum ihr pferd, vnd wagen
 Mitt Rosen kleidet hatt,

Dan auch in vollen straalen
   Wan Sonnenliecht besteht,
Jn lauter pein, vnd quaalen
   Jchs treib zum abend speth.

4.

Ja solt ich ie noch hoffen
   Alßdan auch rast, vnd ruh,
Wan müd, vnd laß geloffen,
   Der tag sich riglet zu:
Wan lieblich vbergossen
   Die thier mitt süssem schlaaff, (18ᵛ)
Wan arbeit all beschloßen
   Wan feyret alle straaff:

5.

Da wolt ichs leyd, vnd klagen
   Fast halber legen ab,
Noch solt michs also plagen,
   Was nun zu tragen hab.
Nun ist es ia vergebens
   Jch nimmer kom zu rast;
Die tag ich meines lebens
   Verzehr in stätem last.

6. [26]

So schwind ich nichtes finde,
   Das nitt auch höret auff:
Man merckets an dem winde,
   Daß er gar offt verschnauff:
Alwèg wan er geflogen,
   Die Schläg er schüttlet auß,
Bleibt ettwas eingezogen;
   Ohn ruh nitt scheid von hauß.

31

7.

Das Meer wans hebt ohn Massen,
  Mags doch nitt lang bestahn:
Pflegt bald sich nieder lassen,
  Nimpt ruh begierlich an:
Jch newlich merckets toben,
  Wehrt ettlich stunden kaum,
Da war all macht zerstoben,
  Zerschmoltzen aller schaum.

8.

Der wanderßman ermattet
  Auff starck, vnd stäter reiß;
Beym grünen bäumlein schattet,
  Streicht ab den sauren schweiß;
Ja frey, sols anders gelten,
  All arbeit in gemein
Mitt ruh nitt also selten
  Pflegt vnderbrochen sein.

9.

Warumb thut Mich dan plagen
  Die Lieb ohn vnderlaß?
Daß nie kein punct mag sagen,
  Wan Jch ohn schmertzen waß.
Ohn vnterlaß ich klage,
  Für stätem hertzen leyd:
Bey nacht, vnd auch bey tage,
  Scheint Mir nur saure Zeit.

10.

Die Lieb mich setzt in leyden,
  O JESV Liebster mein!
Wer wil von dir gescheyden
  Nitt stäts in quaalen sein?
Der Feind mich kompt vmringen,
  Er meiner lacht, vnd spott,

Fragt hönisch auch mitt singen,
　　Wo sey mein schöner Gott?

11.

Drumb stätigs ich mitt Zähren,
　　Die Seufftzer blaß hinauff:
Sie stündlich sich vermehren,
　　Vnzahlbar wird der hauff.
Die thranen mich ernehren,
　　Seind meine speiß, vnd tranck,
Von zähren muß ich zehren,
　　Weil bin von Liebe kranck.

12.

Ach wan doch wird erscheinen
　　Der schön, vnd weisser tag?
Wan auch nach stätem weinen,
　　Jch stät, vnd sicher lach?
Wan schmertzen, krieg, alarmen
　　Wird sein in Fried verzehrt,
Wan JESV dich mitt armen
　　Jch frölig binden werd?

13.

O wan, vnd wan wird scheinen
　　Ein rein, vnd liechtes Liecht,
Das alle klag, vnd peinen
　　Jn mir zumahl vernicht?
O Gott nun laß es scheinen,
　　Laß scheinen vberall,
Daß ewig wir nitt weinen
　　Jn disem zähren thal.

[7]
Anders Liebgesang der gespons JESV, darinn die Eigenschafften einer volkommenen Begierlichen Liebe abgemahlet seind.

1.

Wan Morgenröt
Die Nacht ertöd
  Mitt ihren gülden straalen,
Wach Jch zu Gott,
Zu meinem Gott,
  Ruff Jhm zun offtermahlen.

2.

Jch wach zu Gott,
Zu dir mein Gott,
  Mein augen zu dir kehre:
Vnd ruff dan frey,
Mitt mattem schrey;
  Mich dürst nach Dir so sehre.

3.

Jch wein zu dir,
Seufftz mitt begier,
  O liebster meines Hertzen!
Mein trewer Gott,
Jst mir kein spott,
  Die Lieb mich setzt in schmertzen

4.

Bin matt, vnd müd,
Fast ohn geblüt;
  Die kräfften seind erlegen:

Die gantze Nacht
Hab vil gewacht,
　Jch kaum die Zung mag regen.

5.

Mein hertz von Mir,
Weicht gar zu Dir,
　O Gott mein trost alleine!
Seufftz also vil,
Ohn maß vnd zihl,
　O wee der schweren peine!

6.

Mitt starckem brand,
Jst dir bekand,
　Bin ich so gar befangen:
O süsses band!
Laß ab zuhand,
　Sonst tödt mich groß verlangen.

7.

Drumb Gott nur eyl,
Dan deine pfeil
　Recht spielen mir zum leben:
Ich sterbe schier,
Das glaube mir,
　Mitt noth ich binn vmgeben.

8.

Wan ich nitt bald,
Bey dir erhalt,
　Jch deiner mög geniessen,
Wird also stracks,
Wie weiches wachs,
　Das hertz in mir zerfliessen.

9.

Mitt wahrem Mund,
Auß hertzen grund,
　Jch sprich mitt waren worten,
Hab ruh, noch rast,
Jch leb in last,
　Fast aller end, vnd orten.

10.

Jch wohnet stät
Jn wüsten öd,
　Da meint ich ruh zu finden:
Nun ist kein land,
So vnbekand,
　Da nicht die Lieb kom hinden.

11.

Wan ich vermein,
Weit weg zu sein,
　Gefreyt für ihren pfeilen;
Da rüst sie sich,
Verfolget mich,
　Vnd wärens tausend meilen.

12.

O Gott, vnd Herr,
Was wär so fehrr
　Da Sie nit gleich solt kommen?
Jch rast, noch ruh
Nun finden thu,
　Lieb hatt mich vbernommen.

13.

Wan dein begierd
Mein Hertz regiert,
　Für leyd kan ich nitt sprechen,

Für süsser not,
Für süssem tod
  Das Hertz mögt mir zerbrechen

14.

Süß ist der schmertz,
Gesund das hertz,
  Für freud ich muß ermatten:
Ja kranck das Hertz,
Herb ist der schmertz,
  Bey Sonnenschein ist schatten.

15.

Bald dise stund
Jch bin verwund,
  Vnd sinck fur tod darnider:
Bald selbe stund
Jch bin gesund,
  Steh auff, vnd lebe wider.

16.

O liechter Tunst!
O kühle Brunst!
  Wer wolt es ie vermeinen,
Daß brenn, vnd kühl,
Alß jetzt ich fühl,
  Die Lieb das Marck in beinen?

17.

Die Lieb ist Feur,
O Abentheur!
  Jst Wasser auch im gleichen:
Bringt hertzenLeyd,
Bringt hertzenfreid;
  Muß eins dem andren weichen.

18.

Offt mannigfalt,
Jch bin mißstallt,
  Werd vmb, vnd vmb getrieben,
Hett nie gedacht
An solche macht,
  Alß ich fing an zu lieben:

19.

All mein gemüt,
All mein geblüt,
  Mir thut für frewden wallen,
So nur allein
O Gott, mir dein
  Gedechtnuß ein kompt fallen.

20.

Dein edler Stamm,
Dein süsser Namm
  Verwund mir mein gemüte,
Dein Angesicht,
Dein augenliecht
  Entzündt mir mein geblüte.

21.

Wan ich zu Nacht
Von dir betracht,
  Mitt lieb, vnd last beladen,
Mein augen beyd
Für freud, vnd leyd
  Jn warmen zähren baden.

22.

O starcke Lieb!
O Hertzen dieb!
  Was wilt mit mir vil pochen?

Kan wider dich
Doch nichtes ich,
 Mein Seel hast Du durchstochen.

23.

Nim vollends hinn
All meine Sinn,
 Nim alles weg zur stunden,
Bin lauter dein,
Vnd gar nitt mein,
 Geb gantz mich vberwunden.

24.

Ach, ach, wie geh
Wird Mir so weh!
 Kan reden mehr, noch dichten:
Die Spraach besteht,
Vnd krafft vergeht,
 Begird mich hinn wil richten.

[8]
Anders Liebgesang der gespons JESV. Zum Anfang der Sommerzeit.

1.

Der trübe Winter ist fürbey,
 Die kranich wider kehren;
Nun reget sich der Vogelschrey,
 Die Nester sich vermehren:
Laub mitt gemach
Nun schleicht an tag,
 Die blümlein sich nun melden,

    Wie Schlänglein krum
    Gehn lächlend vmb
      Die Bächlein kühl in wälden.

2.

Der Brünnlein klar, vnd quellen rein
    Vil hie, vil dort erscheinen,
All silberweisse Töchterlein
    Der holen Berg, vnd Steinen:
    Jn grosser meng
    Sie mitt gedreng
      Wie pfeil von Felsen zihlen:
    Bald rauschens her,
    Nitt ohn gepleer,
      Vnd mitt den Steinlein spielen.

3.

Die Jägerin *Diana* stoltz,
    Auch Wald- vnd Wasser Nymphen
Nun wider frisch in grünem holtz
    Gan spielen, schertz, vnd schimpfen.
Die reine Sonn
Schmuckt ihre Cron,
    Den kocher füllt mitt pfeilen,
Jhr beste Roß
Läst lauffen loß
    Auff marmerglatten meilen.

4.

Mitt ihr die kühle SommerWind
    All jüngling still von sitten
Jm lufft zu spilen seind gesind,
    Auff Wolcken leicht beritten.
Die bäum, vnd näst
Auch thun das best,
    Bereichen sich mitt schatten,

Da sich verhalt
Das wild im wald,
   Wans pflegt von hitz ermatten

5.

Die meng der Vöglein hören last
   Jhr Schyr- vnd Tyre-Lyre
Da sauset auch so mancher nast
   Sampt Er mitt musicire.
Die zweiglein schwanck
Zum vogelsang
   Sich auff, sich nider neigen,
Auch höret man
Jm grünen gahn
   Spatziren Laut, vnd Geigen.

6.

Wo nur man schawt, fast alle welt
   Zun frewden thut sich rüsten:
Zum schertzen alles ist gestelt,
   Schwebt alles fast in lüsten.
Nur Jch allein,
Jch leyde pein,
   Ohn end ich werd gequeelet,
Seit ich mitt dir,
Vnd du mitt mir,
   O JESV, dich vermählet.

7.

Nur Jch O JESV bin allein
   Mitt stätem leyd vmbgeben,
Nur Jch muß nur in schmertzen sein,
   Weil nitt bey Dir mag leben.
O state klag!
O wehrend plag!
   Wie lang bleib Jch gescheiden?

    Von grossem wee,
    Daß dich nitt seh,
        Mir kombt so schwäres leyden.

8.

Nichts schmecket mir auff gantzer welt
    Als JESV Lieb alleine:
Noch spiel, noch schertz mir ie gefelt,
    Biß lang nur Er erscheine:
Vnd zwar nun frey
Mit starckem schrey
    Ruff Jhm so manche stunden:
Doch nie kein tritt,
Sich nahnet nitt;
    Solt michs nitt hart verwunden?

9.

Was nützet mir dan schöne zeit?
    Was glantz, vnd schein der Sonnen?
Was bäum gar lieblich außgebreit?
    Was klang der klaren Brunnen?
Was athem lind
Der kühlen wind?
    Was Bächlein krum geleitet?
Was edler Mey?
Was vogelschrey?
    Was Felder grün gespreitet?

10.

Was hilfft all freud, vnd spiel, vnd schertz?
    All trost, vnd lust auff Erden?
Ohn Jhn ich bin doch gar in schmertz,
    Jn leyd, vnd in beschwerden.
Groß hertzen brand
Mich töd zuhand,
    Weil JESV dich nitt finde;

    Drumb nur ich wein,
    Vnd heul, vnd grein,
        Vnd seufftzer blaß in winde.

            11.

    Ade du schöne Frühlings zeit,
        Jhr Felder, wäld, vnd wisen
    Laub, graß, vnd blümlein newgekleid,
        Mitt süssem taw berisen:
    Jhr wässer klar,
    Erd, himmel gar,
        Jhr pfeil der gülden Sonnen;
    Nur pein, vnd quaal
    Bey mir zumahl
        Hatt vberhand gewonnen

            12.

    Ach JESV, JESV, trewer Held,
        Wie kränckest mich so sehre!
    Bin ie doch hart, vnd hart gequeelt;
        Ach nitt mich so beschwere.
    Ja wiltu sehn
    All pein, vnd peen
        Jm augenblick vergangen?
    Mein augen beyd
    Nur führ zur waid
        Auff dein so schöne wangen.

[9]
Die gespons JESV sucht ihren geliebten, vnd find ihn im garten, alda er gefangen wird.

1.

Heint späth auff braunen Rappen
 Der Mon in starckem lauff
Gund Mitternacht erdappen,
 Mitt ernsten triebe drauff:
Nitt manglets an trabanten,
 An Sternen klar, vnd hell,
An gleichen Liechtsverwandten,
 Welch ihn begleitet schnell.

2.

Da fand ich mich entlassen
 Von wunder schwärem traum,
Blickt auff zun blawen strassen,
 Kent Mon, vnd Sternen kaum.
Bald JESV dir von hertzen
 Jch schickt ein seufftzer tieff,
So gleich zun himmelkertzen
 Recht auff in lufften lieff.

3.

Ach trewer Mon, vnd Sternen,
 Zeigt an den schönen Helt,
Von Euch ich mögt erlehrnen
 Wo schlaget er die zelt?
Mir thut von JESV sagen
 Wo rastet er zur ruh?
Denck nitt ohn grauß, vnd zagen,
 Was mich geträumet nu.

4.

O Tochter jung von jahren,
  Zu Mir ein Flämmlein sprach,
Er seinen weissen Schaaren
  Den Schäfflein folget nach:
Er treibet sie zur Waiden,
  Zum grünen Erdgemüß,
Zun Wasen vnderscheiden
  Mitt vilen blümlein süß.

5.

Schaw dorten ietzt im garten
  Am Oel-bekandten Berg
Er ihnen auß thut warten,
  Vnd waidets vberzwerch.
Dort findens vnverdrossen
  Auch tranck bey schönem gras,
Weil Cedron kompt geflossen
  Zu nechst in feuchter straß.

6.

Danck habt, ihr schöne Sternen,
  Jhr gülden Frewlein rein,
Von Euch daß mogt erlehrnen
  Wo sey der Liebste mein.
Treibt er die Schaaff zur waiden?
  Zum grünen Erdgemüß?
Zun wasen vnterscheiden
  Mitt vilen blümlein süß?

7.

Vnd treibet ers in garten
  Am Oel-bekandten Berch?
Thut er dort ihrer warten?
  Vnd waidets vberzwerch?

Wolan in eyl geschwinde
  Mich will dan machen auff:
Den Jüngling biß ich finde
  Wil reysen ohn verschnauff.

8.

Zum Garten als ich kame,
  O wee was angst, vnd noth!
Der Hirt schon vrlaub nahme,
  Sich schickt so gar in Tod.
Das Leben auff der schwellen
  Auff offnen läfftzen saß,
Sich that zum scheiden stellen,
  Gesann der duncklen straß.

9.

Ab fahlber Stirn, vnd Wangen
  Füß, Händen marmerweis
Die tropffen anher drangen
  Von Weiß, vnd Rotem Schweis.
O Liebster mein auff Erden!
  O JESV schöner Hirt!
Ach wie nun was gebärden?
  Sag an was immer wird?

10.

Wer thate dich erschrecken?
  Sag an, was dir geschehn;
Jch schwör bey deinem Stecken,
  Bey Dir wil trewlich stehn.
Bey Dir ich wil verbleiben
  Sag an wers dir gethan?
Vnd solt man mich entleiben
  Von Dir nitt wil ich lan

11.

Drauff band ich ihn in armen,
  Küßt Jhn mitt süssem truck;
Gleich schallet ein Alarmen;
  Da wand ich mich zuruck.
Alßvil ich kond vmgreiffen
  Mitt meinen augen beyd,
Jch mörder sah durchstreiffen
  Die Felder weit, vnd breit.

12.

Beyn Facklen, vnd Laternen,
  Ein Rott gewaffnet gantz
Von waffen gab von fehrnen
  Gar breiten eysenglantz.
Bald ruckten sie zum garten,
  O wee dem Liebsten mein!
Mitt Spiessen, Beyl, vnd Barten
  Zur thur sich drangen ein.

13.

Zugleich mitt zähnen kirrten,
  Grißgrammten vngeschewt:
Den halber Todten Hirten
  Sie grieffen an zur beut.
O wee mir nun *geschwindet
  Mirs hertz in stuck zerbricht;
Ach nitt, nitt ihn doch bindet,
  Den Jüngling greiffet nicht.

14.

Ach schönet seiner haaren,
  Der gülden haaren sein:
Ach schönet seiner Schaaren,
  Der zarten Lämmerlein.

---

* das ist, ich fall in ohnmacht.

  Wer wil nach ihm dan waiden
   Die Schäfflein silberweis?
  Nun wird vnvnderscheiden
115   Das Wüllen Völcklein preiß

15.

Schaw dorten schon ins Wildte
 Die wolgebleichte Schaar
Sich gar ohn schütz, vnd Schilde
 Verwicklet in gefahr.   (28ʳ)
120 Ach schönet nun der herden,
 Der Hirt auch selber schrie:
Mitt mir laß euch gewerden,
 Sprach Er, mich schawet hie.

16.

Mich greiffet, schleiffet, schlaget,
125 Ja Mich nun schlachtet gar:
Nur nitt, ach nitt veriaget
 Die reine WüllenSchaar.
Nur Mich zum tod, vnd leiden,
 Mich reisset ohn verbott,
130 So nur mag friedlich waiden
 Die silberschöne Rott.

17.

Last frey die Schäfflein lauffen,
 Die Schwanenweisse zucht,
Last gehn den schönen hauffen
135 So nur man Mich gesucht.   [46]
Den tod ich mir wil kiesen
 Für meine Lämmerlein:
Adè nun Waid, vnd Wisen,
 Es muß gestorben sein.

18.

O JESV du so wunder,
 Vnd wunder guter Hirt!
O warlich mitt besonder
 Begierd, vnd Lieb geziert:
Wilt Du den Tod erkiesen
 Für deine Lämmerlein?
Vnd lassest Waid, vnd Wisen
 Weils muß gestorben sein?

19.

Ey da, wil dich begleiten,
 Du gut vnd bester Hirt:
Weich nitt von deiner Seiten,
 Gott geb was widerfihrt.
Was nehmlich Jch erblicket
 Zuvor in schwärem traum,
Walt Gott, sichs nunmehr schicket
 Zum Creutz- vnd galgenbaum.

[10]
Die gespons JESV sucht, vnd findet Jhn auff dem Creutz- weeg.

1.

Die reine Sonn zu morgen
 Jn sannften haaren bloos,
Den brand noch trug verborgen
 Jn ihrem purperschoos:
Da gab ich mich zu Felde,
 Laut rieffe meinem Schatz,
Der vber gold, vnd gelde
 Bey mir gefunden platz.

2.

Auff grüner Heyd, vnd Matten
 Bey krausem Lorberbaum,
Jch spreitet mich in Schatten,
 Sanck ab in süssen traum:
Bald wider ich erwachet,
 Mein JESVM fande da,
So lieb- vnd freundlich lachet,
 Zu mir tratt aller nah.

3.

Er gleich zu mir that zihlen
 Mitt reinem augenblitz:
Auff mich mitt hauffen fielen
 Die Straalen voller hitz:
Die pfeil da kamen loffen
 Von seinen äuglein thewr,
So mir das Hertz getroffen,
 Mitt bittersüssem fewr.

4.

Von seinen gläserbogen
 Zu mir mitt süssem schein
Die süsse Flämlein flogen,
 Auß beyden Fensterlein.
O wee! wan ich der stunden,
 Wan ich der zeit gedenck,
Auß frisch genetzter Wunden
 Jch hertz, vnd Wangen tränck.

5.

Jch dachte sein geniessen,
 Den Jch so lang gesucht,
Wen wolt es nicht verdriessen?
 Von Mir er nahm die flucht,
Er sprang durch feld, vnd Wisen,
 Frisch, fertig wie der wind;

50

Den lauff ich hieß erkiesen
　　Wol manches Hirschenkind.

6.

Jhr Töchter keusch, vnd reine
　　Von Sion wol bekand,
Zu tod ich Mich noch weine,
　　Für Lieb, vnd Hertzenbrand.
Nun saget mir in trewen,
　　Wo dan sich finden laß,
Der séither mich geht schewen
　　Mitt ie zu starckem paß?

7.

Jch aller ort, vnd plätzen
　　Dem jüngling streiche nach;
Ach woltet ihr nur schwätzen,
　　Wen Weg er schleissen mag?
Ach wöltet mich nur weisen,
　　Den Pfad mir zeigen an:
Nach Jhm ich wolte reysen,
　　Durch hoch- vnd niderbaan.

8.

Ja du zuvor vermelde,
　　Wer ist der Liebste dein?
Sag vns, von disem Helde,
　　Sag an wer er mag sein.
Vns laß den Jüngling wissen,
　　Vnd mach den Edlen kund,
So Dir steht abgerissen
　　Jn deinem Hertzen wund.

9.

O Töchter hochgeprisen,
　　Nempt war den liebsten mein,

Nach Balsam süß, vnd Bisem [50]
   Riecht Jhm der Athem sein
Sein haupt auch raucht, vnd windet
   Nach Címmet, vnd Cibèth;
O seelig wer nur findet
   JESVM von Nazarèth.

10.

Die Morgenröt erbleichet,
   Vnd scheinet gleich dem koth,
So nur man sie vergleichet
   Gen seinen wänglein rot.
Sonn, Mon han ihm entstolen (30ᵛ)
   Von seiner Stirnen rein
All ihren glantz, vnd strolen,
   Den gold- vnd perlenschein.

11.

Coràll, vnd purpurSeyden
   Gleich iedes auch erwarb
Von seinen Läfftzen beyden
   Die schöne Rosenfarb.
Jst Weiß, vnd Root beyneben,
   Von rotem traubenschaum,
Den er erpreßt von reben
   Mitt schwärem kelterbaum.

12.

Hend, Füß hatt er gefarbet
   Jn außgepreßtem Wein,
Jn root hatt er verarbet [51]
   So weisses Helffenbein.
Ach zeiget mir die strassen
   Sich wo nun Er verhelt;
O Gott, wer mögt vmbfassen
   Den weis- vnd roten Held!

13.

O Maydlein wir dich fragen,
    Jst Er dan Root, vnd Weis?
Thut Er die farben tragen
    Von rootem traubenschweis?
Hatt Er Händ, Füß gefarbet
    Jn außgepreßtem wein?
Hatt Er in root verarbet
    So weisses Helffenbein?

(31ʳ)

14.

Woldà dan, wir dir zeigen
    Wer orten er mag sein;
Zum Creutzweeg thu dich neigen,
    Dort findest ihn allein.
Aldà pflegt Er zu schwitzen
    Jn rootem kelterhauß,
Aldà die Brünnlein spritzen,
    Mitt sanfft, vnd lindem sauß.

15.

Aldà pflegt Er auch brechen
    Die rote röselein:
Ob schon die dörner stechen,
    Sich tröstet Er der pein.
O Töchter hochbeflissen
    Soll Jch zum Creutzweg gan?
Ja frey dan sollet wissen,
    Wil dapffer tretten an.

[52]

16.

Gleich Jch zum Creutzweg kame,
    Gleich rieff dem Liebsten mein;
Gleich dort ich ihn vernahme
    Bezecht in BitterWein.

    Die Stirn er hatt bestecket
        Mitt roten Blümelein,
130 Jn henden außgestrecket
        Er trug zwo Rosen fein.

17.

Den ruch als ich empfande
    Von beyden Rosen root,
135 Jm eylen *mir geschwande,
    Bey vil zu süsser noth.
Er leinet mich in armen,
    Mich hälset ohn verdruß,
Vnd freundlich thät erwarmen
    Mitt manch- vnd manchem kuß.

18.

140 Die Bäcklein er mir klebet
    Auff meine wangen beyd,
Mich gütlich legt, vnd hebet
    An seine PurpurSeit.
Da gund ich mich erholen,
145   Kam wider zu verstand,
O wee! doch lag in kohlen
    Jn herb- vnd süssem brand.

19.

O süssigkeit in peinen!
    O pein in süßigkeit!
150 Alhie doch will ich leinen
    Biß gar in Ewigkeit.
Alhie nun wil ich rasten,
    Mitt JESV meinem Held:
Adè gold, gelt in kasten
155   Adè nun alle welt.

---

* Das ist ich fiel in ohnmacht

[11]
Spiegel der Liebe.
oder von Maria Magdalena
da sie nach dem Iudischen Osterfest
am großen Sabbath morgens
früh ihren IESVM in dem grab
gesucht. Ioannis am
20 Capitel.

1.

Die Sonn sampt ihren Rossen
 Späth Oesterlich bezecht
Mitt Schlaff noch vbergossen
 Wolt früh kaum wachen recht:
Da fand ich schon beyzeiten
 Am Grab in trawren stehn,
Vnd Salb, vnd Büchs bereiten
 Die weinend Magdaleen.

2.

Zwar gleich wan ie zunweilen
 Die Frühlings Morgenstund
Mitt ersten Sonnenpfeilen
 Den weichen Schnee verwund,
Herab von Berg- vnd Steinen,
 Von Felsen hoch, vnd geh
Zerfleußt in sanfftes wainen
 Der lind entlassen Schnee.

3.

Fast eben gleicher massen
 Das weib von Lieb verwund,
Jn lauter zähr zerlassen
 Zerfloß in thränen rund:

    Begierd mitt heissen pfeilen
      Jhr d'augen beyde schmeltzt,
    Vnd abwerts beyder theilen
      Die runde tröpfflein weltzt.

4.

O wee, der schwachen Mergen!
    O wee, dem hertzen wund!
Kond Lieb, noch brand verbergen,
    Sie sprach von Seelen grund:
Ach Sonn dich heb mitt machten,
    Zum Grab nun herwarts leucht:
Auff, auff, mach kurtzer Nachten,
    Der Tag zu lang verzeucht.

5.

Leucht her zur linck, vnd rechten:
    Spreit vberall mitt fug
Die gülden haar, vnd flechten,
    Daß Jch mein Liebsten such.
Leucht her mitt striem, vnd straalen,
    Leucht her zum holen grab,
Wer weiß, ob ich der quaalen
    Mögt heut noch kommen ab.

6.

Drauff Sie zum Felsen rucket,
    Wil da mitt augen drein,
Zur Klufften einher bucket,
    Wird wund mitt frischer pein.
Den Liebsten sie nitt findet;
    Für Jhn da thut ersehn
(: O schier nun ihr geschwindet :)
    Nur seiner Englen zween.

7.

Ach nitt, nitt Euch, ihr knaben,
 Jhr Jüngling Flügelreich,
Ach Euch wil Sie nitt haben,
 Weicht ab von dannen gleich.
Nur JESUM sie den Einen,
 Vnd Einen sucht allein
Wil sonst vnd liebet keinen;
 Ohn Jhn sie nitt kan sein.

8.

Jn eyffer ohn verweilen
 Sie ruffet ihm zurstund,
Mitt süßlich herben pfeilen,
 Laufft, geht, vnd steht verwund.
Am grab sie drauß, vnd drinnen,
 Dort, hie, sucht dran, vnd drumb,
Noch scheidet ie von hinnen,
 Lugt, schawt nach ihm hinvmb.

9.

Doch freylig sis mitt nichten
 Vnd freylig nitt versteht,
Verwirrt in blinden pflichten,
 Wen, wo sie suchen geht.
Mitt Lieb ist ihr vergeben,
 Mitt blindem Hertzengifft,
Sie sucht im Grab das Leben,
 Zum zweck beseiten trifft.

10.

Sie sucht in schwartzen kohlen
 Ein purpurschönen glantz,
Von zweigen welck wil holen
 Ein grünen LorberCrantz.
Sie Rosen wil von Reben,
 Von dörnen lesen wein,

    Von Scherben Gold erheben,
    Von Schatten klaren Schein.

            11.

    O weib so gar verblendet!
      So gar von Lieb entäugt!
    Die Schrifft bleibt vnverwendet,
      Die Warheit nimmer leugt:
    Wen Du noch suchst in Steinen,
      Jm Grab, vnd Todtenruh,
    Schon geht auff besten beinen,
      Vnd mehr nitt stirbet nu.

            12.

    Der Tod kondt ihn entleiben,
      Vnd einmahl stechen ab:
    Jm tod kond er nitt bleiben,
      Nitt saumen in dem grab:
    Dem Tod er ist entwichen,
      Dem Haut- vnd Beinenknecht,
    Hatt Jhm so gar durchstrichen
      Das fahlb, vnd bleiches Recht.

            13.

    Er Jhm von fahlben grentzen
      Entlieff mitt vollem trab,
    Vnd Stachel, Pfeil, vnd Sensen
      Jhm stahl gantz redlich ab.
    Den Bogen auch, vnd Kocher
      Er Jhm gleich warff zu fewr,
    Lacht auß den stoltzen Pocher,
      Sampt seinem grabgemäur

            14.

    Drumb nur dir laß gesagen,
      Nur laß von trawren ab,

Laß ab, laß ab von klagen
    Nochs Leben such im Grab.
Ach, ach sie doch thut klagen,
    Last nicht von trawren ab,
Last ihr so gar nitt sagen,
    Sie doch noch sucht im grab.

15.

Doch wer wils ihr nitt schencken,
    Vnd freundlich vbersehn?
Jhrs niemand soll verdencken,   (34ᵛ)
    Bey straaff dergleichen peen.
Von Lieb ist ihr gestolen
    Von Lieb all Sinn, vnd Witz,
Verdollt auff süssen kohlen
    Sie tobt in süsser hitz.

16.

Verstand sampt Hirn, vnd Sinnen
    Gedancken, Hertz, vnd mut
Jm Grab mitt JESV drinnen   [59]
    Sie ließ, in seiner hut:
Weil Er nitt mehr nun drinnen,
    Weil Er da zogen drauß,
O wee nun ihrer Sinnen!
    Auch Sie seind flogen auß.

17.

Ohn Sinn, vnd ohn gedancken,
    Die Merg ohn Seel, vnd Hertz
Bald hinn, bald her geht wancken,
    Geht schweben allerwertz.
Sie selbsten geht verlohren,
    Vnd forschet mitt geschrey,
Sampt ihrem außerkohren
    Wo Sie woll Selber sey?

18.

Doch selber sie von Hertzen
　Wolt schon verlohren gan,
Nur Jhn kans nitt verschertzen,
　Nur Jhn wils wider han.
Für Jhn wolt Sie verlohren
　Woll ewig bleiben auß,
So nur den außerkohren　(35ʳ)
　Man ihr doch brächt nach hauß.

19.

Sie seufftzet, achtzet, wainet,
　Klagt, heulet immerdar,
Erd, Himmel sie vermeinet　[60]
　Wol mögt zerspringen gar.
Sie leyden mögt von oben
　Die runde Tempel schön
Nur kämen gar gestoben
　Heraber mitt getön.

20.

Sie sprach: Weil mir entzogen
　Jst hertz, vnd Lieb, vnd Frewd,
Jhr himmel rund gebogen
　Mögt ab noch tummlen heut.
O Sonn du deinen wagen
　Magst heut noch stürtzen vmb,
Jch schon mich wil betragen
　Jm duncklen still, vnd stumm.

21.

Weil einmahl mir entstohlen
　Mein einigs HertzenLiecht,
Darff Jch nun deiner Strolen,
　Darff Jch nun deiner nicht
Adè Liecht, Lufft, vnd Leben,
　Adè schneeweisser Tag,

Mich deiner wil begeben,
    Dich mehr nitt schöpffen mag.

22.

Drauff müd, vnd matt zur Erden
    Sie sittlich nidersitzt,
Vnd kläglich in gebärden
    Hinn, her mitt augen blitzt:
Verliebt, verwirrt, verworren
    Sie leidet Fewr, vnd Pein,
Marck, Blut, vnd Bein erdorren,
    Die Zähr auch drucknen ein.

23.

Bald wider doch von Wangen
    Ein dopples Bächlein wischt,
Vnd heisses ihr verlangen
    Mitt feuchtem guß erfrischt.
Die seufftzer auch sich heben,
    Vnd wider winden starck,
Sie wider thut sich geben
    Zum grab, vnd lären Sarck.

24.

Ach Liebster mein von Ehren,
    Mir schier es wird zuvil,
Wirst bald nitt wider kehren
    Geb Jch verlohren Spiel.
Ohn Leben ich noch lebe,
    Bin tod ohn Tod zugleich,
TodLebend immer strebe
    Wo nur ich Dich beschleich.

25.

O Tod, o MenschenPrasser,
    O Menschen auch, vnd Thier,

　　　　Auch Fewr, Lufft, Erd, vnd Wasser　　[62]
　　　　　Jhr Elementen vier:
　　　　Auch Stätt, vnd Land, vnd Felder,
205　　　　Was mehr ich nennen mag,
　　　　Laub, Graß, vnd Bäum, vnd Wälder　　(36ʳ)
　　　　　Gebt ohren meiner Frag.

　　　　　　　　26.

　　　　Ey wo? was ortt, vnd landen
　　　　　Mögt ie zu finden sein
210　　Die Leich noch frisch in banden,
　　　　　Das todte Leben mein?
　　　　Wer? wo doch? kan mir zeigen
　　　　　Den Cörper wunden voll?
　　　　Ach nitt, nitt wollet schweigen,
215　　　Wes mich getrösten soll.

　　　　　　　　27.

　　　　Erhebet Schall, vnd Stimmen,
　　　　　Vnd Jhm doch machet kund,
　　　　Er Mich mitt süssem grimmen,
　　　　　Mit kühlem brand verwund.
220　　Von kühlem Fewr, vnd Flammen,
　　　　　Von BitterSüssen glut,
　　　　Von Lieb, vnd Leyd zusammen
　　　　　Mir schmeltzet Hertz, vnd Mut.

　　　　　　　　28.

　　　　Bald, bald mich vnterstützet
225　　　Mitt Laub, vnd Blümlein zart,
　　　　Mitt zweiglein abgenützet　　　　　　[63]
　　　　　Von Oepfflen bester art:
　　　　Auß Rosen mir bereitet
　　　　　Gar weich die Ligerstat,
230　　Auch Lilgen häuffig spreitet,
　　　　　Jch sinck zur Erden matt.

29.

Von Jhm ich hatt geglaubet,
  Daß nie zu keiner weil
Solt werden mir geraubet
  Der best erwehlte theil.
Schaw dà, wie schon hats fehlet!
  Wie schon zu diser weil
Jst weg, wen Ich erwehlet,
  Der best, vnd eintzel theil!

30.

Nun war von Jhm geschriben:
  Zun Jhm wer wachet früh,
Er gleich, auff sein belieben,
  Solt finden ihn ohn müh.
Schaw dà bey guten stunden
  Jch hab gewachet früh
Doch Jhn ich nitt hab funden
  Nach vil gepflegter müh.

31.

Er zwar vor wenig tagen
  War Mir nitt wenig holt:
Weiß nitt was zugetragen
  Sich seither haben solt:
Weiß nitt, noch mags entrichten
  Wo? wan? womit? vnd wie
An meinem fleiß, vnd pflichten
  Jchs ließ erwinden ie?

32.

Beym Creutz mich hab lan finden,
  Hab Jhm die PurpurFüß
Gekühlt mitt HertzenWinden,
  Mitt meinem Athem süß:
Zum grab hab Jhn getragen
  Mitt vollem TodtenRecht,

Vnd nach volbrachten klagen
　　Hab Jhn da nider legt.

33.

Dan wider bin gelauffen
　　Vom Cörper wolverSarckt,
Mehr Salben einzukauffen,
　　Am besten MyrrhenMarckt.
Nurs Fest ich hab verehret
　　Mit Osterhafften ruh,
Gleich heut bin widerkehret
　　Gantz früh zum grab hinzu.

34.

Vnd wie dan habs verschüldet?
　　Womitt hab Jhn entrüst?
Daß aller Gnad enthüldet
　　Ich Jhn verlieren müst?
Was war nun mein verbrechen?
　　Was meine Fehl, vnd Sünd?
An Mir ich wolt sie rechen
　　So nur ichs wissen könd.

35.

affirmantis est apud Moguntinos.

Ja weger doch, hab fehlet,
　　Es ietzt mir kompt in Sinn:
Jch ie noch vnverheelet
　　So gar auch schüldig binn.
Als wir den Schatz begraben,
　　Die wundenreiche Leich,
Versperrt ich solt mich haben
　　Jns Grab mitt Jhm zugleich.

36.

Mich solt han lassen schieben
　　Mitt Jhm zur Klufft hinein

Mitt Jhm ich solt verblieben
   Jm Sarck, vnd Felsen sein.
Wer Jhn dan hett entstolen,
   Wer Jhn getragen wegk,
Gleich dem dan auff die Solen
   Jch wär gefolget keck.

37.

Von dem hett nie gelassen,
   Hett alweg heulet nach,
Vnd aller ort, vnd strassen
   Erklungen Ach, vnd Ach.
Dem Rauber ich mitt greinen
   Hett Hertz, vnd Mut erweicht,
Er Mir auff stätes wainen
   Den Raub hett hergereicht.

38.

Nun ist, vnd bleibt entwendet,
   Bleibt auß ohn widerkehr,
Nach wem ich abgesendet
   So manch- vnd manchen zähr.
Seit Jhn ohn Mich versperren
   Hab lan in Felsen ein,
Mir Lufft, vnd Wind zerzerren
   Die Zähr, vnd Seufftzer mein.

39.

Mein stätes Heul- vnd Klagen
   Vnfruchtbar hinn, vnd her
Von Winden wird zertragen,
   Vnd trieben vber Meer.
Jn Stätten er, noch Felden
   Jst nu zu treffen an,
Vmbsonsten auch in Wälden
   Wol wurd ich suchen gan.

40.

Doch wil nitt gar verzagen,
  Jm grab wil suchen bas,
Vnd einmahl noch durchschlagen
  Den Sarck in guter Maaß.
Villeicht er war noch drinnen,
  Villeicht habs vbersehn,
Allweil von stätem rinnen
  Mir d'augen fast vergehn.

41.

Villeicht er lag verschoben
  Da drunden irgentwa,
Daß nicht in eyl von oben
  Jch Jhn kond mercken da.
Villeicht er war verborgen
  Mitt leinwath bas bedeckt,
Welch ihm zu mehrer sorgen
  Hett iemands auffgelegkt.

42.

Villeicht mir auch gestanden
  Jm weeg die Jüngling sein,
Daß nitt was ja verhanden
  Jch recht hab nommen ein.
Villeicht auch gar zu morgen
  Jm grab nitt leuchtets gnug:
Es freylig steht zu sorgen,
  Jst werth ich weiter such.

43.

Die wortt hett kaum vollendet
  Die wainend Büsserinn,
Zum Grab sich wider wendet,
  Lugt immer hinn, vnd hinn;
Der Leib doch war entzogen,
  Der Sarck noch lär, vnd bloos

350 All hoffnung schier entflogen,
　　Das Leyd noch eben gros.

44.

Nur jene Knaben beyden,
　　So droben zogen an,
355 Sie fragten gar bescheiden,
　　O weib, was wainest dan?
Sie sprach: Fragt Jhr noch beyde
　　Was Jch mög wainen dan?
Man Mir (: euch recht bescheide :)
　　Nahm ab den schönen Man.

45.

360 Drumb Jüngling frisch, vnd lebend
　　Euch hebet auß dem Grab
Sucht vberall durchschwebend
　　Wen Jch verlohren hab.
Auff, eylend, auff, ihr Knaben,
365 　　Jhr schöne diener sein,
Nach Jhm thut zeitlich traben　　　　　　　(39ʳ)
　　Nitt lasset ihn allein.

46.

Gleich drauff sie sich entwendet
　　Vom Felsen, mitt verdruß;
370 Auffs new die zähr verschwendet,　　　　[69]
　　Mitt noch so starckem guß.
Alßdan ihr kam erscheinen
　　So lang gewünschter Held,
Vor Ihr er stand auff beinen:
375 　　Doch frembd, vnd vnvermeld.

47.

O weib, was lauffest greinen?
　　Sag an, was dir gebricht.

    Vnd ach, solt ich nitt wainen?
      Das Weib hinwider spricht.
    Hast du nun Jhn entstohlen?
      Wo brachtest ihn doch hinn?
    Jch ihn wil dannen holen
      Kom sonst vmb Hirn, vnd Sinn.

48.

    O Weib, vnd woltest holen,
      Vnd woltest heben du
    Den Cörper dir entstolen
      Auß seiner Todenruh?
    Vnd wie? wan er dan eben
      Jn kett, vnd banden läg?
    Sie sprach: Jch ihn wolt heben,
      Die ketten ich zerbräch.

49.

    Vnd wie, wan er solt stecken
      Jn dörnen gantz vmringt?
    Sie sprach: Von dorn, vnd hecken
      Man doch die Rosen bringt.
    Vnd wie wan er vmbgeben
      Mitt Fewr vnd Flammen wär?
    Sie sprach: Michs Fewr ließ leben,
      Die Lieb mich brennet mehr.

50.

    Vnd wie, wan er von Bären,
      Vnd Löwen wurd verwacht?
    Sie sprach: Wolt mich erwehren
      Auch woll der wilden macht.
    Vnd wie, wan er wär tragen
      Jn Schiffen vber Meer?
    Sie sprach: Jch nach wolt jagen
      Mitt gleichem Schiffgewehr

51.

Vnd wie, wan er versuncken
 Dan läg im wassersauß?
Sie sprach: Seind vil ertruncken
 So doch man fischet auß.
Hör auff ich deiner Fragen,
 Hör auff, bin sauber satt:
Sag Du, wer mich zu plagen,
 Den Cörper stolen hatt?

52.

Hast Du nitt ihn entstolen?
 Dich zwar hab in verdacht,
Sags an, ich ihn muß holen
 Hab schon es offt gesagt.
O recht, vnd recht hats troffen
 Das Weib hats troffen fein,
Recht woll ist eingeloffen
 Der pfeil zur Scheiben ein.

53.

Er, Er, hat ihn entstolen,
 Vnd Er hatt ihn entführt;
O Weib sey dirs befohlen,
 Die Rechnung ihm gebürt.
Du fehlend ia nitt fehlest,
 Die sach nitt wissend weist:
Wen du verdechtig zehlest,
 Jst schuldig allermeist.

54.

Er selb es vngelogen,
 Vnd ers in warheit ist,
Wer Dir den Schatz entzogen,
 Gen wen verwundet bist.

Nur schnell fall Jhm zun Füssen,
 Halt an den Thäter fest,
Leg Jhn, den Raub zu büssen,
 Mitt armen in Arrest.

55.

O JESV nitt verschiebe,
 Den dunst beseyten treib:
Dich kund nun einmahl gibe
 Dem höchst betrangten Weib.
Nur bald, nur laß erschallen,
 Laß Jhr zum höchsten lust
Ein kleines Wörtlein hallen,
 Ein Wörtlein dir bewust.

56.

Er schon ihm läßt gesagen
 Vnd, wie zu morgen gut
Der Blitz mitt zartem schlagen,
 Ein Flämmlein zeigen thut:
Mitt Nahmen er sie rühret;
 Er nur MARIA klingt:
Gleich Sie das Flämlein spüret,
 Gleich auff in frewden springt.

57.

Ihrs Marck in beinen wallet,
 Vnd wider lebend blut
Jn süssem sod erprallet,
 Vnd farbet hertz, vnd muth.
O Gott, vnd wer mitt worten
 Mögt ie nun zeichnen ab,
Was jubel mancher sorten
 Alßdàn sie trieben hab?

58.

Mir Stimm, vnd zung erstarren,
 Mir bresten red, vnd wort,
Jchs nimmer auß wurd harren,
 Wurd finden grund, noch bord.
Die Feder schon sich sencket,
 Die dinten drucknet ein:
Wen ie die Lieb gekrencket,
 Mags nur betrachten fein.

59.

Den Boltz wer ie gefühlet
 Geschmidt in süssem brand,
Jm brand so wärmt, vnd kühlet,
 Mags greiffen mitt verstand.
Allein, allein mags wissen,
 Vnd ihm recht bilden ein,
Wem ie die Lieb durchrissen
 Leib, Seel, vnd Marck, vnd Bein.

[12]
Ermahnung zur Buß an den Sünder daß er die Burg seines Hertzens Christo einraume.

1.

Wolauff, wolauff, du schönes Blut,
 Sich Gott zu Dir wil kehren.
O Sünder greiff nun hertz, vnd mut,
 Hör auff die Sünd zu mehren.
Wer Buß zu rechter zeit verricht,
 Der soll in warheit leben:
Gott wil den tod des Sünders nicht,
 Wan wilt du dich ergeben?

71

2.

Vergebens ist all rath, vnd that,
  Was wilt du länger saumen?
Es sey nun gleich früh, oder spath,
  Die Festung must du raumen.
O Armes kind!
O Sünder blind!
  Was hilfft es widerstrebens?
Dein Stärck verschwind,
Als wie der wind,
  Laß ab, es ist vergebens.

3.

Thu auff, thu auff, mirs glaub furwar,
  Gott last mitt ihm nitt schertzen:
Dein arme Seel steht in gefahr,
  Vnd wird dichs Ewig schmertzen.
Kehr wider, o verlohren Sohn,
  Reiß ab der sünden banden,
Jch schwör dir bey dem Gottes Thron,
  Die Gnad ist noch verhanden.

4.

Geschwind, geschwind all vhr, vnd stund
  Der Tod auff Vns kompt eylen:
Jst vngewiß wan er verwund
  Mitt seinen bleichen pfeilen.
Wen er nit find in gnadenzeit,
  Wär nützer nie geboren:
Wer vnbereit von hinnen scheid,
  Jst Ewiglich verlohren.

5.

O Ewigkeit! o Ewigkeit!
  Wer wird dich können messen?

Seind deiner doch schon albereit
    Die Menschenkind vergessen.
O Gott von höchstem Himmel gut,
    Wan wird es besser werden?
Die Welt noch immer schertzen thut,
    Kein Sinn ist mehr auff Erden.

[13]
Conterfey des Menschlichen Lebens.

1.

Jch newlich früh zu morgen,
    Zur edlen SommerZeit,
Hett abgespannt all sorgen,
    Vnd war gescheften queit.
Als nun spatzirt in garten,
    Stund auff ein Blümlein zart,
Da wolt ich ie noch warten,
    Biß es volkommen ward.

2.

Die Morgenröt verschwunde,
    Weil ihren Purpurschein
Der helle tag vmwunde
    Mitt klarheit noch so rein.
Die Sonn mitt sanfften Straalen
    Das Blümlein vbergoß,
All Blättlein thet sie mahlen,
    Sampt blüets in ihrem Schoos.

3.

Da gund es lieblich blicken,
    Gab auch so süssen ruch,

Ein krancken mögts erquicken
 So läg im letzten zug.
Ein Lüfftlein lind von athem
 Rührt an das Blümelein,
Da schwebts, als an ein Faden
 Gebundens Vögelein.

4.

Auff seinem Stiel so mütig
 Sich wand es hin, vnd her,
So säfftig, vnd so blütig,
 Als wär der tod noch fehr.
O Blümlein schön ohn massen,
 Weil bist in deiner zier,
Von dir will nu nitt lassen
 Biß zu dem abend schier.

5.

Ey wer mag auß dan sprechen
 Dein Schön- vnd Lieblichkeit?
An Dir weis kein gebrechen,
 Bist voller zierlichkeit.
Ja Salomon der mächtig,
 War nie so schön bekleid,
Wan schon er leuchtet prächtig
 Jn pomp, vnd herrlichkeit.

6.

Vmb Dich die Bienlein brummen,
 Vnd hönig sammlen ein,
Zu saugen sie da kommen
 Die weiche wänglein dein.
Die Menschenkind im gleichen
 Mitt lust dich schawen an,
All Schönheit muß dir weichen,
 Spricht warlich iederman.

7.

Wolàn, magst nun stoltziren
　Du GartenSternelein,
Must endlich doch verlieren
　All dein gefärbten schein.
Dich bald nur wirst entferben,
　Gestalt wird reisen ab,
Noch heut wirst müssen sterben,
　Nur zeitlich denck zum Grab.

8.

Zwar Jch dich nitt wil brechen,
　Wills ja wol bleiben lan:
Die Sonn dich wird erstechen,
　Die Sonn dich greiffen an.
Halt, halt, wird schon bald werden;
　Schon dopplets ihre pfeil,
Vnd richts gerad zur Erden,
　Wie lauter fewrig keil.

9.

Sie starck hatt spannt den Bogen,
　Schiest ab den besten Schein,
Groß hitz da kompt geflogen,
　Vnd dringt mitt machten ein.
Ey was nun wil beginnen
　So zartest gartenblut?
Die Blättlein gar erbrinnen
　Von heisser Sonnenglut.

10.

Da neigt es sich zur stunde;
　Verwelckt, vnd sincket hinn,
Das ietz noch auffrecht stunde
　Mitt also stoltzem Sinn.

Das Blümlein, jung von tagen,
　　Sein hälßlein nidersenckt,
Ach, ach, nun muß ich klagen,
　　Schon gar es ist erkrenckt.

11.

Die Seel hats auff der Zungen,
　　Alweil wirds blasen auß:
Nun muß es sein gerungen
　　Mitt tod, vnd letztem strauß.
O wee der kurtzen stunden!
　　O wee! da schläfft es ein;
Jetzt, jetzt ist schon verschwunden
　　Mein zartes Blümelein.

12.

O Mensch hab Dir gemahlet
　　So gar ob augen dein,
Recht wie der Tod vns holet,
　　Wan wir in wolstand sein.
O nie nitt traw der Schöne,
　　Dem Blut, noch Farben traw,
Dich nur mitt Gott versöhne,
　　Nur auff zum Himmel schaw.

13.

Wan schon all man dich preisen,
　　Vnd stehst in voller blut,
Die Blättlein doch bald reisen,
　　Noch ehe mans träwmen thut.
Ein Fieber heiß kompt stechen
　　Mitt seinen straalen spitz,
Da muß all krafft erbrechen,
　　O wee der schwinden hitz!

14.

Ey was dan wil brauiren
  Ein Fleischens pfläntzelein?
Der Tod wirds bald citiren
  Fort, fort, dan muß es sein.
Wan schon bist Jung von iahren,
  Wan schon bist hüpsch, vnd fein,
Doch must von hinnen fahren
  Fort, fort, mus dennoch sein.

[14]
Das Vatter Vnser
poëtisch auffgesetzt.

Eingang.

Ach Vatter hoch entwohnet,
  Ob allen Lufften weit,
Aldà dir Sonn, vnd Monet
  Gar tieff zun Füssen leit:
Nim an von mir geringen,
  Ja nim die Seufftzer an,
So Mir von hertzen dringen,
  Durch läre wolckenbaan.

Die 1. Bitt.

Ach wurd nur stäts gepriesen
  Nur dein so schöner Nam,
Wan späth sich hatt gewiesen
  Der Nächtlich Sternenkraam!
Wan früh dan auch erschienen
  Der Täglich glantz, vnd glast,
Vnd vns mitt frewden dienen
  Sonn, Mon ohn ruh, vnd rast.

　　　　Dich alle Stund, vnd Vhren,
　　　　　Jch wölt von hertzen mein,
　　　　All deine Creaturen
　　　　　Recht lobten in gemein.
25　　　O Gott laß Dir zun Ehren
　　　　　Erd, Himmel springen auff,
　　　　Wil ia mich nitt beschweren
　　　　　Jchs mitt dem Halß erkauff.

　　　　　　Die 2. Bitt.
30　　　Nun stincket mir auff Erden
　　　　　Die Welt, vnd weltlich pracht:
　　　　Nach Wagen, Gutsch, vnd Pferden,
　　　　　Gold, gelt nitt geitzig tracht.
　　　　Ach nur das Reich dort oben,
35　　　　Die runde Tempel dein
　　　　Vns raum doch vnverschoben
　　　　　Nach disem leben ein.

　　　　　　Die 3. Bitt.
　　　　Weil vnderdeß wir niessen
40　　　　Den süssen Sonnenschein,　　　　　　(45ᵛ)
　　　　Wölt Ich wir nie verliessen
　　　　　Den minsten willen dein:
　　　　Gar offt ich wunsch von hertzen,　　　　[82]
　　　　　Gestrenger Herr, vnd Gott,
45　　　Nie keiner wöl verschertzen
　　　　　Auff Erden dein gebott.

　　　　　　Die 4. Bitt.
　　　　Dich auch wir weiters bitten
　　　　　Vmb Nahrung, Speiß, vnd Brot,
50　　　Daß ie doch bleib vermitten
　　　　　Die saure Taffelnoth.
　　　　Auß deiner hand ia prasset
　　　　　Die Nackend Rabenzucht,

Vnd weiß, auff dich gepasset,
Von keiner Mangelsucht.

Die 5. Bitt.

Nitt ruck zu Sinn mitt grimmen
 Die Sünd, vnd Sündenschuld;
Vns mach in zähren schwimmen,
 Hab wenig noch gedult.
O Gott, so Du mitt augen
 Die Sünd wölt schawen an,
Wurd gar für Vns nitt taugen,
 Nie köndten wir bestahn.

Die 6. Bitt.

Das Fleisch mitt süssen pfeilen
 Vns trifft in süssem blick:
Die Welt von Seyden Sailen
 Vns macht gar sanffte Strick:
Der Satan vns mitt Ehren,
 Mit Cron, vnd Scepter lad:
Versuchung thut sich mehren:
 Hilff, hilff, gib rath, vnd that.

Die 7. Bitt.

Ja milt, vnd frommer Vatter,
 Ja Vatter, Vatter fromm
Der Hellisch Drach, vnd Natter
 Schaff nie zun kräfften komm.
Vor seinem Gifft, vnd Flammen,
 Vor Seel- vnd Leibsgefahr,
Erhalt uns allesammen
 Ohn Vbel immerdar.

[15]
Bußgesang eines recht zerknirschten Hertzens.

1.

Wan abends vns die braune Nacht
Jn schatten schwartz verkleidet,
Vnd Jch dan meine Sünd betracht,
 Groß noth mein hertz erleidet.
Von lauter leyd,
Von trawrigkeit,
 Mein augen mir fast rinnen:
Zun Sternen auff
So sein im lauff
 Jch schaw mitt trüben Sinnen.

2.

Halt, halt, ihr scheinend perlen klar,
 Jhr tausend Liecht, vnd Fackel:
Halt, halt, ihr wolgezündte Schaar,
 Jhr Fewr, vnd Flamm ohn Makel:
O Schöne Stern,
Nitt lauffet fehrn,
 Hört an was euch wil klagen:
Du schöner Mon,
Auch bleibe stohn,
 Hör an mein leyd, vnd zagen.

3.

Ach, ach, was angst, vnd Hertzenleid!
 Bin gar mitt Sünd befangen:
Auff, auff ihr heisse Brünlein beyd,
 Nun rauschet mir von wangen.
Ach schöne Stern,
Wolt Jch so gern
 Wär nie von Gott gewichen:

Ach schöner Mon,
Was hab ich thon?
　　Mein Seel ist tods verblichen.

4.

Fließ ab, fließ ab du thränenbad,
　　Für leyd kan dich nitt halten:
Wäsch ab all Sünd, vnd Missethat,
　　Das hertz ist schon gespalten.
O trewer Gott!
Hab dein gebott
　　Jn wind, vnd lufft geschlagen:
O frommer Herr!
Von dir zu fehrr
　　Die sünd mich hatt getragen.

5.

Ey wie nun will ichs greiffen an?
　　Mitt Recht mags nie beschönen:
Ey wie wil Jch vor Dir bestan?
　　Dein angesicht versöhnen?
O Schöpffer mein,
Jchs nitt vernein,
　　Vor Dir ich muß erstummen,
Bins freylig werth,
Mich fewr, vnd schwerd
　　Reib auff in gleicher Summen.

6.

Doch nitt, wan brinst in eyffermut,
　　Dir stell mein Sünd zugegen:
O nitt, wan bist in voller glut,
　　Mich laß mitt straff belegen.
Bedeck mitt gnad
All meine that;
　　Nitt mehr der sünd gedencke,

Ach nur ins Meer,
Nur weit, vnd fehrr
  Sie tieff in grund versencke.

7.

Schaff Herr, daß Jch mitt zähren heiß
  Den grimmen dein vergüte:
Mich mach recht Schnee- vnd Schwanen-weis,
  Wäsch ab das alt geblüte.
Achs ist geschehn!
Kans nicht vmgehn:
  Nun kränckets mich von hertzen,
Vnd ich von leyd
Fast iederzeit
  Zerfließ gleich einer kertzen.

8.

Ach dörfft ich nur zun Augen dein
  Mein augen auffrecht schlagen,!
Dorfft nur dich nennen Vatter mein,
  Wie zärtlich wolt ich klagen!
O Vatter mein,
Wolt nur allein,
  O Vatter mein wolt sprechen:
Da wurd alßbald,
Mitt gnadenspalt,
  Dein hertz in stück zerbrechen.

9.

Da wurd dein miltes jngewaid
  Wie Wachs vom Fewr zerfliessen,
Da wurdest mich mitt armen beyd
  An deine wangen schliessen.
Ach nur nim an,
Wolt sprechen dan,
  Nach deiner grossen Milte;

Nim an geschwind
Dein armes kind,
  So gangen war ins wilde.

10.

Gleich wurdest den Verlohren Sohn
  Mitt frewden groß empfangen,
Vnd geben ihm die vorig Cron,
  Mitt kleinod vil behangen.
Auch wurdest bald,
Ohn auffenthalt,
  Gar prächtig bancketiren,
Vnd wurdest frey,
Mitt jubelschrey,
  All Höffling dein tractiren.

11.

Nun bin ichs ie mitt nichten werth,
  Darff Dich kein Vatter nennen:
Auch Du, weil alles hab verzehrt,
  Wirst Mich kein Sohn mehr kennen.
Ach wo muß dan
Jchs greiffen an?
  Wem, wie dan muß ichs klagen?
Ach, ach, was rath?
Jst zimlich spath:
  Jedoch nitt wil verzagen.

12.

O Sternen still, o stiller Mon,
  Des Elends last Euch dauren:
Mein Leyd euch last zu hertzen gan,
  Mitt mir thut kläglig trawren:
Ach haltet ein
Den halben schein,
  Euch halber thut zerspalten:

Vertrett zu Nacht
Nur halbe wacht,
   Last finsternüß halb walten.

13.

Ja freylig, freylig gar, vnd gantz
   All augen thut beschliessen,
Verleschen allen Schein, vnd Glantz,
   Kein eintzen Straal mehr schiessen.
Zur Rew, vnd Leyd
Jch bin bereit;
   Ade Son, Mon, vnd Sternen:
Nur trawren gar
Jch muß fürwar,
   Vnd Spiel, vnd Schertz verlehrnen.

14.

Adè dan, ein- vnd abermahl,
   Jhr Liechter schön gezündet,
Adè, verleschet alle Straal;
   Euch gantz hab auffgekündet.
Jn dunckler Nacht,
Jch bin bedacht
   Mein tag ohn tag volbringen;
Nur trawrgesang,
Mein lebenlang
   Bey Mir soll stäts erklingen.

15.

Jn Finsternüß gewunden ein,
   Jch meine Jahr werd schliessen.
Mein Speiß, vnd Tranck mir sollen sein
   Die zähr so werd vergiessen.
Mein kranckes Hertz
Jch leg in Schmertz,
   Jn Schmertzen laß ichs rasten:

  Wans dan verscheid,
  Jst schon bereit
   Der Schmertz zum Todenkasten.

16.

Jn schmertzen, quaal, vnd trawrigkeit
 Mein leben soll passiren:
Jn wee, vnd ach, vnd stätem leid
 Wil meine zeit verlieren.
Jn holem Wald,
Der deutlich schallt,
 Ein Hüttlein werd ich schlagen;
Da soll vor all
Der Echo schall
 Mitt Mir mein jamer klagen.

17.

Mitt seufftzen viel in grossem hauff
 Die Wind ich wil vermehren:
Die Bächlein sollen schwellen auff,
 Von meinen vilen zähren.
Die Bäum, vnd Stein,
So mögen sein,
 Die Felsen hart, vnd Eichen
Mitt thränen heiß,
Mitt augenschweiß
 Jch hoff noch werd erweichen.

18.

Wer weiß ob nitt der fromme Gott
 Die GnadenBrust erschliesse?
Wer weiß ob nitt Herr Sabaoth
 Das GnadenMeer ergiesse?
Die Schrifft vermeldt,
Der Glaub es helt,
 Wer Buß mag redlich tragen,

Find ie noch Gnad,
Jst nie zu spath:
   Vnd wer dan wolt verzagen?

[16]
Ein anders Bußgesang eines zerknirschten Hertzens.

1.

Gleich früh wan zarter Morgenschein
   Die gipffel hoch vergüldet,
Mich zeitlich das Gewissen mein
   Der Sünden vil beschüldet:
Auch abends, wan die braune Nacht
   Den Tag zu ruh getragen,
Es mirs kein härlein besser macht:
   Ja schärpffer thut michs nagen

2.

O Gott wan Jch mein Laster all
   Mitt ziffer solt befangen,
Weit schrittens vber zihl, vnd zahl:
   Solt Jch noch gnad erlangen?
Nitt minder haar,
Jch schetz fürwar,
   Mein feuchtes Hirn bedecken,
Als vil der Sünd,
Vnd fauler Fünd
   Jn meinem Busen stecken.

3.

O Schöpffer mein!
Für augen dein
   Darff nie so bald erscheinen:

Mein vnverstand
Jst Dir bekandt,
  Nur seufftzen wil, vnd wainen.
Auff äuglein, auff,
Rüst Euch zum lauff,
  Jhr Brünlein reich an Feuchte!
Nur haltet ein
Den glantz, vnd schein,
  Kein Augenstraal mehr leuchte.

4.

Spritzt eylend auff,
Euch mischt zu hauff,
  Thut Liecht vnd Flamm vertauschen:
Für Straalen rein, [91]
Für augenschein
  Die bächlein heiß last rauschen.
Du tieffes hirn,
Du flache Stirn
  Euch badet gantz in zähren; (50ᵛ)
Jchs endlich halt,
Werd Euch noch bald
  Jn starcke flüß verkehren.

5.

Ach Du so from, vnd trewer Gott,
  Du Schöpffer der Naturen!
Warumb dan ließ ich dein gebott?
  Mich schlug zun Creaturen?
Vom Brunnen fehrn
Hab mir Cistern
  Mitt arbeit groß ergraben;
Nun bleibet ia
Kein tröpfflein da,
  Daß nur die zung mögt laben.

6.

Ach, ach, wan Ich zu Sinnen faß,
　　Wie bald all frewd entflogen,
Von thränen werd ich sauber naß;
　　O wee, bin gar betrogen!
Hab vbels than,
Werd nie bestahn:
　　Jn leyd jch muß verderben.
Wer nur mich sicht,
Mich bald zerbricht;
　　O wee der schwachen Scherben!

7.

Vnd wie doch that michs kommen an,
　　Das seiner Güt, vnd Milte
Jch dorffte frey zu wider gan,
　　Mitt meinem wandel wilde?
Hab gleich in schertz
Sein trewes hertz
　　Mitt sünden vil gequeelet:
Fast alle stund
Jchs hab verwund,
　　O wee, wer hats gezehlet!

8.

Vnd doch was hattest mir gethan,
　　O Gott so reich von Güte!
Daß hab zur Sünd mich führen lan?
　　Hab kräncket dein gemüte?
Wan rieffest Mir,
Lieff Jch von Dir;
　　Vom Fleisch ward vberwunden;
Wan suchtest Mich,
Hab flohen Dich:
　　O wee der blinden stunden!

9.

Wolan, doch wil verzagen nitt,
  Wil büssen mein verbrechen:
Wil meinem Gott mitt stäter bitt
  Die milte brust erbrechen.
Zum Gnaden Thron,
Mitt ienem Sohn,
  Wil heut noch widerkehren:
Gnug soll mir sein,
Beym Vatter mein
  Die zahl der knecht vermehren.

10.

O Sohn, vnd Vatter Namen süß!
  Wie gar hab euch mißhalten?
Wil werffen mich an seine Füß,
  Mein hend in demut falten:
Wil schleichend bey
Mitt starckem Schrey
  Sein weiches Hertz erspalten:
Ach vatter mein,
Beyn knechten dein
  Mich laß nur platz erhalten.

11.

Wil sprechen: O du Vatter from,
  Laß fliessen Gnad, vnd Güte,
Zu Dir ich ie doch widerkom,
  Vnd binn doch dein geblüte.
Bins nimmer werth,
Mich Lufft, vnd Erd
  Jn ihrem Schoos ertragen;
Doch zieh mich ein
Zun knechten dein,
  Erbarm dich meiner klagen.

12.

> Wer weiß er mögt entgegen gan
> Dem lang verlohren kinde?
> Mich mögt mitt armen hefften an
> An seine Brust geschwinde?
> Wer weiß ob nitt
> Mitt schnellem tritt
> Er schon zu mir kompt eylen?
> Zwar seine Gnad
> Ohn end bestaht,
> Sich thut ohn maaß ertheilen.

13.

> S. O da, da Vatter, Vatter mein!
> O wee mir schönem kinde!
> V. O kind, o kind, kehr wider ein, [94]
> O wol, daß Dich noch finde!
> S. Ach vatter, ichs bekennen muß, (52ʳ)
> O wee mir frech, vnd stoltzen!
> V. Ach kind, mein hertz ob deiner Buß
> Jst schon für Lieb zerschmoltzen.

14.

> S. Ach Vatter, mich nim wider an;
> Bin sonst, vnd war verlohren.
> V. Ach kind, was magst in zweiffel stahn?
> Mein ingewaid erkohren.
> S. Ach Vatter, wil zun knechten gan,
> Mein Lieb ist gar erfroren.
> V. Ach kind, solt Jch beyn knechten lan
> Mein Fleisch, von mir geboren?

15.

> S. Ach Vatter, bins mitt nichten werth,
> Mich laß bey deinen Füssen.
> V. Ach kind, ich dein hab lang begert,
> Nun muß dich hertzlich grüssen.

90

S. Ach Vatter, liebster Vatter mein
   Wan Jch der Sünd gedencke!
V. Ach liebes kind, nitt also wain:
   Jch dirs von hertzen schencke.

16.

Geschwind, geschwind in aller eyl
   Her Sammet her, vnd Seyden,
Her was von bester Purpur feil,
   Wil gantz dich new bekleiden.
Bringt her Golt, Perlen, Edel-stein,
   Wil frey dich prächtig zieren;
Richt zu die Tisch, last frölig sein,
   Vns last nun jubiliren.

17.

O vatter, vatter vil zu from!
   O gnad gantz vnermessen!
Für wunder schier ich bleibe stumm
   Die Spraach ist fast ersessen.
Ach Sünder all, auß aller welt,
   Euch last beyzeiten sagen.
In eyl, in eyl euch vnderstellt,
   Ach nie, wolt nie verzagen.

[17]
Eine Christliche Seel muntert sich auff im abgang ihrer trawrigkeit.

1.

O Trawrigkeit des Hertzen,
 Wan wirst du nehmen ab?
Aprill kompt auff den Mertzen,
 Der winter ligt zu grab.
Natur war auch in schmertzen
 Den trüben wintertag.
Nun wend sie sich zum schertzen
 Allweils die zeit vermag.

2.

Die Vöglein schön erklingen,
 Die Sonn sich strälet auff:
Die kühle Brünlein springen,
 Die Bächlein seind im lauff.
Die Blümlein zart erspriessen,
 Zur Erden kriechens auß,
Laub Gras herfür auch schiessen,
 Die Pfläntzlein werden krauß.

3.

Adè last trawren fahren
 Zur wilden Wüst hinein,
Bald Wagen her, vnd Kahren,
 Lad auff all quaal, vnd pein,
Führt hin so schnöden wahren
 Weit auß dem hertzen mein,
Wil Fröligkeit nitt sparen
 Beym zarten Sonnenschein.

4.

Ey wer doch wolt verlieren
 So schöne Frühlings zeit?
Weil doch melancolieren
 Hilfft warlich nitt ein Meidt.
Jch heut noch wil spatziren
 Zum nechsten grünen Wald,
Vnd da dan musiciren,
 Daß lieblich widerschallt.

5.

An einem holen Felsen
 Sich last ein Täublein sehn;
Ein Creutzlein thuts vmhelsen;
 Heist Büssend Magdaleèn.
Pflegt offt so lieblich spielen
 Auff disem psälterlein,
Daß nie so süß bey vilen
 Noch Harpff, noch Cither sein.

6.

Mitt Jhr dan werd ich singen
 Dem lieben GottesSohn.
Mehr lust es Mir wird bringen,
 Als aller ander ton.
Jm Creutz allein, mag sagen,
 Jst frewd, vnd Fröligkeit:
Wers wil mitt JESV tragen,
 Find endlich süssigkeit.

7.

Wolauff, wolauff im Herren
 Jch recht wil frölich sein
Jn weltlich Schrey, noch plerren
 Jch nie wil stimmen ein.
All meine frewd verborgen
 Jn JESV seyten ligt,

Da find ich heut, vnd morgen
      Noch manches rein Gedicht.

8.

Mein Harpff, so Mir wil schlagen,
   Mein Geig, vnd Cithersang,
Mein Lied in frewdentagen,
   Mein Laut- vnd psalterklang
Sol sein, weil Jchs erlebe,
   Creutz, Nägel, Speer, vnd Blut:
Biß weg der Tod mich hebe
   Mir bleibt wol solcher mut.

9.

O Creutz gar schön gezieret
   Mitt JESV meinem Lieb!
Wer stäts bey Dir psalliret,
   Wol stäts in frewden blieb.
Mögt nur zu Dir ich steigen
   Ein Music richten an!
Zwar vber alle Geigen
   Es müst in warheit gan.

10.

Kom nur auß deinem Steine,
   Du Büssend Magdaleen,
O Täublein das ich meine,
   Dich laß nur kecklich sehn.
Vns last nun Musiciren
   Mitt hellem frewdenton,
Vns last nun jubiliren
   Dem lieben GottesSohn.

11.

Jn frewden wil ich leben,
   Der Winter ist fürbey:

Die Sünd mir seind vergeben,
  Bin frisch, vnd vogelfrey.
O wol, vnd wol der stunde,
  So Mich zur Buß gebracht
Daß nit ich gieng zu grunde
  Hatt JESV Creutz gemacht.

12.

Nitt lang, nitt lang mags wehren
  In disem jamerthal,
Jn eyl sich wird verzehren
  Al meiner stunden zahl.
Warumb dan wolt ich klagen,
  Weil doch in Ewigkeit,
Nach disen kurtzen tagen,
  Die Frewd ist vns bereit?

13.

Hab schon ich was verlohren
  Auff hiesig schnöder Erd,
Jchs dort gantz außerkohren
  Bald wider finden werd.
Auff, auff dan, last erschallen
  All frewd, vnd frölichkeit,
Dem Herren wirds gefallen,
  Fort, fort, o Trawrigkeit.

[18]
Jubel einer Christlichen Seelen nach vberwundener Trawrigkeit.

1.

O wie scheinbar Trost von oben
   Endlich durch die wolcken bricht!
Nie noch keine Straalen gaben,
   Noch Crystall so reines Liecht.
O wie wol wird meinem Hertzen!
   O wie klar mein angesicht!
Weichet, weichet Angst, vnd Schmertzen;
   Darff nun ewer weiter nicht.

2.

Euch hinaussen trollt mitt hauffen,
   Flieget hinn zur finster Nacht:
Lauter Frewden kommen lauffen,
   Lufft, vnd Wetter wider lacht.
Kelt, vnd Winter ist gebrochen,
   Trübsal ist nun sauber hinn,
Traurigkeit ist gar erstochen,
   Frölichkeit ist mein gewin.

3.

Eia lasset vns spatziren,
   JESV Vilgeliebter mein,
Weil die garten sich nun zieren,
   Weil die Blümlein offen sein,
Weil die grüne Wisen lachen,
   Weil die pflantzen voller zweig,
Weil die Vögel nester machen,
   Kinderbettlein zart, vnd weich.

4.

> Schaw die reine Brünnlein springen
> Hoch in lären lufft hinein:
> Schaw die zarte Vöglein singen
> Wunder, wunder süß, vnd rein:
> Schaw die Bächlein lieblich sausen,
> Klar wie lauter Silberschein:
> Schaw die Bienen ernstlich hausen,
> Rauben, klauben hönig ein.

5.

> Ach ihr Bienlein, ach ihr fehlet,
> Ledig fahret Jhr nach hauß:
> Nur von JESV Läfftzen stehlet,
> Dannen klaubet hönig auß:
> JESV Lefftzen, Mund, vnd Augen
> Vol des besten safftes sein,
> Da nun thut hinfürter saugen:
> Noch so vil es bringet ein.

6.

> Newlich Jch in trawren stunde,
> Ware voller bitterkeit:
> JESVM da gekreutzigt funde,
> Klaget Jhm das hertzenleid:
> Lieblich thät ich ihn vmbhälsen,
> Kusset seine wangen beyd;
> Gleich mir sprang von disem Felsen
> Brunn, vnd Bach der süssigkeit.

7.

> Warlich war ich gar zerschlagen,
> War von lauter trawren matt:
> Nunmehr bin in frewdentagen,
> Bin von lauter Lüsten satt.
> Trübnüß hatte mich vmbzogen,
> Ware mehr dan halber tod:

>
> Nunmehr hab ichs leben sogen
> Nur auß JESV lefftzen root.

8.

> Drumb ihr Bienlein, last euch sagen,
>   Vnd mitt hauffen kompt hinzu:
> JESV Lefftzen sollet nagen,
>   Mercket was ich rathen thu.
> Wil die warheit nitt verheelen,
>   Nirget besser Blumen sein:
> Dorten wollet waidlich stehlen,
>   Rauben, klauben hönig ein.

9.

> Waidet iene süsse wangen,
>   Euch nur freundlich klebet an,
> Sauget, hauchet, bleibet hangen.
>   Bessers niemand rathen kan.
> Von den Augen JESV fallen
>   Runde thränen silberweis,
> Von der Stirnen root Corallen;
>   Beyde seind euch geben preis.

10.

> Da thut sauber hönig machen,
>   Lauter süß- vnd lieblichkeit,
> Labung so für kranck- vnd schwachen
>   Dienen mag zu seiner zeit.
> Wan dan werd in ängsten stecken,
>   Brauchen wil ich solchen safft;
> Weiß fürwar, es wird erklecken,
>   Zweiffel nitt, ich finde krafft.

[19]
Poëtisch gesang von dem H. Francisco Xauièr der geselschafft IESV, als er in Jappon schiffen wolte.

1.

Als in Jáppon weit entlegen
  Dacht Sauièr der Gottes Man,
Alle waren ihm entgegen,
  Jhn mitt worten fielens an.
Wind, vnd Wetter; Meer, vnd Wällen
  Jhm für augen mahltens dar,
Redten vil von vngefällen,
  Von gewitter, vnd gefahr.

2.

Schweiget, schweiget von gewitter,
  Ach von winden schweiget stil:
Nie noch warer Held, noch Ritter
  Achtet solcher kinderspil.
Lasset Wind, vnd Wetter blasen,
  Flam der Lieb vom blasen wächst:
Lasset Meer, vnd Wällen rasen,
  Wällen gehn zum himmel nächst.

3.

Ey doch lasset ab von schertzen,
  Schrecket Mich mitt keiner noth
Noch Soldat, noch Martis Hertzen
  Förchten immer Kraut, vnd Lot.
Spieß vnd pfeil, vnd blosse Degen,
  Rohr- Pistoll- vnd Büxsenspeiß
Macht Soldaten mehr verwegen
  Vnd sie lockt zum Ehrenpreiß.

4.

    Lasset ihren Grimmen wetzen
        Wind, vnd Wetter vngestüm,
    Last die brummend Wällen schwetzen   [105]
        Vnd die Trommel schlagen ṽm.
    Nord, vnd Süden, Oost, vnd Westen
        Kämpffen last auff saltzem Feld;
    Nie wirds dem an ruh gebresten,
        Wer nur Frid im hertzen helt.

5.

    Wer wils vber Meer nitt wogen?   (57ᵛ)
        Vber tausend Wässer wild,
    Dem es mitt den Pfeil, vnd Bogen
        Nach vil tausend Seelen gilt?
    Wen wil grausen vor den Winden,
        Förchten ihre Flügel naß?
    Der nur Seelen denckt zu finden,
        Seelen schön ohn alle maß?

6.

    Eia starck, vnd freche Wellen,
        Eia staur, vnd stoltze wind,
    Jhr mich nimmer sollet fellen,
        Euch zu stehn ich bin gesinnt:
    Seelen, Seelen muß ich haben,
        Macht euch auff ihr Höltzen Roß,
    Müsset vber Wellen traben,
        Nur von vfer drucket loß.

[20]
Die gespons JESV lobet Gott
bey dem gesang der Vögelein.

1.

Offt morgens in der kühle
 Noch vor dem Sonnenschein,
Wan JESV pfeil ich fühle
 Zu scharpff, vnd hitzig sein,
Mitt frewden mich verfüge
 Zum grünen wald hinein;
Wolt Gott nun dapffer schlüge
 Der klang der Vögelein.

2.

O Vöglein ihr ohn sorgen,
 Als newlich kam hinein,
Ein Liedlein must euch borgen;
 Wil nu bezahlet sein.
Nun mahnet auff zur stunde
 Den besten athem gut,
Nun schöpfft von hertzengrunde
 Vom best gesibten blut.

3.

Mitt bester Stimm last klingen
 Den höchst- vnd besten ton:
Durch wolcken soll sichs dringen,
 Biß zu dem Gottes thron.
Nun da, da thuts erklingen,
 Nun da, da recht, vnd fein:
Ja so, so müßet singen
 Jhr lautbar Vögelein.

4.

O Nachtigal du schöne!
 Verdienest rechter weiß,
Man Dich fürnehmlich kröne
 Mitt höchstem Ehrenpreiß.
Wie magst es ie doch machen
 So sauber, glatt, vnd rund?
Das hertzlein dir mögt krachen
 Förcht Jch, wans geht zu bunt!

5.

Thust wunder, wunder zwingen
 Den athem hundertfalt,
Kein Vöglein ist, im singen
 So Dir die farben halt.
Wan Dich man mercket kommen
 Offt zum gemeinen hauff,
Fast alle gleich erstummen,
 Die Zünglein zäumens auff.

6.

Doch ietzet sie nitt schweigen,
 Nitt feyrens diser frist,
Jetzt alle sie sich zeigen,
 Weil Gott zu loben ist.
Keins wil nun keinem weichen,
 Sich brauchens groß, vnd klein,
Laut spielend gehn durchstreichen
 Das frölig wäldelein.

7.

O süssigkeit der stimmen,
 Wie pfeiffens also rein!
Jm lufft wie lieblich schwimmen
 Die fliegend psälterlein?
Wie zierlich thuts erschallen
 Jm krauß, vnd holen holtz?

Wil Mirs ia bas gefallen
    Als alle Músic stoltz.

8.

Die Bäumlein reich von zweigen
    Auch sangweiß sausen gan,
Zum Gotteslob sich neigen,
    Vom Wind geblasen an.
Die Bächlein auch nun rauschen,
    Vnd frölig klinglen zu,
Nitt bald den ton vertauschen,
    Bleibt gleicher klang ohn ruh.

9.

Ey wo nun seind im gleichen,
    Wo seind all menschenspil?
Ach woltens ja nitt weichen,
    Sich sammlen eben vil:
Ach woltens gleicher massen
    Bey diser Music sein,
Sich auch mitt hören lassen
    Vnd sämptlich stimmen ein.

10.

O Gott was frewd im hertzen,
    Was lust ich schöpffen thät?
Wan heut zur Prim, vnd Tertzen,
    Sext, Non, vnd Vesper späth,
Zu wegen ich könd bringen
    Dem lieben GottesSohn,
Vor Jhm daß mögt erklingen
    So starck gemischter ton!

11.

Her, her all jnstrumenten,
    So seind in gantzer welt,

85 All Fugen, vnd Concenten
     So vil die Music zehlt:
   Her, her, all MenschenStimmen,
     Last immer, immer gan,
   Mans nie doch wird erklimmen
90   Was Gott gebüren kan.

12.

   Je mehr man ihn erhoben,
     Gelobt, vnd ehret hatt,
   Je mehr man ihn zu loben
     Noch allweg lasset statt.
95 Drumb spielet, vnd psalliret,
     Was ie nur spilen kan.
   Springt, iauchtzet, iubiliret,
     Lust, frewd ihm stellet an.

[21]
Anleitung zur erkandnuß vnd Liebe des Schöpffers auß den Geschöpffen.

1.

   Das Maisterstuck mitt sorgen
5   Wer nur wilt schawen an,
   Jhm freylig nitt verborgen
     Der Maister bleiben kan:
   Drumb wer nun heut, vnd morgen
     Erd, Himmel schawet frey,
10 Denck nach mitt gleichen sorgen,
     Wer je der Maister sey?
   O Mensch ermeß im hertzen dein,
   Wie wunder muß der Schöpffer sein!

2.

Von Oben wird vns geben
 Das Liecht, vnd Gülden Schein,
Jn stätem lauff, vnd leben
 Sonn, Mon, vnd Himmel sein:
Des Tags biß auff den obend
 Die Sonn gar freundlich lacht,
Zu Nacht der Mon Gott lobend
 Führt auff die SternenWacht;
 O Mensch ermeß im hertzen dein [111]
 Wie wunder muß der Schöpffer sein!

3.

Jn ettlich tausend Jahren
 Vil tausend Sternen klar
Kein härlein sich verfahren,
 Gehn richtich immerdar.
Wer deutet ihn die Strassen?
 Wer zeiget ihn die weeg?
Daß nie nitt vnderlassen
 Zu finden ihre Steeg.
 O Mensch ermeß im hertzen dein,
 Wie wunder muß der Schöpffer sein!

4.

Jn lauter grüne Seyden
 Gar zierlich außgebreit,
Das Erdreich thut sich kleiden, (60ᵛ)
 Zur werthen Sommerzeit:
Die pfläntzlein in den Felden
 Sich lieblich mutzen auff,
Die grüne zweig in Wälden
 Auch schlagen auß mitt hauff.
 O Mensch ermeß im hertzen dein,
 Wie wunder muß der Schopffer sein!

5.

Jn Garten merck ich eben
 Die schöne Blümelein,
Wie frewdig sie da schweben
 Wan wind nur spielt hinein.
O frölig GartenJugend!
 O frisch, vnd zartes blut!
Ohn zahl hast Farb, vnd Tugend
 Wers denckt in stillem mut.
 O Mensch ermeß im hertzen dein,
 Wie wunder muß der Schöpffer sein!

6.

Vnd wie dan werd gemohlet
 Jhr Blümlein tausendfalt?
Weil alles ihr doch holet
 Vom Boden vngestalt.
All safft, vnd krafft, vnd wesen
 Jhr nembt von schlechter Erd,
Vnd doch wer euch geht lesen,
 Ja schöners nichts begert.
 O Mensch ermeß im hertzen dein,
 Wie wunder muß der Schöpffer sein!

7.

Die Brünnlein sich ergiessen,
 Vnd ihre wässer klar
Wie silberstraalen schiessen
 Von Felsen offenbar:
Die Sonn es bald erblicket,
 Drinn kühlet ihren Schein.
Die Thier es auch erquicket,
 Wans heiß, vnd dürstig sein.
 O Mensch ermeß im hertzen dein,
 Wie wunder muß der Schopffer sein!

8.

Frisch hinn, vnd her gehn schwancken
 Die klare Bächlein krumb,
Vnd mitt den Steinlein zancken,
 Wans müssen fliessen vmb.
Allwèg sie süßlich sausen,
 Zum sang, vnd gang gewohn,
Das gantze jahr ohn pausen
 Man höret ihren ton.
 O Mensch ermeß im hertzen dein;
 Wie wunder muß der Schöpffer sein!

9.

Die Flüß, vnd breite Wässer
 Jn still, vnd sanfftem trab
Schiff, Nachen, Pack, vnd Fässer
 Lan führen auff vnd ab.
So pur vnd rein sie lauffen
(: Muß kecklich sagen das :)
Wers wil gar zierlich tauffen,
 Der nenns geschmoltzen Glas.
 O Mensch ermeß im hertzen dein,
 Wie wunder muß der Schöpffer sein!

10.

Das wilde Meer nun brauset,
 Vnd wütet vngestüm:
Nun still es wider sauset,
 Vnd ligt in runder krümm.
Gar lieblich thuts bestraalen
 Die Sonn, mitt sanffter glut,
Wan sie zun offtermahlen
 Sich drinn erspiegeln thut.
 O Mensch ermeß im hertzen dein,
 Wie wunder muß der Schöpffer sein!

11.

Wer wil die Bäum nun zehlen
    Jn ien, vnd ienem Wald?
Seind deren doch ohn fehlen
    So tausend, tausendfalt.
Gar hoch die gipffel klimmen
    Jn klaren lufft hinauff,
Vnd gleich den wolcken schwimmen
    Wan stößt ein windlein drauff.
O Mensch ermeß im hertzen dein
Wie wunder muß der Schöpffer sein!

12.

Der Zweig vnd Näst seind tausend,
    Vnd tausend, tausend vil.
Mehr tausend, tausend, tausend
    Der Blettlein, vnd der Stiel.
Doch äderlein beyneben
    Noch mehr man zehlen thut,
Da nehret sich das Leben,
    Vnd Seel in grünem blut.
O Mensch ermeß im hertzen dein,
Wie wunder muß der Schöpffer sein!

13.

Wan dan schallt auff den Zweigen
    Gesang der vögelein,
Noch Laut, noch Harpff, noch Geigen
    Klingt also süß, vnd rein:
Jhr lieblichs musiciren
    Mich dunckt so sauber gut,
Jhr künstlichs coloriren
    Bringt lauter Frewdenmut.
O Mensch ermeß im hertzen dein,
Wie wunder muß der Schöpffer sein!

14.

Die Nachtigal ob allen
　Steigt immer auff, vnd auff;
Gar frewdig thuts erschallen,
　Wans geht in vollem lauff.
Man sagt, es ettlich starben,
　Zu hoch wans wolten gan,
Vnd mitt zu starcken farben
　Jhr stimmlein streichen an.
　　O Mensch ermeß im hertzen dein,
　　Wie wunder muß der Schöpffer sein!

15.

Wer wolt nun vberdencken
　Der wilden Vögel zahl?
Die Sonn sich wurde sencken
　Ehe man sie nennet all.
Wer wolt ihr Federn zehlen?
　Vnd Federfarben zart?
O Gott, muß Dirs befehlen,
　Es seind vnzahlbar art.
　　O Mensch ermeß im hertzen dein;
　　Wie wunder muß der Schöpffer sein!

16.

Von Thieren muß ich schweigen,
　Vnd lassens vngezehlt:
Jns Meer wil auch nitt steigen,
　Daß ich von Fischen meld:
Von Mensch, vnd Menschenkinden
　Wil gar nitt regen an,
Kein end ich da köndt finden,
　Wils in der still vmbgan.
　　O Mensch ermeß im hertzen dein,
　　Wie wunder muß der Schöpffer sein!

17.

Elfanten, sampt Camelen,
  Roß, Löwen, Hirsch, vnd Bär,
All Wurm, vnd alle Seelen
  So seind im wilden Meer,
Wer mensch mags ie beschreiben
  Jhr eygenschafft, vnd art?
Thut weißlich wers last bleiben,
  Wer wort, vnd Feder spart.
    O Mensch ermeß im hertzen dein,
    Wie wunder muß der Schöpffer sein!

18.

O schönheit der Naturen!
  O wunder lieblichkeit!
O zahl der Creaturen!
  Wie streckest dich so weit?
Vnd wer dan wolt nitt mercken
  Des Schöpffers herrlichkeit?
Vnd Jhn in seinen Wercken
  Erspüren iederzeit?
    O Mensch ermeß im hertzen dein,
    Wie wunder muß er Selber sein!

[22]
Lob Gottes auß einer weitleuffigen Poetischen beschreibung der frölichen SommerZeit.

1:

Jetzt wicklet sich der Himmel auff
  Jetzt wegen sich die Räder
Der Frühling rüstet sich zum lauff
  Vmgürt mitt Rosenfeder

O wol, wie scheinbar, frisch, vnd kraus!
　Wie glantzend Elementen!
Nitt mögens halber sprechen auß
　Noch Redner, noch Scribenten.
　　O Gott, ich sing von hertzen mein,
　　Gelobet muß der Schöpffer sein.

2.

Du schnelle Post, o schöne Sonn!
　O gülden Roß, vnd Wagen!
O reines Rad, auff reinem Brunn
　Mitt zartem glantz beschlagen!
Jetzt schöpffest vns den besten Schein,
　So Winters war verlohren,
Da Rad, vnd Eymer schienen sein
　Von Kelt gar angefroren.
　　O Gott ich sing von hertzen mein,
　　Gelobet muß der Schöpffer sein.

3.

O reines Jahr! O schöner tag!
　O Spiegelklare zeiten!
Zur Sommerlust nach Winterklag
　Der Frühling vns wird leiten.
Jm lufft ich hör die Music schon,
　Wie sichs mitt ernst bereite,
Daß vns empfang mitt süssem ton,
　Vnd lieblich hinn begleite.
　　O Gott ich sing von hertzen mein,
　　Gelobet muß der Schöpffer sein.

4.

Für vns die schöne Nachtigal
　Den Sommer laut begrüsset,
Jhr Stimmlein vber Berg, vnd Thal
　Den gantzen lufft versüsset.

>
> Die vöglein zart in grosser meng
> Büsch, Heck, vnd Feld durchstreiffen,
> Die Nester schon seind ihn zu eng,
> Der Lufft klingt voller Pfeiffen
> *O Gott ich sing von hertzen mein*
> *Gelobet muß der Schöpffer sein.*

5.

> Wer leget ihnn den Ton in mund,
> Dan laut, vnd dan so leise?
> Wer zircklet ihnen also rund
> So mannigfaltig weise?
> Wer messet ihnn den athem zu,
> Daß mögens vollenführen
> Den gantzen tag fast ohne ruh,
> So frewdigs Türelüren?
> *O Gott ich sing von hertzen mein*
> *Gelobet muß der Schöpffer sein.*

6.

> Jetzt lauffen wider starck, vnd fest,
> So winterZeits gestanden
> All Flüß, vnd Wässer in Arrest,
> Verstrickt mitt Eyses banden:
> Jetzt kalter Lufft, vnd stawre Wind
> Vns wider seind versöhnet,
> Der Taw mitt weissen perlen lind
> Die Felder lieblich krönet.
> *O Gott ich sing von hertzen mein,*
> *Gelobet muß der Schöpffer sein.*

7.

> Jetzt öffnet sich der Erden Schooß,
> Die Brünnlein frölig springen:
> Jetzt laub vnd graß sich geben bloos,
> Die Pfläntzlein anher dringen.

Wer wird die kräuter mannigfalt
　　Jn zahl, vnd zifer zwingen,
So nu der Sommer mitt gewalt
　　Ans Liecht wird stündlich bringen?
O Gott ich sing von hertzen mein,
Gelobet muß der Schöpffer sein.

8.

Die Blümlein schaw wie trettens an,
　　Vnd wunder schön sich arten!
Violen, Rosen, Tulipan,
　　Die kleinod stoltz in garten!
Jacynthen, vnd Gamanderlein,
　　Dan Saffran, vnd Lauendel.
Auch Swerttlein, Lilgen, Nägelein,
　　Narciß, vnd SonnenWendel.
O Gott ich sing von hertzen mein,
Gelobet muß der Schöpffer sein.

9.

Ey da, du gülden KaysersCron,
　　Auß vilen außerkoren,
Auch Tausendschön, vnd Widerton,
　　Nasturtz, vnd Rittersporen,
Jelängerlieber, Sonnentaw,
　　Basilien, Brunellen,
Agleyen auch, vnd Beerenklaw,
　　Dan Monsaam, Glock- vnd Schellen,
O Gott ich sing von hertzen mein,
Gelobet muß der Schöpffer sein.

10.

Mein saget an, ihr Blümlein zart,
　　Vnd last michs ie doch wissen
Weil ihr an euch kein farb gespart,
　　Wer hats euch vorgerissen?

    Wo nahmet ihr das Muster her,
       Davon ihr euch copeyet?
Das Vorbild wolt ich schawen ger,
       Welchs ihr habt conterfeyet.
    O Gott ich sing von hertzen mein
    Gelobet muß der Schöpffer sein.

11.

Wer mag nun ie geboren sein,
    So reich von scharpffen Sinnen,
Der auch das mindest pfläntzelein
    Nur schlechtlich dörfft beginnen?
Die warheit sag ich rund, vnd platt,
    Dem wurd all Sinn zerrinnen,
Wer nur auch dächt ein eintzigs Blatt
    Auß Menschenkunst erspinnen.
    O Gott ich sing von hertzen mein,
    Gelobet muß der Schöpffer sein.

12.

Das Feld, vnd Wisen feucht, vnd feist
    Mitt Bächlein vil zerspalten
Die Sonn wan sie fürvber reist
    Mitt ihrer Schön auffhalten:
Nun wundert sich der Himmel selb,
    Wie zierlich vnderstraalet
Mitt gras, vnd fruchten, grün, vnd gelb
    Das Erdreich sich gemahlet.
    O Gott ich sing von hertzen mein
    Gelobet muß der Schöpffer sein.

13.

Wer treibet auß Getraid, vnd Graß
    Wer lockets an die Sonnen?
Weils in der Erd verwurret saß,
    Wer hats hinaußgesponnen?

    Wer scherpfft den ähren ihre spitz?
        Wer thut die körnel zehlen?
Wo nehmens doch die kunst, vnd witz,
        Das nie der Art verfehlen?
    O Gott ich sing von hertzen mein
    Gelobet muß der Schöpffer sein.   [123]

14.

Die stoltze Bäum in wälden wild
    Seind zierlich außgebreitet,
O nur auß erd geschnitzte Bild!
    Ohn' werck, vnd zeug bereitet!
Wer that in Lufft euch richten auff?
    Wer gab das Grün den zweigen?
Wo war so vil der farb zu kauff?
    Für wunder muß ich schweigen.
    O Gott ich denck im hertzen mein,   (65ᵛ)
    Gelobet muß der Schöpffer sein.

15.

Bald auch die zahm, vnd fruchtbar Bäum
    Sich frewdig werden zieren,
Mitt weichem Obs, mitt kinderträum,
    Nüß, Oepffel, Kirsch- vnd Bieren.
Die Bieren gelb, die Oepffel root,
    Wie Purpur die Granaten,
Die Pfersich bleich wie fahlber Todt,
    Die Kirschen schwartz geraten.
    O Gott ich sing von hertzen mein,
    Gelobet muß der Schöpffer sein.

16.

Des Obs ich schier ohn zahl erblick,
    Vnd thut sichs immer mehren
Citronen, Quitten, Pflaumen dick
    Fast alle Näst beschweren: [124]

115

Pomrantzen gülden von gestalt,
  Seind vil in warmen landen,
Da leucht mitt gold wol mancher wald,
  Als newlich hab verstanden.
O Gott ich sing von hertzen mein
Gelobet muß der Schöpffer sein.

17.

Der Rebenstock voll trauben schwär
  An pfälen lieblich scheinet,
Als gleich ein wolgewaffnet Heer,
  An spiessen angeleinet.
Da sammlet sich das Rebenblut
  Zu süssen TraubenZähren;
Die machen vns dan frischen mut,
  Was wil man mehr begeren?
O Gott ich sing von hertzen mein
Gelobet muß der Schöpffer sein.

18.

Die reine Flüß Crystallenklar
  Verbreemt mitt grünen weiden,
Von schatten schier bedecket gar,
  Die Sonnenhitz vermeiden.
Sich vben dort mitt schwimmen vil,
  Jn Schnee gefarbte Schwanen,
Dort haltens ihre Frewdenspiel,
  Auff glatten Wasserbaanen.
O Gott ich sing von hertzen mein,
Gelobet muß der Schöpffer sein.

19.

Die Thier auff grünen Felden breit
  Sich frisch vnd frewdig zeigen,
Das Wild in dunckel Wälden weit
  Dem Jäger zeigt die feygen:

  Die Vögel auch in freyem zug
   Jn Lufften frewdig spielen,
190 Mitt hinn, vnd her gewendtem flug
   Zum EhrenCräntzel zihlen.
  O Gott ich sing von hertzen mein,
  Gelobet muß der Schöpffer sein.

     20.

  Wo nur das aug man wendet hinn,
   Mitt lusten wirds ergetzet;
  Ergetzet wird fast ieder Sinn,
   Vnd alles wunder schetzet;
  Ohn maß ist alle Welt geschmuckt,
   Wer künstler mögts erdencken?
200 Wers recht bedenckt, wird gar verzuckt (66ᵛ)
   Das haupt thut nidersencken.
  O Gott, ich sing von hertzen mein,
  Gelobet muß der Schöpffer sein.

     21.

  Drumb lobet Jhn ihr Menschenkind,
205 Bey nu so schönen zeiten:
  All Trawrigkeit nur schutt in Wind, [126]
   Spannt auff die beste Saiten:
  Auff Harpff, vnd Lauten tastet frey,
   Schneid an die süsse Geigen,
210 Mitt reiner Stimm, vnd Orgelschrey
   Thut Jhm all Ehr erzeigen.
  O Gott, ich sing von Hertzen mein,
  Gelobet muß der Schöpffer sein.

[23]
Lob des Schöpffers darinn ein kleines wercklein seiner Weißheit, nemblich die wunder liebliche Handthirung der Jmmen oder Bienen Poëtisch beschrieben wird.

1.

Mitt deiner Lieb vmbgeben,
 O Schöpffer aller ding,
Jn trawren muß ich leben,
 So nitt von Dir ich sing.
Von wercken deiner hende,
 Von wercken auch gering,
Von *Bienen* ich dir sende,
 Was news ich heut erkling.

2.

Wan Jch bey deinen Wercken
 Die Wunder dein betracht,
Zur Lieb sie mich erstercken
 Der Eyffer schöpffet macht.
O Gott wan dich zu loben
 Jch nitt von hertzen denck,
Mich lebend vnverschoben
 Nur gleich in grund versenck.

3.

Wolan wil heut erklingen
 Ein Wercklein deiner hend,
Wil zarte Verßlein zwingen
 Von Jmmen wolbekendt.
Nembt wahr, ihr MenschenSeelen,
 Dem Schöpffer dencket nach;
Wil sauber nichts verheelen,
 Was euch belüsten mag.

4.

Auff, auff, ihr kleine *Bienen*,
  Der Winter ist fürbey:
Schon gaffen ietzt, vnd gynen
  Die Blümmlein allerley.
Auff, auff, die Blümmlein gaffen,
  Zu Feld noch flieget heut,
Auff, auff zur wehr, vnd waffen,
  Euch schickt zur BlumenBeut.

5.

Ey da sie schon erbrummen,
  Zu Feld sich stellens ein,
Starck rühren sie die Trommen
  Die gelbe Kriegerlein.
Sie weit, vnd breit mitt sorgen
  Erforschen ihren Raub,
So draussen ligt verborgen
  Jn weichem Blumenlaub.

6.

Sie nur vom Raub sich nehren,
  Vnd lebens nur der Beut,
Doch niemand nitt beschweren,
  Verderben Land noch Leut.
Sie ziehlen scharpff mitt augen
  Zun reichsten Blümlein zart,
Von ihnen Schätz ersaugen
  Jn blättlein eingescharrt.

7.

Sie gleich das best erheben,
  Das beste Blumenblut,
Vnd bleibens doch beyneben
  Die Blümlein wolgemuth:
Gar starck vnd immer zahlen
  Die Blättlein ihren zohll,

Vnd bleibens allemahlen
　Jedoch noch eben voll.

8.

Ob schon die Schätz erhoben,
　Ob schon sie plündert auß,
Doch schwebens ie noch oben,
　Verbleiben eben krauß.
Jhr zähnlein wolgewetzet
　Die Bienlein schlagen an,
Doch alweg vnverletzet
　Die Blümlein lassen stahn.

9.

Kein blättlein sie zerbeissen,
　Kein härlein kränckens nicht.
Kein äderlein zerspleissen
　Als wie mans täglich sicht.
O wohl wie friedlichs rauben!
　Wie süsser Blumenkrieg!
Jn Hönig muß ich glauben
　Verwendt sich aller Sieg

10.

Jn lauter Wachs, vnd Hönig
　Verwendt sich alle Beut,
So mancher Fürst, vnd König
　Geneußt mitt hertzenfrewd.
Von blumen was sie schaben,
　Was da sie fricklen auß,
Wird gleich zur HönigWaben,
　Wans ihnen kombt nach hauß.

11.

Drumb zeitlich dan sie rühren
　Die schwancke Federlein,

Den süssen Raub entführen,
  Vnd heimwartz kehren ein.
Mitt flüglen dün gezogen
  Von gulden Pergameèn
Sie dückmahls vngelogen
  Zwo kleiner Meilen gehn.

12.

Man wil daß ettlich starben
  Von vil zu stätem Flug,
Zu gar sich weils bewarben
  Vnd ja nitt fanden gnug.
Jn Stein- vnd Felsenrissen,
  An steinigt örten hart
Offt habens abgeschlissen
  Woll halbe flügel zart.

13.

Sie fleissig aller enden,
  Vnd orten späth, vnd früh
Den gelben Safft entwenden
  Von Bäum- vnd Heckenblüe.
Wo nur sich bloos erweisen
  Die glitzend Blümelein,
Da werdens gleich zur Speisen
  Den Hönigvögelein.

14.

Wan wol dan hatt gezehret
  Das Völcklein hönigsüß,
Es mitt dem Rest beschweret
  Die beyden hinderfüß.
Jn Lufft sie mütig tretten,
  Mitt brommen, vnd gesaus:
Bey Trommel- vnd Trompetten
  Sie fahren Reich nach hauß.

15.

Offt förchtens vnderwegen,
   Daß nitt von ihrem zweck
Wan Wind sich gind zu regen,
   Sie der mögt blasen wegk.
Sich drumb dan bas beladen
   Mitt kleinen Steinelein;
So schwebens ohne schaden
   Weil dan sie schwärer sein.

16.

Offt wan sichs han verweilet
   Auff gar zu blossem Feld,
Vom Abend vbereylet
   Ohn vnterschleiff, vnd zehlt,
Ob allem dan sie sorgen
   Für ihre Flügel zart,
Daß die biß auff den Morgen
   Vor Feuchte seyn bewart.

17.

Damitts dan ie nitt werden
   Berührt von feuchtem Taw,
Sich legen sie zur Erden
   Mitt vortheil gar genaw:
Sich legens auff den Rucken,
   Vnd also schlaffen ein:
So bleiben ie noch drucken
   Die gülden Flitterlein.

18.

Bald wan die Morgenstunden
   Mitt Rosen root vmbgürt
Den süssen Schlaff entbunden,
   Gleich fassens ihre Bürd,
Gleich wider sie dan schwingen
   Die flache Federlein,

Nach hauß die Beuten bringen,
  Bey kühlem Purpurschein.

19.

Wan endlich dan sie kommen
  Zur Edlen WächsenBurg,
Für frewden starcker brummen,
  Sich tummlens durch, vnd durch:
Gleich rüstet sich zum grüssen
  Was blieben war daheim,
Den Gästen streicht von Füssen
  Das Hönig, Wachs, vnd Leim.

20.

Vnd wer nun mags ersinnen,
  Wie dan mitt schöner Kunst
Das Werck sie da beginnen
  Jn lauter schwartzem Dunst?
Vil wunder von Gebewen,
  Vil Heußlein auff das best
Jm dunckeln gar ohn schewen
  Sie da dan gründen fest.

21.

Die klare Sonn dort oben,
  Der Himmlisch Augenball
So sonsten hoch erhoben
  Sich wirblet vberall,
Mitt seinen Straal, vnd Pfeilen
  Mag da nitt boren ein,
Muß draussen ja verweilen,
  Nimpt nie den Augenschein.

22.

Dem Tag sie weichen fehrne,
  Verkleben ihm die Riß,

    Daß niemand nichts erlehrne,
      Noch ihre Stücklein wiß.
    Die schöne Kunst verborgen
      Bißher bleibt in geheim;
    Der Leser muß mirs borgen,
      Kombt nichts in meine Reym.

23.

    Ein König doch erwehlen
      Die stoltze Bürgerschafft:
    Wie der dan thut befehlen,
      Verwirckens ihren Safft.
    All Aempter er ertheilet,
      Er alles gibet an,
    Gleich niemand sich verweilet,
      Seind ihm gantz vnderthan.

24.

    Gleich die dan ihn begleiten,
      Vnd lauffen ihm zur hand:
    Gleich die dan draussen streiten,
      Für ihre Burg, vnd Land:
    Gleich die den Pöfel führen,
      Versorgen alle Wacht:
    Gleich die den Lufft erspüren,
      Auffs Wetter gebens acht.

25.

    Gleich die zu Felde fahren,
      Mehr arbeit führen bey:
    Gleich die die Flügel sparen,
      Daheim sich brauchens frey.
    Gleich die das Hönig tragen,
      Gleich die den feuchten Taw:
    Gleich die den Mörtel schlagen,
      Vnd mauren ihren Baw.

26.

Das Völcklein vnverdrossen
 Starck bawt ohn vnterlaß,
Vnd brauchets ohn verstossen
 Noch Bley- noch Winckelmaas.
Von Bretter, Holtz, noch Steinen
 Kein splitter brauchens nicht,
Vnd doch (: wer wolt es meinen?)
 Der schöne Baw geschicht.

27.

Von Blümlein ist erwehlet
 Der BawZeug nagelnew;
Jn Heußlein vngezehlet
 Sich theilt das gelb Gebew.
Von Wachs gar dün getrieben
 Seind alle Mawr, vnd Wend;
Balliert, vnd glatt gerieben,
 Jn Zeltlein abgetrennt.

28.

Dort nehmens dan besonder
 Zur wohnung ihre plätz:
Dort sammlens auch mitt wunder,
 Vnd mehrens ihre Schätz.
Auch örtlein ihn erkiesen
 Da zieglens ihre zucht,
Biß die recht vnterwiesen
 Auch gleiche narung sucht.

29.

Die Zimmer vnterscheiden
 Versüssens mitt geruch;
Sie stanck, noch wust erleiden,
 Er draussen felt im flug.
Da drinnen sie sich sparen;
 Sich haltens pur, vnd rein;

Recht sauber sie bewahren
 Die Zelt, vnd Kämmerlein.

30.

Gar sehr sie sich vermehren,
 Doch keusch ohn Heurath sein;
Ohn Lieb sie sich beschweren
 Mitt süssen kinderlein.
Sie nur von Blumen lesen
 Die Kleinen ihrer art;
Da findet sich das wesen
 All ihrer Erben zart.

31.

Wan dan die schöne Jugend
 Sich mehret algemach;
Sie gleich der Vätter Tugendt,
 Vnd Freyheit strebet nach.
Sie sich von Mittgenossen
 Jn Schwarm zertheilen ab,
Von hauß mitt frewden stossen
 Jn vollem Flügeltrab.

32.

Starck blasen sie zum Lärmen,
 Gar schwirig von geblüt:
Jn stoltzem Zug, vnd Schwärmen
 Das munter Bürßlein wüt.
Adè du süsses Haimet;
 Adè du Mutterschoos;
Hinaussen vngezäumet
 Sich waget vnser Stooß.

33.

Schaw da, wie schön muntiret,
 Wie schön geputzter Hauff!

    Jn Lufften er brauiret,
        Zun wolcken schwebet auff:
    Frisch hinn, vnd her sich schwencket
        Die güldengelbe Schaar,
    Jn frembde Land gedencket,
        Sucht newen Sitz fürwar

34.

    Her, her nun Pfann, vnd Becken,
        Schlagt auff daß gütlich kling:
    Vns last den Schwarm erschrecken,
        Daß nitt er gar entspring.
    Schlagt auff Ting-tang: Ting-Tyren,
        Ting-tang, Ting-Tyren-Tang.
    Last ihm noch bas hoffiren
        Mitt lindem Beckenklang.

35.

    Gleich da last ihm gesagen
        Der Stossend BienenSchwarm,
    Schon kühlet, vnd zerschlagen
        Jst ihm das mütlein warm,:
    Er herwarts thut sich lencken,
        Wil schon sich kleben an;
    Schaw dorten er bleibt hencken
        Man ihn dort fassen kan.

36.

    Der Hüter sich bereite
        Zum newen BienenStock,
    Da drein dan er sie leite,
        Sie sanfft, vnd süßlich lock:
    Der Stock sol sein bestrichen
        Mitt edlem Thimian,
    Wans nur das kreutlein riechen,
        Sie gern sich halten lan.

37.

Gleich hebens an zu wohnen
 Jn also frischem Sitz,
Vnd reichlich den belohnen
 Der sie nimbt in besitz.
Die Jung, vnd Alte Bienen
 Gar häuffig ohne zahl
Den Menschen trewlich dienen,
 Zur süssen Speiß, vnd Mahl.

38.

Gar sparsam sie sich nehren,
 Gar leben sie genaw:
Nur wir, wir ihnen lären
 Die Körb, vnd reichen Baw.
Sie nur den frembden Gästen
 Die Reichtumb haben spart,
Vnd vns gethan zum besten
 So manche Blumenfahrt.

39.

Wer wil nun vberdencken,
 Was hoch, vnd schwären Tax
Der Welt sie jährlich schencken,
 An Hönig, vnd an Wachs?
Mitt vilmahl tausend, tausend
 Ducaten root von gold,
Vnd ie noch tausend, tausend
 Mans nie bezahlen solt.

40.

Wer Mensch mags auch erdencken,
 Was jährlich ohn verzug
Dem lieben Gott sie schencken
 Auß ihrem Blumenflug?
Sie tausend, tausend, tausend
 Jhm Liechter zünden an,

So Tag, vnd Nacht in tausend,
Vnd tausend Kirchen stahn.

41.

Dem Schöpffer sie zun Ehren
Jn lindgewircktem Flachs
Unzahlbar Fewr ernehren,
Von gelb, vnd weissem Wachs.
Vnzahlbar ihm Laternen
Erhaltens tag, zu tag;
Jn warheit sie den Sternen
Mitt nichten gebens nach.

42.

O Schöpffer der Naturen!
Hoch schwellet mir der Mut,
Wan Dich der Creaturen
Man danckbar loben thut:
Nun dancken wir von hertzen
Dem Schöpffer Lobesan,
Dem sie so manche Kertzen
Mitt frewden stecken an.

43.

Jhr Völcker vil auff Erden,
Jhr Menschen allegar,
Frisch, frölich in geberden
Vor ihm euch stellet dar:
Jhm dancket seiner gaben,
Der Vöglein wunder fein,
Des Wachs, vnd Hönigwaben
So wunder süß, vnd rein.

44.

Steigt auff, vnd steigt hinvnder
Jn allen Wercken sein:

>Rufft vberall wie wunder
> Muß Er doch selber sein!
>Rufft vberall wie wunder
> Seind alle Wunder sein!
>Wie wunder, vnd wie wunder
> Muß Er dan Selber sein!

[24]
Anders Lob Gottes; vnd ist der 148 Psalm Dauids poëtisch auffgesetzt.

1.

Nun lobet Gott von Himmel ab
  Ihr Gottes Edelknaben,
Euch Er den geist, vnd wesen gab,
  O wol der schönen gaben!
Euch Er mitt lauter Frewdenflamm,
  Mitt lüsten thät vmbgeben;
Für frewden groß ihr allesamm
  Ohn vnterlaß thut beben.

2.

Auch lobe Gott du gelbe Schaar,
  Jhr Sternen wolgezündet:
Du Sonn, vnd Mon, ihr Kuglen klar,
  Jhr Circkel wolgeründet.
Jhr Himmel, weit, vnd breit erleucht,
  Jhr Tempel wolgezieret,
Rund vber euch mitt wasser feucht
  Von aussen verglasieret.

3.

Nun preiset ihn mitt klarem Schein,
　　Thut ihm der gnaden dancken:
Was er gebeut muß fertig sein,
　　Muß ewiglich nitt wancken.
Er sprach so gar ein kleines Wortt,
　　Klein vnder alle massen,
Da spranget ihr auß Nichten fort,
　　Vnd liefft in Runden strassen

4.

Drinn lauffet ihr noch heut zu tag,
　　Vnd webet vns die Zeiten;
Thut mitt geschecktem vnderschlag
　　Den Tag, vnd Nacht bereiten.
Er zeichnet euch die zihl, vnd maaß,
　　Er weiset euch mitt Sinnen;
Da wircket ihr ohn vnterlaß
　　Was Sonn, vnd Sternen spinnen.

5.

Auch lobet Gott von Erden auff
　　Jhr Drachen auß den Klufften,
Jhr Walfisch, tieff auß Saltzem sauff;
　　Wind, sauß, vnd brauß in Lufften:
Auch Hagel weis,
Auch pflocken greiß,
　　Von Schnee, vnd Eyß entzogen:
Auch Dämpff, vnd Fewr,
Blitz vngehewr,
　　Zusampt dem Regenbogen.

6.

Auch lobet ihn ihr stoltze Berg,
　　Jhr hoch vnd starcke Risen:
Auch kleine Bühlein, kleine Zwerg;
　　Auch flaches Feld, vnd Wisen,

  Auch grüne Stauden, Bäum, vnd Zweig,
   Von Früchten tieff gebogen;
  Auch Cedernholtz den wolcken gleich,
   Jn wolcken hoch erzogen.

7.

  Jhr Thier, Gewürm, vnd wilde Rott,
   Mitt keiner zahl zu greiffen,
  So weit in Wälden ohn verbott
   Die grüne Baan durchstreiffen:
  Auch Du so schwanckes Federvieh,
   So thust in Lufften schiffen,
  Vnd zierlich drillest ie, vnd ie
   Die Zünglein rein geschliffen:

8.

  Jhr König, Fürsten, Richter gros,
   Jhr völker vngezehlet,
  Jhr Kleinen auff der Mutterschoos,
   Jhr Jüngling vnvermählet,
  Jhr Töchter auch noch vnversagt,
   Noch bloos in gülden haaren,
  Dan auch ihr Alten hochbetagt,
   Bewandert weit in Jahren,

9.

  Recht preiset ihn mitt jubelschall;
   Mitt händen schlagt zusamen,
  Springt auff vnd schreyet vberall
   Erhebet ihn mit Namen.
  Füllt an den Lufft mitt süssem Sang,
   Mitt Harpffen, Laut, vnd Geigen,
  Mitt Noten kurtz, vnd Noten lang
   Thut auff zun wolcken steigen

10.

Er jmmerdar hatt gütlich than
  Den Schäfflein seiner Herden;
Er setzet endlich oben an
  Die liebsten sein auff Erden.
Drumb lobet ihn mitt bestem Ton,
  Den Psalter hoch erhebet:
Sein ist der Scepter, sein die Cron;
  Vor Jhm Erd, Himmel bebet.

[25]
Anders Lobgesang auß den Wercken Gottes.

1.

Ein Liedlein süß wolt stimmen an
  Ihr wolgespannte Saiten,
Jhr Lauten, Geigen, Dülcian,
  Jhr Cymbel, Harpff, vnd Fleiten,
Posaun, Cornèt, Trompetten klar,
  Auch Hörner krum gebogen,
Gott loben sollet ihr fürwar,
  Sagt an was euch wil frogen.

2.

Wer hatt in Gold- vnd Silberstück
  Die Sonn, vnd Mon gekleidet?
Wer hatts gemacht so schnell, vnd flück,
  Daß nie kein pfeil erleidet?
Wer hatt die Sternen zündet an?
  Wer hats gezehlt mitt Namen?
Wer hats mitt Wesen angethan
  Da sie von Nichten kamen?

3.

Wer läret auß den vollen Mon?
Wer schleiffet ihm die Spitzen?
Wer heißt die Flüß von Felsen gan?
Wer macht die Brünlein spritzen?
Wer wicklet hoch in wolcken ein
Die Spitz der wilden Bergen?
Wer thut den lieben Sonnenschein
Mitt schwartzer Nacht verhergen?

4.

Wer färbet vns die Morgenröt
Mitt purpur zart gerieben?
Wer thut was vns die Nacht getöd
Ans Liecht bald wider schieben?
Wer heist von wolcken springen ab
Die Blitz in eyl entflogen?
Wer zuckt die Wind in vollem trab?
Wer spannt den Regenbogen?

5.

Wer wirfft auß beyden händen voll
Reiff, Hagel, rund gefroren?
Wer spinnet vns die Winterwoll,
Den Schnee so rein geschoren?
Wer zäumet auff mitt Eyß, vnd Kält
Die stoltze Wasserwogen?
Wer ist ders Meer in zuchten hält,
Wans kompt in Grimm gezogen?

6.

Wer gibt der Erden lebens krafft
Daß nie von alter sterbe?
Wer träncket sie mitt WolckenSafft,
Daß nie von Hitz verderbe?
Wer nehret Wild, vnd Zahmes vieh?
Wer sorget ihnn die Speisen?

Daß endlich doch noch manglet nie,
　　Wie deutlich steht zu weisen?

7.

Allein, allein ist vnser Gott
　　Der thaten groß verrichtet:
So bald nur schallet sein gebott,
　　All Streit ist schon geschlichtet.
Da lauffens ihm in eyl zuhand
　　Geschöpff nach seinen Sinnen;
Voll seiner krafft wird alles Land,
　　Vil wunder da beginnen.

8.

Sein Will, vnd Werck im selben Schritt,
　　Jm selben Glid passiren,
Kein härlein eins vors ander tritt,
　　Mag ihm ia nichts falliren,
Was Er dan wil, thut Er behend
　　Jn gleichem punct verrichten:
Was Er auch wil, thut vnverwend
　　Jn gleichem punct zernichten.

9.

Drumb nur zu loben fanget an
　　Jhr wolgespannte Saiten,
Jhr Lauten, Geigen, Dulcian,
　　Jhr Cymbel, Harpff, vnd Fleiten;
Posaun, Cornet, Trompetten klar,
　　Auch Hörner krum gebogen,
Gott loben sollet ihr fürwar,
　　Was wil man weiters frogen?

[26]
Anders Lobgesang, darinn
die Geschöpff Gottes zu seinem
Lob ermahnet werden.

1.

Wolauff ihr hole Saitenspiel
 Stimmt an die SilberZungen,
Die Saiten stimmet an subtil
 Stimmt an was ie geklungen
Stimmt an dem werth, vnd lieben Gott
 Euch last in Frewden mercken
Singt immer immer ohn verbott
 Vnd singt von seinen Wercken.

2.

Er setzet vns die Tag, vnd Jahr:
 Er spaltet ab die zeiten:
Dort stellet er den Sommer klar
 Den Winter dort beyseiten
Dan auch den Herbst, vnd Frühling beyd
 Jn gleicher Läng durchschnitten
Er ihnen stellt zum vnderscheid
 Recht dort, vnd dort in Mitten.

3.

Zu Nacht er vns den Himmel blaw
 Mitt Flämmlein schön bespritzet
Die glantzen wie der stoltze Pfaw
 Wan er voll Spieglen glitzet.
Zu Tag er vns mitt schönem Schein
 Gar freundlich vberschwimmet,
Wan Phaebus mitt den Straalen sein
 Den höchsten Grad erklimmet.

4.

    Er schicket auß die Vögelein
        Auff läre WolckenStrassen,
    Er mahlet ihn die Federlein
        Schön vber alle massen:
    Er schleiffet ihn die Schnäbelein   (77ʳ)
        Er löset ihn die zungen
    Da singlen sie dem Namen sein
        Gar hoch in Lufft erschwungen

5.

    Das grosse Meer, vnd Wässer klein
        Heißt er die Welt befeuchten:
    Die Wässer all mitt lindem Schein
        Wie Glas, vnd Silber leuchten:
    Da nehret er die Nasse Burß,
        Jn Schüppen glatt bekleidet;
    So stumm, ohn Stimmen, ohn Discurs
        Die feuchte Reich zerschneidet.

6.

    Grün farbet er den Erdenklotz,
        Mitt Blümmlein vntermahlet;
    Die bieten auch den Sternen trotz,
        Nur wären sie bestraalet.   [150]
    Die Kräuter auch vnzahlbar vil
        Berüffet er mitt Namen,
    Bestimmet ihnen maaß, vnd zihl
        An Wurtzel, vnd an Saamen

7.

    Er richtet auff die Felsen stoltz,
        Die Berg er hoch erhebet:
    Er krönet sie mitt Cederholtz
        Das gleich den Wolcken schwebet
    Er ziglet auff so manchen Wald
        Mitt nästen wol beklaidet

           Er da dem wild schafft vnterhalt,
               So Feld, vnd Menschen meidet.

8.

Er speist die junge Rabenkind,
    Wan d'Alten sie verhassen
Vnd, weils noch vngeferbet sind,
    Die zarte Frucht verlassen.
Er speiset Mensch- vnd alles Vieh,
    Last Kraut, vnd Fruchten wachsen:
Gibt wolfeyl alles dort, vnd hie,
    Gar träglich seind die Taxen.

9.

Dem Vieh sampt vns hatt er bereit
    Die Felder, Berg, vnd Wisen
Gibt ihm das Gras, vnd vns Getraid,
    Oel, Trauben hochgepriesen.
Die Trauben geben jenen Tranck,
    Der vns in trawren labet,
Der vns, wan schon wir ligen kranck,
    Mit frischem Sinn begabet.

10.

Er heist die Wind auß Norden kalt
    Das hohe Meer bestraffen:
Da klinglen starck, daß grausam schallt,
    Die klare Wasserwaffen:
Da springt in stuck gar manche Flut,
    Das Vfer laut erbrüllet:
Den Lufft er gantz in Eyffermut
    Mit Schaum, vnd Klang erfüllet

11.

Er spannet auch die schnelle Wind
    An seinen Wolckenwagen:

Da laufft das schnauffend Lufftgesind,
  Vnd ihn mitt frewden tragen:
Er schiesset ab die Rote Straal,
  Jn Brausen eingeflochten:
Das Meer gab nie so starcken Schall,
  Wan schon all Wällen pochten.

12.

Da bebet Wild, vnd Zahmes Holtz,
  Die Straff er zuckt von leder:
Vor ihm fleugt her der Wetterboltz,
  Mitt seiner gülden Feder.
Er thut mitt stoltzer Wolckenstimm
  Den Lufft in zorn zerreissen;
So kühlet er dan seinen Grimm,
  Macht Berg, vnd Felsen spleissen.

13.

Drumb nur ihr hole Saitenspiel,
  Stimmt an die SilberZungen:
Die Saiten stimmet an subtil,
  Stimmt an was ie geklungen.
Stimmt an dem werth, vnd lieben Gott,
  Euch last in frewden mercken
Singt immer, immer, ohn verbott,
  Vnd singt von seinen Wercken.

[27]
Ein anders Lobgesang, auch auß dergleichen Wercken Gottes, so ihn jmmerdar preisen

1.

Auff, auff, Gott wil gelobet sein,
 Der Schöpffer hoch von Ehren:
Vns last die Laut, vnd Harffen rein
 Mitt Saiten süß vermehren.
Die Sonn mitt edlem StralenCrantz
 Den Schöpffer täglich weiset,
Der Mon mitt rundem Sternentantz
 Den Schöpffer nächtlich preiset.

2.

Auff, auff Gott wil gelobet sein,
 Der Schöpffer groß von Machten:
Jch bey dem Sonn- vnd Sternenschein
 Thu seinen Glantz erachten.
Wie klar muß Er dan leuchten selb,
 Wie wunder wunder glitzen?
Weil iene Facklen güldengelb
 So reines Liecht besitzen.

3.

Auff, auff, Gott wil gelobet sein,
 Du blawes Feld, vnd Wasen:
Euch Himmel ich dort oben mein,
 Jhr Zelt von Glas geblasen:
Auch Jhr, vnsichtbar Wässer klar,
 So droben allerwegen
Von aussen bleibet immerdar
 Den Himmlen vberlegen.

4.

Auff, auff, Gott wil gelobet sein,
 Jhr Erd- vnd Himmelgloben:
Jhn loben alle Geister sein,
 Jm Tempel sein dort oben.
Fast alles voller seiner Macht
 Laut vberall erschallet;
Das Meer in stäter WällenJagt
 Mitt brüllen weit erknallet.

5.

Auff, auff, Gott wil gelobet sein:
 Jhn loben Wind, vnd Regen,
Jhn loben Blitz, vnd Wetterschein,
 Zusampt den Donnerschlägen:
Jhn lobet auch der RegenCraiß,
 Der Bogen bunt geferbet;
Reiff, Hagel, Schloos, vnd Sommereyß
 Jn Kisel klein zerkerbet.

6.

Auff, auff, Gott wil gelobet sein;
 Der Lufft auch musiciret:
Die Morgenröt sich stellet ein,
 Mitt Rosen root gezieret:
Die wolgemahlte Vöglein schwanck
 Jhr zünglein süßlich stimmen;
Dem Schöpffer sagens lob, vnd danck,
 Auff, ab in Lufften klimmen.

7.

Auff, auff, Gott wil gelobet sein,
 Last Jhn mitt frewden preisen:
Schaw da die krause Vögelein
 Den Lufft mitt sang durchreisen;
Vns laden sie bey schöner zeit,
 Zum gleichen jubiliren:

   Vns wincken sie mitt Flüglen beyd,   [155]
60   Mitt bestem coloriren.

8.

  Auff, auff, Gott wil gelobet sein,
   Last ihn mitt lüsten preisen:
  Geschöpff vns laden groß, vnd klein,
   Zum Lob vns vnterweisen.
65 Laut vberall in aller Welt
   Das Gotteslob sich höret;
  Wer nunmehr sich nitt vnderstellt,
   Ja freylig ist bethöret.

9.

  Auff, auff, Gott wil gelobet sein,
70   Jhm Lilgen schön, vnd Rosen,
  Jn gelb, vnd purpur Mäntelein
   Gar lieb- vnd freundlich kosen;
  Sie lächlen ihm gar schön geferbt,
   Jn kraut- vnd BlumenGärten,
75 Von ihm die Schönheit han ererbt,
   Sampt ihren mittgefärten.

10.   (80ʳ)

  Auff, auff, Gott wil gelobet sein,
   Jhr Kräuter, Staud, vnd Hecken:
  Jhn loben alle Blümelein,
80   So nur nach Jhm thun schmecken.
  Jhn lobet alle kräuterkrafft,
   Mags niemand nitt verneinen,
  Auch Oel, Getraid, vnd Rebensafft,   [156]
   Den vns die Trauben wainen.

11.

85 Auff, auff, Gott wil gelobet sein,
   Wil sein von vns geprisen:

Jhn loben alle Berg, vnd Stein,
　　Jhn Felder all, vnd Wisen.
Jhn alles Holtz in Wälden grün,
　　Gar mütig außgerecket;
So freylig aller keck, vnd kün
　　Das haupt in wolcken strecket.

12.

Auff, auff, Gott wil gelobet sein:
　　Jhn loben Flüß, vnd Brunnen,
Jhn Wässer all, vnd Wässerlein,
　　So Gang, vnd Lauff gewunnen.
Schaw da was reines Wasserglas
　　Mit frewden kompt gezogen?
Was manche fliessend Silbergas?
　　Was Bächlein krum gebogen?

13.

Auff, auff, Gott wil gelobet sein,
　　Jhr warm, vnd heisse Bäder;
Jhr wolgesotten Straalen fein,
　　Du Schwebelreichs Geäder.
Jhn lobet auch das Ertz, vnd Staahl,
　　Jhn Silber, Golt, vnd Eysen,
Jhn alle Bergwerck, vnd Metal
　　Auß holer Erden preisen.

14.

Auff, auff, Gott wil gelobet sein,
　　Bey schönen Sommertagen;
Last vnsem Gott, last Jhm allein
　　Die Laut, vnd Harpffen schlagen.
Fewr, Wasser, Lufft, Erd, aller end
　　Die Wunder sein verkünden;
Vns alle Welt, vnd Element
　　Zu seiner Lieb entzünden.

[28]
Anders Lobgesang darinn noch außführlicher alle Geschöpff Gottes ihn zu loben angemahnet werden.

1.
Die Engel Gottes
Wolauff, wolauff, nun lobet Gott,
    Jhr Himmelvolck dort oben,
Jhr Engel Gottes Sabaoth,
    Der Euch so gar erhoben.
Stäts schawet ihr sein Angesicht,
    O Lust, in Lustes Brunnen!
All Frewd, vnd Wunn, vnd Glantz, vnd Liecht
    Euch kombt von Jhm geronnen.

2.
Ach daß nur alles weit, vnd breit
    Mitt seinem Lob erfüllet,
Voll Krafft, vnd Macht, vnd Herrlichkeit
    Von Schall, vnd Hall erbrüllet!
Ach preiset Jhn mitt höchstem Schall,
    Mitt starck, vnd starckem Singen,
Ob schon die Welt von hellem knall
    Auch solt in stuck zerspringen.

3.
Die Himmel vnd ihre
Liechter & c.
Ach lobet Gott ihr Himmel klar,
    Gewölbet von Crystallen:
Mitt sampt den Flüssen allegar,
    Welch vber euch noch wallen.

    Dan Jhr mitt Wasser wurd bedeckt,
        Mitt Wällen hoch bezogen,
    Als euch der Schöpffer außgereckt,
        Vnd in die Ründ gebogen.

4.

Ey wie so weit, vnd breites Feld,
    Mitt Fewr, vnd Flamm besaamet!
Ey wie so groß, vnd reiche Zelt,
    Die doch auß Nichten kamet!
Ey wie so schöner Fackelpracht!
    Wie schone Liecht, vnd Sternen!
Euch wan ihr zeiget in der Nacht,
    Jm besten schmuck von fehrnen.

5.

Nun lobe Gott du Güldenschein,
    Du Silberglantz im gleichen:
Jch euch o Sonn, vnd Mon vermein;
    Die Welt ihr geht vmbstreichen:
Er euch mitt Liecht gefüllet hatt,
    Mitt Schönheit hoch gezieret:
Drumb billig ihr dan früh, vnd spath
    Jhm alweg jubiliret.

6.

Ach lobet Jhn ihr Sternelein,
    Zur Schiltwacht außgeschicket,
So droben ligt in Fensterlein,
    Vnd fleissig nunder blicket:
Dan Er hatt euch, weil er gewolt,
    Gemacht zu klaren Liechten:
Wan anders Er auch willen solt,
    So wurdet ihr zu Nichten.

7.
Der Lufft vnd was im
Lufft zu finden ist.

Auch lobe Gott du reiner Lufft,
 O Web gar zart gesponnen!
Zu Nacht bist nur ein schwartzer Tufft,
 Biß zu der MorgenSonnen:
Da zeigest dich in klarem Schein,
 Vil weisser als die Schwanen,
Wan schon gleich außgespannet sein
 Jhr breite Federfahnen.

8.

Jn dir vil tausend Vögelein
 Mitt frewd, vnd jubel schweben,
Zur Sangschul zu dir kommen ein,
 Vnd nach dem Cräntzlein streben.
Wer wil die Stücklein zehlen all,
 So die dan figuriren?
Concerten, Fugen, Madrigàll,
 Auff hundertfalt maniren.

9.

Jn dir auch fliegen rein, vnd zart
 Fast aller ding Gestalten,
So seind von Farben aller art
 Vnmercklich abgespalten:
Auch athem süß von Blumen all,
 All Ruch, vnd Krafft der Erden
All Sang, vnd Klang, all Ton, vnd Schall
 Jn dir gezielet werden.

10.

Seind vnvermischt, ja doch vermischt,
 Vereinigt, vnd entscheidet:
Der Ton dem Ruch, vnd Liecht entwischt
 Je eins das ander meydet.

Was nur zum ieden Sinn gericht
　　Was zum Gefühl, vnd Hören,
Was zum Geschmack, was zum Gesicht
　　Sich last von keim zerstören.

11.

Auch lobet Gott ihr Lufftgewächs.
　　Jhr Wolcken hochgeboren
Jhr Wind, zween vber fünffmal sechs,
　　Jhr Hagel hochgefroren,
Jhr Fliegend Flammen, Donner, Blitz,
　　Comèt vns nie gewogen
Schnee, Reiff, vnd Regen, Kält, vnd Hitz,
　　Vnd du gefärbter Bogen.

12.

Der Schnee da kombt wie sanffte Woll,
　　Von wolcken abgekaimet,
Der Hagel wie die Perlen voll,
　　Von Kälte starck geleimet.
Dan weil die tropffen seind im fall,
　　Vom Frost erdappet werden,
Der backt, vnd härtets wie Crystal,
　　Da kuglens ab zur Erden.

13.

Der weisse Taw, vnd Regen klar
　　Gar lieblich kompt gefliessen,
Der Regenbogen immerdar
　　Sich spannet ohne schiessen.
Den klaren Blitz wir förchten mehr,
　　Wan groß Gewölck sich weget;
Doch lobe Gott nun eben sehr
　　Was nur im Lufft sich reget.

14.

Er legt den Winden Flügel an,
   Er gürtet ihn die Lenden,
Die Blitz er heist mitt kräfften gan,
   Er schüttlet sie von henden
Mitt Wetter, vnd Vnwetter starck
   Sein Allmacht Er erzeiget;
Vor Jhm erschrickt all Bein, vnd Marck,
   Vor Jhm sich alles neiget.

15.

Das Meer, vnd alle Fisch
vnd Schiff & c.

Auch lobe Gott du tieffer Grund,
   Ohn zaum so gar ergossen:
Du weites Meer, du breiter Schlund,
   Ohn Rigel weit entschlossen.
Jhr grosse Walfisch vngeschlacht,
   Jhr Drachen groß ohn massen,
Die ihr mitt vngezäumter Macht
   Bezwingt all feuchte strassen.

16.

O groß, vnd klein Geschüptes Vieh,
   An zahl bist vnermessen:
Der Sand am Vfer war noch nie
   Dir iemahl vbersessen.
Her, her, ihr feucht, vnd nasse Rott,
   Die Wässer schnell thut spalten,
Vnd Jhm, dem werth, vnd lieben Gott
   Nur Frewdenspiel kompt halten.

17.

Jhr WasserFrewlein wolbekandt,
   Den Reyen sollet führen:

Auff Harpffen, Geigen allerhand
 Die beste Saiten rühren.
Wan dan die schön gemahlte Schiff
 Jn eyl vorvber fliegen,
Zum Gotteslob wend alle griff,
 Da strebet obzusiegen.

18.

Ey da nun ihr vnzahlbar Schiff,
 (O wasserwald beschoren!)
Euch eben recht ich ietzt betriff,
 O Beum zu land geboren!
Ach zäumet auff den vollen trab,
 Legt hinn die Flache Sporen,
Die Flächsen Feder spannet ab,
 Die Zeit bleibt vnverloren.

19.

Zum Frewdenfest nun haltet still,
 Mitt müsset ihr zum Reyen
Dem Schöpffer (: weil es aller Will :)
 Preiß, Ehr, vnd Jubel schreyen.
Nun hebet an die Lautengriff,
 Jhr Frewlein reich von Stimmen;
Auch hebet an, ihr hole Schiff,
 Gar sänfftiglich zu schwimmen.

20.

Die frembde Wahren bringt zuhauff,
 Weit vber Meer geholet:
Die Frewdenfähnlein stecket auff,
 Mitt farben vil bestrolet.
Da krönet euch mitt Lorber krauß,
 Mitt Perrl, vnd Edelsteinen;
Die bunte Täppich spreitet auß,
 Vnd herrlich thut erscheinen.

21.
Die Erd, vnd alle Erd-
gewächs.

Auch lobe Gott mitt höchstem preiß,
   O Kugel wolgeründet!
Du tausendschöner Erdenkraiß,
   Jm lären Lufft gegründet.
Lobt Jhn ihr Berg, vnd Flaches Land,
   Lobt Jhn ihr stoltze Felsen,
Wan euch so gar mitt feuchter hand
   Die Wolcken hoch vmbhälsen

22.

Auch lobet Jhn ihr Cederbäum
   Auff Bergen hoch entstanden:
Noch Holtz, noch Höltzlein sich versäum,
   Von Fehrr, vnd Nächsten Landen.
Die zarte zweig nun breitet auß,
   Die Blettlein last erschiessen,
Euch zeigt in grünen haaren krauß,
   So gar zun Füssen fliessen

23.

Auch lobet ihn ihr Blümelein,
   Vil tausendfach entsprossen:
Jhr Wild, vnd Zahme Pfläntzelein,
   Mitt kühlem Taw begossen.
Auch Laub, vnd Gras, vnd auch Getraid,
   All Fruchten auff den Felden,
All grün gewächs, ohn vnterscheid,
   Verborgen weit in Wälden.

24.

Ja lobet Jhn auch iederzeit
   Jhr Ertz, vnd Glockenspeisen,

Der Erden reiches Jngewaid,
   Golt, Silber, Staahl, vnd Eysen,
Dan auch das Kupffer, Zinn, vnd Bley,
   Dan Schwebel, Stein, vnd Kolen,
So täglich wir gantz keck, vnd frey
   Von Klufften tieff erholen.

25.

Nun hetten wir vergessen schier
   Der Perll, vnd Edelsteinen;
Her, her Carbunckel, vnd Sapphir,
   Auch müsset ihr erscheinen:
Türkosen, vnd Smaragden rein,
   Demanten außerkohren,
Vnd ihr Crystallen mehr gemein,
   Wie sauber Eys gefroren.

26.

Auch lobet Gott ihr Brünnlein klar,
   Jhr Bächlein krum gebogen,
Jn stätem sprung das gantze jahr,
   Jn stätem gang erzogen.
O stoltze Quellen mannigfalt,
   O feuchte Brüst der Erden.
Bey stätem fliessen, ohn enthalt,
   Soll Gott gelobet werden.

27.

Gelobet sey der Schöpffer gut,
   Von dem all Wässer fliessen;
Der Früchten, Oel, vnd Traubenblut
   Den Menschen gibt zu niessen.
Er schafft der Erden fruchtbarkeit.
   All Seelen Er ernehret,
Von ihm allein vns allezeit
   Groß wolthat widerfähret

28.

Drumb lobet ihn, du Zahmes vieh,
　Du Wilde zucht beyneben;
Jhr Vögel schnell, so dort, vnd hie,
　Bald hoch, bald nider schweben:
Jhr König stoltz, ihr Völcker vil,
Jhr Jüngling grün von jahren;
Ja auch kombt her zu disem Spiel
　Jhr Alten greiß von haaren.

[29]
Ein gar hohes Lobgesang darinn das Geheymnuß der Hochheyligen Dreyfältigkeit so wol Theologisch als Poëtisch, wie vil geschehen können entworffen wird:

1.

Jhr schöne Geister Seraphim,
　Jn Glantz, vnd Fewr bekleidet:
Jhr schnelle Knaben Cherubim,
　Zum Gotteslob veraydet.
Stimmt ein zur besten Harpffen mein,
　Zur Harpffen frisch beschnüret,
Zun glattgezielten Versen rein,
　Auß höchstem Ton entführet.

2.

Vom Herren groß, Gott Sabaoth
　Erd, Himmel starck erschallet:
Dem Einsamdrey, Dreyeinem Gott
　Das Meer in brausen wallet.

  Ey da last vns mitt stimmen ein
   Last vns die Saiten rühren
  Last vns bey süssen Versen rein   [168]
   Die zarte noten führen.

3.

Der Vatter, Sohn, vnd Heilig Geist
 Jst eines nur zusamen,
Doch drey mans ie verscheyden heist,
 Mitt eygenschafft, vnd Namen.
Selbstendig seind Personen drey,
 Sols niemand nit verneinen:
Daß dise Drey doch Eines sey
 Mitt Schrifft mans kan bescheinen.

4.

Man zehlet die Selbstendigkeit,
 Vnd bleibet vnterdessen
Ein vngezehlte Wesenheit,
 Vnd Gottheit vnermessen.   (86ʳ)
Jst Eine Macht, vnd Herrlichkeit
Jst Eine Krafft, vnd Stärcke,
Jst Eine Größ, vnd Ewigkeit,
 O nur mich recht vermercke.

5.

Der Vatter, Gott vnd alles ist,
 Allein ist er von Keinem:
Der Sohn, auch Gott vnd alles ist,
 Allein ist er von Einem:
Der Geist, auch Gott vnd alles ist,
 Allein ist er von Zweenen:
Doch alles aller eigen ist,   [169]
 Thut keiner nichts entlehnen.

6.

Der Vatter kam auß Niemand zwar,
 Dich laß noch bas bescheiden,
Vom Vatter kam der Sohn fürwar,
 Der Heylig Geist von Beyden.
Der Sohn ist von dem Vatter sein
 Nicht ohn Geburt entsprossen,
Der Geist von Beyden in gemein
 Doch ohn Geburt entflossen.

7.

Der Sohn auß seines Vatters schoos
 Von Ewigkeit geboren,
Jst end- beginn- vnd Mutterloos:
 Verstand gibt hie verlohren.
O Sohn, du deines Vatters Glantz!
 O Liecht, vom Liecht gezündet!
Des Vatters Wesen, vnd Substanz,
 Vnendlich, vnergründet.

8.

Das Wesen sein, dir höret zu:
 Das deinig ist das seine:
Bist nur Was er, vnd er Was du
 Gar fest ichs also meine.
Doch du nitt bist Wer eben er,
 Auch er Wer du mitt nichten:
Wers anders meinet, fehlet fehrr,
 Der Glaub es muß entrichten.

9.

Von Beyden bist, o Beyder Geist,
 Gleich Beyden fürgetretten,
Von Beyden gleichsam hergereist,
 Gleich Beyden anzubetten.
Dem Sohn, vnd Vatter, Beyden gleich,
 Jn gleich- vnd Selbem Wesen,

Gantz eben Mächtig, eben Reich:
O Wolstand außerlesen!

10.

Dasselbig, Was der Vatter ist,
 Was auch der Sohn imgleichen,
Du selbest auch natürlich bist;
 Thut keiner keinem weichen.
Doch Wer der Sohn, vnd Vatter ist,
 Selbstendig in Personen,
Derselbig du mitt nichten bist,
 Wiewol bey selber Cronen.

11.   (87ʳ)

Was du dan bist, Sohn, Vatter ist,
 Das Wesen aller Beyden:
Wer du doch bist, ihr keiner ist,
 Personen seind verscheiden.
Von Dem, Was eben selber bist,
 Ein Gott, von Gott sich rühret:
Von Denen, Deren keiner bist,
 Dein vrsprung sich entführet.   [171]

12.

Ach führe mich in hohem lauff,
 Begleite mich in Lufften:
Erhebe mir von Erden auff
 Die schwäre Füß, vnd Hufften.
Mich laß noch ferner machen kund
 Dem Leser vnverdrossen,
Wie Sohn, vnd Geist, ihr alle stund
 Seid Ewiglich entsprossen.

13.

Der Vatter sich von Ewigkeit
 Notwendiglich betrachtet,

Sein Wesen, Pracht, vnd Herrlichkeit
 Er mitt verstand erachtet.
Sich selbsten er ihm bildet ein,
 Vnendlich sich begreiffet;
Jn ihm Geschöpff so Müglich sein,
 Jm selben Blick durchstreiffet.

14.

Er gründet seine tieffe Macht,
 Wiewol doch Vnergründet:
Beschawet seine Pomp, vnd Pracht,
 Sein Wesen er erkündet,
Die Gottheit sein, vnd gantzen Gwalt
 Von ewig alten tagen
Er deutlich fasset in gestalt,
 Was wil man weiter sagen?

15.

Wie klar dan er sich selbst erkent,
 Wie selb sich er mag wissen,
Alsò steht er von ihm behend
 Jm hertzen abgerissen.
Das HertzenWort, vnd HertzConcept,
 Von Jhm, gleich Jhm gezeuget,
Auch gleich mitt Jhm in warheit lebt:
 Der Glaub vns nicht betreuget.

16.

Weß Wesens nur der Concipist,
 So selb sich concipiret;
Der schön Concept auch selber ist,
 Vnendlich gleich formiret.
Jn ihm dieselbe Krafft, vnd Macht
 Sich zeiget vngefehlet,
Geschöpff in ihm, als obgesagt,
 Auch bleibens vnverheelet.

17.

Schaw da dan zeiget sich das Bild,
    Ein Gott, von Gott gestaltet:
Ein Sohn, von seinem Vatter milt,
    Jm Wesen vnzerspaltet:
Ein Red, von seinem Mund gezihlt;
    Ein Hertz, von seinem Hertzen,
Ein Bild, von ihm recht abgebildt,
    Ein Licht von seiner Kertzen.

18.

Ein Stern, von eben seinem Stern,
    Die Sonn, von seiner Sonnen,
Der wahre Kern, von seinem Kern,
    Der Brunn, von seinem Brunnen:
Der Schein, von eben seinem Schein,
    Der Straal, von seinem Straalen,
Die Weißheit, von der Weißheit sein,
    Kan besser dirs nitt mahlen.

19.

Gleich wie der vatter, so der Sohn,
    Seind Eines nur sie Beyden,
Ein Einig Gott, vnd Zwo Person,
    All ihrrtumb sol man meiden.
Nicht scheidet sich die Wesenheit,
    Natur bleibt vnzerspaltet;
Sohn, Vatter selben Scepter beyd
    Wie Der, so Der verwaltet.

20.

Der Vatter gar in sich verzuckt,
    Bleibt Ewiglich in wesen,
Sein helles Wort, hell abgedruckt
    Er Ewiglich thut lesen.
Er Ewig in beschawlichkeit
    Ob seinem Pracht erstarret,

Drumb folgends auch in Ewigkeit
Das HertzenWort verharret.

21.

Wer wil nun zierlich reissen dar,
Vnd mahlens nach dem leben,
Wie dan sie Beyden also gar
Jn Lust, vnd Frewden schweben?
Wer wil beschreiben ohn verstoß,
Wie wunder dan getriben
Mitt außgespanter Flammen gros
Sich beyde gleich verlieben?

22.

Der Vatter in so werthem Sohn
Die Schönheit sein betrachtet,
Den Vatter auch in seinem Thron
Der Sohn ohn massen achtet:
Da reget sich mitt starckem trieb,
Von Ein, vnd Einer seyten,
Ein hoch, vnd hochgespannte Lieb,
Ohn Anfang, End, vnd Zeiten.

23.

Der Vatter seufftzet ohne ruh
Zu seinem Sohn verliebet:
Der Sohn ihm wider seufftzet zu,
Sich gleichem Fewr ergibet.
Zugleich dan Er, zugleich dan Der
Mitt gleichem Brand befangen,
Mitt seufftzen hinn, mitt seufftzen her
Bezeugens ihr Verlangen.

24.

Ahà der Vatter seufftzen thut
Zu seinem Sohn geschwinde;

Ahà der Sohn auch seufftzet gut
   Mitt eben selbem winde.
O schöner Sohn! du schönes Bild!
   Nun lieb ich dich so sehre.
O schöner Vatter! Vatter milt!
   Zu dir mich eben kehre.

25.

O schöner Sohn, du Morgenschein,
   Die Lieb ist vnermessen:
O schöner Vatter, Vatter mein
   Auff dich bin gar ersessen.
Ach schöner Sohn, du klares Liecht,
   Für Lieb ich gar erbrinne:
Ach vatter mein ich freylig nicht
   Dem Fewr ich nicht entrinne.

26.

Ahà nun da du schöner Sohn,
   Für Lieb kan mich nitt lassen:
Ahà nun da du meine Cron,
   Ahà, last vns vmbfassen.
O Sohn du mein:
Du Vatter mein.
   Du meine krafft: Du meine.
Vnd ich dan dein:
Vnd ich bin dein.
   O wollust in gemeine.

27.

Schaw da dan kräfftig windet ab
   Der Seufftzer ihrer Beyden,
Der süsse Geist, die süsse Gab,
   O Freud, ob allen frewden!
Der Sohn, vnd Vatter; Der, vnd Der
   Gar lieb- vnd freundlich hauchet;

Auß Einem hertzen her, vnd her
Der Athem süßlich rauchet.

28.

Von Beyden kompt der HertzenWind,
 Von Beyden gleich gewindet:
Jst Beyder Geist, vnd Seufftzer lind,
 Ahà, so nie verschwindet.
Jst Beyder vnzertrenntes Band,
 So niemahl sich entbindet:
Jst Beyder Glut, vnd Hertzenbrand,
 Ohn maß, vnd zihl gezindet.

29.

Der Sohn, vnd Vatter Ewiglich,
 Ohn End, vnd ohn Beginnen
Mitt gleichem hertzen inniglich
 Jn gleicher Lieb erbrinnen.
Sie Beyde Zween, vnd Eines Beyd,
 Sich Ewiglich vmbfassen,
So sauset auch in Ewigkeit
 Der Geist, ohn vnterlassen.

30. [177]

O süsser Wind, o süsser Blast!
 Von Beyden hergeblasen:
Erleichte meinen Sündenlast,
 Heil meine Wund, vnd Masen.
Ach mache mich der Sünden loß, (90ʳ)
 Der Bürden vnerträglich:
Blaß auff die Ketten, Band, vnd Schloß,
 Mitt seufftzen vnaußsprechlich.

31.

O gülden Regen, gülden Fluß!
 Von Beyden gleich ergossen.

O gülden Straal, o gülden Schuß!
  Von Beyden fürgeschossen!
Thu nur die dürstend Hertzen dein
  Mitt deiner Gnad befeuchten;
Thu nur mitt deinem klaren Schein
  Die kinder dein erleuchten.

32.

Des Sohns, vnd Vatters einig Kuß,
  Jn Beyden vnzertheilet;
O starck, vnd reicher Gnadenguß,
  So gleich all schaden heylet!
Vns deine kinder spar gesund,
  Das Leben vns erstrecke,
Vnd aller vnser Hertz, vnd Mund
  Zu deinem Lob erwecke.

33.

Gelobet sey der Einig Gott,
  Zu tausend, tausend mahlen,
Zu tausendmahl Gott Sabaoth,
  Vnd noch zu tausend mahlen.
Gelobet die Dreyfältigkeit,
  Dreyfältig in Personen:
Gelobet die DreyEinigkeit,
  DreyEinig in der Cronen.

34.

Dir sey Lob, Ehr, vnd Preiß geleist
  Als Nun, von Zeit, in Zeiten.
O Vatter, Sohn, vnd Heylig Geist,
  Jn folgend Ewigkeiten.
Dich loben deine Seraphim,
  Jn Glantz vnd Fewr bekleidet:
Dich loben deine Cherubim,
  Zu deinem Lob veraydet.

[30]
Eine Ecloga
das ist ein hirtengesang, oder
hirtengespräch, darinn zween
hirten, einer Damon, der
ander Halton genandt, ie einer vmb den andern in die wett
spilen, vnd zu Nacht Gott loben
dieweil Mon, vnd Sternen scheinen.

Eingang.

Der Mon auff Runder Hayden war,
    Vnd hütet seiner Sternen;
Zween Hirten Jhm da spielten zwar,
    Auff Harpffen, vnd Quinternen.
Sie fuhren fort mitt nichten blöd
    Jhm freundlich lieb-zu kosen,
Biß gar die schöne Morgenröt
    Sich krönt mitt frischen Rosen.

Der *Damon*, vnd auch *Halton* from,
    Auff süß gedänten Saiten
Zur Wett sich trieben vmb, vnd vmb,
    Wers Cräntzlein mögt erstreiten,
Drauff eylends Jch mich vnterstund
    Es klüglich auffzufassen:
Doch alles jch nitt setzen kund,
    Must vil noch hinden lassen.

Der Hirt Damon
hebet an

O Schöner Mon, du bester Hirt
    Auff blaw gefarbten waiden,
Groß vortheil dir da widerfihrt,
    Doch wil dich nitt beneyden.

        Nur sing, vnd kling dem Schöpffer dein,
          Dem Schöpffer hoch geprisen;
        Der Dir so frey geraumet ein
35   So weit geründte wisen. (91ᵛ)

            Der hirt Halton. [180]

        O schöner Mon, du bester Hirt
          Bey deinen besten Schaaffen,
        Bei deinen Sternen wolgeziert,
40   Wan Thier, vnd Menschen schlaffen.
        Auch Jch wil dir nitt neydig sein,
          Noch tragen dir den grollen,
        Wan schon die Stern, vnd Schäfflein dein
          Seind voll der gülden Wollen.

45   Der hirt Damon.

        Nur lobe nur den Schöpffer dein,
          Der Dir ist wol gewogen,
        Vnd Dir die gülden Lämmerlein
          Er selbst hatt aufferzogen.
50   Sie nie noch keine Mütterlein,
          Noch keine Brüst gesogen,
        Der Schöpffer nur, nur Er allein
          Er selbst hatts aufferzogen.

            Der hirt Halton.

55   Er spritzet ab ein kräfftigs wort
          Von lind gerührter zungen,
        Gleich deine Schäfflein mancher sort
          Jn blawen Felden sprungen:
        Gleich kleidet ers in gülden Woll,
60   Auff rein glasierten Wasen,
        Vnd hieß aldà das Bürßlein toll [181]
          Dir stäts ob augen grasen.

Der hirt Damon.

Wan vnser Heerden dort, vnd hie
 Gar offt in Wälden jrren,
Die deinen doch verlauffens nie,
 Noch iemahl sich verwirren:
Auch vngenannter Bösewicht
 Dir nie die zahl mag schwechen:
Auch Hund, noch Stecken brauchest nicht,
 Mag Dir ia nichts gebrechen.

Der hirt Halton.

Ach lobe noch den Schöpffer werth,
 Der gütlich thet erachten,
Daß auch er deine Güldenheerd
 Nur weiden ließ bey Nachten.
Dan weil an Hirn, vnd Häupter blöd
 Sie keine Sonn vertragen,
Vnzweifflich würdens all getöd
 Jn Sonnenliechten tagen.

Der hirt Damon.

Ja lobe noch den Schöpffer milt,
 Der fridlich sie macht grasen:
Der alle wind vnd brausen stillt,
 Daß nie zu kräfftig blasen.
Er schönet immer deiner Herd,
 Beschirmets allerwegen,
Daß nimmer sie berühret werd
 Vom Wetter, Schnee, noch Regen.

Der hirt Halton.

Er schaffet ihn gesunde waid,
 Gesunden lufft, vnd speisen,
Daß ledig sie von allem leyd
 Die Runde Baan durchreisen.

95 Er leitets gleichsam an der Schnur,
　　Auch selbst ist Er nitt fehrren;
Nur lobe dan, vnd lobe nur
　　So milt, vnd frommen Herren.

Der hirt Damon.

100 Ja lobe noch so milten Gott,
　　So milt, vnd frommen Herren,
Dem freylig deine GüldenRott
　　Mitt gülden Zungen plerren.
Doch Wir so fehrr erhörens nicht,
105 　　Dieweil wir d'Ohren sparen:
Wer Hertz, vnd Sinn hinauffen richt,
　　Wirds ie noch wol erfahren.

Der hirt Halton.

Die gantze gülden Schäfferey
110 　　Stäts ihm das lob verkündet:
Stets preisen ihn mitt stillem Schrey　　　　　[183]
　　Die Sternen glatt geründet.
Still ruffen sie die gantze Nacht:
　　Er warlich, Er vnfehlber,
115 *Er, er allein, hatt vns gemacht,*
　　Vnd Wir vns ja nitt selber.

Der hirt Damon.

O Mon, du frommer Sternenhirt,
　　Vns lasset beyd zusamen,
120 Alweil die Sonn gewecket wird
　　Erheben Gottes Namen.
Vns last mitt süssem Jubelschrey　　　　　　(93ʳ)
　　Den Schöpffer hoch verehren:
Last Jhn von Hertzen preisen frey;
125 　　Der Tag wil widerkehren.

Der Hirt Halton.
Die Morgenröt schon wachet gar,
 Wil schon die Nacht verleiten:
Schon flechtets ihre purpur Haar,
 Vnd wil den Tag bereiten.
Vns last noch preisen allezeit
 Den Schöpffer groß von Machten,
Last feyren ihm in frölichkeit,
 Zu Morgen, wie zu Nachten.

[31]
Andere Ecloga oder Hirtengesang darinn ietz gemelte beyde Hirten zu Morgens früh Gott loben allweil die schöne Sonn scheinet.

Eingang.
Schon ist in rotem Carmesìn
 Die Morgenröt erstanden.
Schon glantzend wie der best Rubìn
 Die Sonn sich zeigt verhanden.
Nur fort ihr meine Geiger beyd,
 Der saiten gar nitt fehlet;
Vnd bey beliebtem Reymenstreit
 Die Geigen süßlich streelet.

Der Hirt Damon.
O schöne Sonn du klares gold
 Magst wol den Schöpffer preisen
Der immer dir sich zeiget holt
 Auff deinen Circkelreysen.
Er streichet dir die Straalen an
 Mitt bester gelben farben

Als wol sich nie geferbet han
　　Die gelbest WaitzenGarben.

Der hirt Halton.

Er scherpffet dir die gülden pfeil,
　　Mitt Flämlein zart befedert:
Er führet dich vil tausend Meil,
　　Auff strassen starck berädert.
Er schencket dir die Silberbaan,
　　Die gülden Roß, vnd Wagen
So dich den Runden Steeg hinan
　　Von Ost in Westen tragen.

Der Hirt Damon.

Er lasset dir die müde Roß
　　(: Als gut Poëten sagen :)
Zu Nacht mitt allem wagentroß
　　Jn grossem Kübel zwagen:
Drauff waidet er sie Rosen satt,
　　Jn edlem Blumengarten,
Biß früh sie wider frisch, vnd glatt
　　Volfüren ihre Fahrten.

Der Halton.

So bald in frischem Purpurschein
　　Dich hebest nur zu Morgen
Dir zeiget er die wunder sein
　　Noch ichtes helt verborgen:
Er zeiget dir auff deiner Reyß
　　Den gantzen Himmelbogen,
Den gantzen grünen Erdenkreyß,
　　Das Meer, vnd wasserwogen.

Der Damon.

Er zeiget dir die schöne Welt,
　　Die Vögel all in wolcken:

  Auch vnser Schaaff, vnd Küh zu feld,
   Gleich eben frisch gemolcken.
  Auch Menschen all, vnd alle Thier,
   Was nur von Wild, vnd Zahmen
  Der schönen Welt zum schmuck, vnd zier
   Man treiben mag zusamen.

Der Halton.

  Auch Stätt, vnd Mauren, Thürn, Palläst,
   Der alten vil, vnd newen;
  Dan Schlösser auch, vnd Häuser fest,
   Gar wunder von gebewen:
  Auch allen Frid- vnd Kriegßgerüst
   Gelt, Pracht, vnd Wehr, vnd Waffen,
  Vnd was noch deß ich mehr gewüst,
   Ehe dan ich kam zun Schaaffen.

Der Damon.

  O schöne Sonn, du klares gold,
   Magst wol den Schöpffer preisen,
  Der immer dir sich zeiget holt,
   Auff deinen Circkelreisen.
  Er weiset dir den rechten Streich,
   All Oerter zubeschleichen:
  Da mag dan Sand, noch Land, noch Reich
   Vor deinem Glantz entweichen.

Der Halton.

  Er leitet dich in deinem glantz,
   Jm hinn- vnd widerkehren,
  Als wie zur Hochzeit, vnd zum Tantz
   Den Breutigam von Ehren:
  Er führet dich bey seiner hand,
   Weicht nie von deiner Seyten,
  Gibt nahrung deinem Fackelbrand;
   Ohn zahl der jahr, vnd zeiten.

Der Damon.

Er schicket dir die Vögelein
   Zu morgen gleich entgegen,
So dir den wilkom bringen ein,
   Vnd Stimm als Flügel regen.
Er heisset Sie dir spielen schön,
   Daß weit, vnd breit erschallet,
Daß auch von Felsen ein getön
   Jm widerschlag erhallet.

Der Halton.

Er spreitet dir die Felder grün,
   Dir mahlet er die Garten,
Da manch erhebte Blumenbün
   Dir scheinet auffzuwarten:
Er last von dir Getraid, vnd Gras
   Das leben süß erlangen,
Auch Bäum, vnd Reben gleicher maaß
   Von deinem Glantz empfangen.

Der Damon.

Durch Jhn besamest alle Welt
   Mitt deinen Straal- vnd Strämen:
Ohn Jhn hingegen alle Welt
   Von dir könd nichtes nehmen.
Ohn Jhn all deine Flammenflüß
   Längst wären schon verronnen;
Noch flössen mehr die Stralengüß
   Aus deinem Straalenbronnen.

Der Halton.

Ohn Jhn kein halbes augenblick
   Dort oben wurd verbleiben
Ein Füncklein einer Linsen dick
   Von deiner gelben Scheiben:
Ohn Jhn das gantze Wesen dein,
   Vnd was noch dich mach zieren,

Jn pur, vnd lauter Nichts hinein
    Geschwind sich wurd verlieren.

Der Damon.

Drumb schöne Sonn, du klares gold,
    Magst wol den Schöpffer preisen,
Der jmmer dir sich zeiget holt,
    Auff deinen Circkelreysen.
Jch helffen dir wil iederzeit
    Den schönen Gott verehren,
Vnd dich von Jhm auff grüner Waid
    Noch manches Liedlein lehren.

Der Halton.

Auch Jch dan wil dich eben vil
    Derselben Liedlein lehren,
Vnd freylig auch zu selbem zihl
    Den Fidelbogen kehren.
Ja solt ich sein der Geigen müd,
    Von stundan wil ich greiffen
Mitt frisch geschöpfftem hertzgeblüt
    Zu meinen holen pfeiffen.

[32]
Andere Ecloga oder Hirtengesang, darinn gemelte hirten Gott loben bey ihren Schäfflein, vnd ihre Lieb zu Gott anzeigen.

Eingang.

Wan offt von klarem Himmelschweiß
　An schönen Sommertagen
Die MorgenPerlen rund, vnd weiß
　Gar schön zertröpfflet lagen:
Die Sonn schoß ab so manchen Straal,
　Vnd mehr vnd mehr erglitzet,
Da schwanden eylend ohne zahl,
　Die tröpfflein gar erhitzet.

Auff, auff, alßdan der Damon sprach
　Auff, auff zun grünen Wasen:
Last vnser Schäfflein algemach
　Jn flachen Heyden grasen.
Drauff Halton bließ auff süssem Halm:
　Gleich Der, gen Den sich bäumet,
Vnd beyd in gleichem Hirtenpsalm
　Noch Der, noch Der sich säumet.

Der Hirt Halton hebet an

O Damon schöner Mittgespan,
　Den Pfeiffen, vnd Schalmeyen
Vns lasset heut auff grünem plan
　Den Athem süß verleyhen.
Vns last mitt bestem Hirtenklang,
　Mitt best gefügten Reymen,
Daß maisterlich zun ohren prang,
　Auff Hirtisch waidlich leimen.

Der Hirt Damon.

Ach Halton ich von hertzen gern
  Den Pfeiffen, vnd Schalmeyen
Wil heut, daß es erschallet fern,
  Ein Lüfftlein süß verleyhen.
Nur lasset vns auff disem plan
  Dem Schöpffer weißlich dancken,
Alweil die Schäfflein waiden gan,
  Jn jenen grünen Schrancken.

Der Hirt Halton.

Den Schöpffer lob ich alle tag,
  Noch vor der Sonnen Wagen,
Noch ehe sie recht sich schmucken mag
  Mitt gülden kröß, vnd kragen,
Noch ehe die Morgenstunden klar
  Von warmer Osten Seyten
Entbinden ihr die gelben Haar,
  Vnd breit in Lufften spreiten.

Der Damon.

Den Schöpffer lob ich auch zumahl
  Wan klar die Sonn sich zeiget,
Vnd frewdig mitt so manchem Straal
  Das Blaw Gewölb ersteiget.
Wan sie geschmuckt mitt vollem glantz
  Volführet ihren Reyen,
Vnd wir erspielen manchen Crantz,
  Besteckt mitt grünen Meyen.

Der Halton.

Den schöpffer lob ich eben sehr,
  Wan Sonn sich wider bieget,
Vnd auff gesenckter Niderkehr
  Den matten Wagen wieget.

Wan wir bey sanfftem Abendsang
　　Nach Hauß die Schäfflein treiben,
Vnd wachsen alle Schatten lang,
　　Gezielt von kurtzen Leiben.

Der Hirt Damon.

Den Schöpffer lob ich gleicher weis,
　　Wan ich zu Nacht gewecket,
Schick auff nitt wenig Seufftzer leis
　　Zun Sternen angestecket.
Wan friedlich vnser Heerd, vnd Schaaff
　　Nach spätem widerkawen,
Bereuschlet mitt gelindem Schlaaff,
　　Die süsse Waid verdawen.

Der Hirt Halton.

Dem Schöpffer frey nun trettet her,
　　Trett her ihr Wüllen Schaaren:
Vnd ihn auch preiset mitt geplerr,
　　Euch thut zum Tantz verparen:
Vor ihm nur frisch, vnd frewdig springt,
　　Nun flechtet ihm den Reyen,
Euch weil der schöne Damon klingt,
　　Vnd Halton auff Schalmeyen.

Damon.

Frisch auff, ihr zarte Lämmerlein,
　　Springt auff, auff grünem Wasen:
Frisch auff, ihr weisse Brüderlein,
　　Wir euch nun lieblich blasen.
Wir euch noch wollen ebenfalß
　　Mitt bestem schmuck hoffiren,
Vnd euch die reine Stirn, vnd Halß
　　Mitt grünen Cräntzlein zieren.

Der Hirt Halton.

Alßdan mitt bester zier geschmuckt
　　Noch bas in frewden springet:
Dem Schöpffer feyret vnverzuckt,
　　Vnd Jubel groß volbringet.
Zun Jhm noch bas mitt plerren rufft,
　　Zu Jhm euch thut erheben,
Der euch geruckt an süssen Lufft,
　　An süsses Liecht, vnd Leben.

Der Damon.

Er kleidet euch die Röcklein an,
　　Zu seinem wolgefallen:
Gleich schawet man im grünen gan
　　Die weisse Wüllen Ballen.
Mitt weissen Wüllen Federlein
　　Er euch die Fell verbrämet,
Von weichem Schnee gantz oben rein
　　Als wärens abgefämet.

Der Halton.

Er wicklet euch in sanffte Beltz,
　　Frisch new, noch vnbeschoren:
Vmzinglet euch die nacket hälß
　　Mitt lind gekaimten Haaren;
Er härtet euch die kläwlein zart,
　　Gar sittlich auffgesplissen;
Da trettet ihr auff grüner Fahrt
　　Nach Waid, vnd grünen Bissen.

Der Hirt Damon.

Er euch zur Nahrung Thal, vnd Berch,
　　Vnd felder hinderlasset:
Da schlagen wir euch in die Pferch,
　　Vnd ihr gar friedlich prasset.

          Er giesset auß die Bächlein schwanck,
            Er macht die Brünnlein spritzen:
130   Da nehmet ihr dan kühlen tranck,
            Bey warmer Sommerhitzen.

                Der Hirt Halton.
          Er schencket euch gar manchen Baum,
            Da drunden ihr euch schattet,
135   Wan ihr den Straalen machet raum,
            Weil euch die Sonn ermattet.
          Er euch vor vnbenantem Fraaß
            Mit seiner hand beschirmet;
          Sonst wurdet ihr auff grüner Straas
140   Wol blütig offt Gefirmet.

                Der Damon.
          Er segnet euch, ihr Mütterlein,
            Mitt Säugling wol ersprossen: [195]
          Er segnet euch, ihr Lämmerlein,
145   Mitt gleichen Brüstgenossen.
          Er quellet auff die Dütten rund,
            Mitt süß, vnd weissen Gaben:
          Da machet ihr dan süssen Mund,   (98ᵛ)
            Jhr zarte Wüllen Knaben.

150   Der Hirt Halton.
          Er schaffet allen ihre Speiß,
            Er nehret alle Seelen:
          Deß geben wir ihm Ehr, vnd Preiß,
            Vnd mögens nitt verheelen.
155   Wir Jhm auff Hälmen, vnd Geröhr
            Durch alle Noten schweiffen;
          Vnd (: so villeicht mans lieber hör :)
            Auch auff Gesäckten Pfeiffen.

175

Der Hirt Damon.

Wir Jhm zu Lob auff grünem Feld
   Je späth, ie zeitig feyren,
Vnd ie dan eintzel, ie gesellt
   Auch brauchen Harpff, vnd Leyren,
Wir auch die gelbe saiten schwanck
   Mitt süsser Stimm vermählen,
Wan wir mitt reinem Brunnentranck
   Erfrischen Halß, vnd Kehlen

Der Hirt Halton.

Ach daß nur ihm, daß nur allein,
   Ach nur daß ihm gefiele,
Was ich zu Lob, vnd Ehren sein
   Bey meinen Schäfflein spiele!
Ja frey, den besten Hammel mein
   Noch heut ich drumb wolt geben,
Vnd ia der schönsten Lämmerlein
   Noch drey, vnd drey darneben.

Der Damon.

Vnd solt nun auch dem Schöpffer gut
   Nitt eben gar mißfallen,
Was ich bey meiner Heerden hut
   Auch hertzlich pfleg erschallen;
Ja frey, den besten HirtenHund
   Auch Jch noch drumb wolt geben,
Vnd ia der längsten Pfeiffen rund
   Noch dreymal Drey darneben.

Der Halton.

Ach Damon, wan die Schaaff zuhand
   Den grünen grund bescheren,
Fühl Jch so süssen Hertzenbrand:
   Zu Gott steht mein begeren,

Von Jhm kompt mir so reines Fewr
  Jn Marck, vnd Bein gekrochen,
Das quelet mich fast vngehewr,
  O wee, kans nitt verkochen!

Der Hirt Damon.

Ach Halton, wan die Schaaff zuhand
  Den kühlen Born verkosten,
Auch Mich last er in gleichem brand,
  Auff gleichen kohlen rosten.
Von Jhm auch Mir kombt gleiches Fewr
  Jn blut, vnd mut geschleichen,
Das wütet eben vngehewr,
  O wee, kan ihm nitt weichen!

Der Hirt Halton.

Nun schaw, die Sonn zu gnaden geht,
  Vnd wil zu wasser tauchen:
Die Schloot, vnd Kämmich eben spath
  Ringsvmb in Dörffen rauchen.
Man kochet vns die Nachtenspeiß,
  Vns last nun heimwartz kehren:
Der Brand in meinem Hertzen heiß
  Sich wird noch wol vermehren.

Der Damon.

Ja, lieber, ia, last kehren heim,
  Vnd last die Schäfflein zehlen;
Zu recht ich kan doch sagen keim,
  Wie Lieb mich stets thut queelen.
O schöner Gott, weil Dich nitt seh,
  Zumahl ich bin in peinen:
Nach Dir ist meinem Hertzen wee,
  Wan Sonn, vnd Sternen scheinen.

[33]
Christmeß gesang darin ein Engel die geburt Christi den hirten verkündigt.

1.

Vom Kindlein frisch geboren,
   Vom klein VerMenschten Gott,
Jm Kriplein halb erfroren,
   Erschall der Himmlisch Bott.
Der Himmlisch Bott von oben
   Durch Lufft, vnd Wolcken drang;
Vnd frewdig vnverschoben
   Alsò zun Hirten sang.

2.

Auff, auff nun, anzubetten
   Das güldenschönes Kind:
Auff, auff zur HirtenMetten,
   Du frommes Feldgesind.
Jhr fromme SchäfferSchaaren,
   Zusampt der Weissen Zucht,
Euch, Euch soll widerfahren
   Das Heyl, vorlengst gesucht.

3.

Auff, eylends auff, zur krippen,
   Zum kleinen Schäfferlein.
Küßt Jhm die Purpur Lippen,
   Das purpurs Mündelein.
Küßt Jhm die Rosenwangen,
   Die Winter Blümelein,
So trutz dem Frühling prangen,
   Obs wol erfroren sein.

4.

Das Kleinlein halb erfroren,
　Doch auch nitt minder brinnt;
Jm kalten Frost geboren,
　Es Fewr im Busen find.
Lind hebets nur in armen,
　Vnd pressets mitt verstand
Es bald euch wird erwarmen
　Mitt süssem HertzenBrand.

5.

Es liebet Schaaff, vnd Hirten,
　Das Hirtisch Kindelein:
Es leitet her von Hirten
　Den Stand, vnd Stammen sein.
Ein Lämmlein auch ohn Flecken,
　Es führt in seinem Schilt,
Zusampt eim Hirtenstecken,
　Gar zierlich abgebild.

6.

Ach tragets nur zun Heerden,
　Zun süssen Lämmerlein,
Jn warheit es auff Erden
　Wird nirgend lieber sein.
Mans freylig wird erfahren
　Es künfftig werden wird
Wans kömpt zu seinen jahren
　Ein Gut, vnd bester Hirt.

7.

O wol dem schönen Hirten,
　Dem künfftig Hirten gut!
Ach, ach mich in begierdten
　Der zeit verlangen thut,
Alßdan er wird erwecken,
　Vnd treiben auff zu Feld

　　　　　Mitt bestem Hirtenstecken
　　　　　　Die Völcker aller Welt.

8.

　　　　Er wird auff besten Waiden
　　　　　Sie schlagen in die Pferch
　　　　Vnd ia mitt nichten leyden
　　　　　Man ihm die Zahl verherg.
　　　　Er, Er wird seinen Stecken
　　　　　Den Sonnenstraalen gleich
　　　　Gantz vberall erstrecken
　　　　　Jn alle Land, vnd Reich

9.

　　　　Wer dan wöl seine Schaaren
　　　　　Jn Zifer schliessen ein,
　　　　Nitt wenig der erfahren
　　　　　Müß in der Kreiden sein.
　　　　Der müß die Sternen zehlen,
　　　　　Das Gelbgewaffnet Heer:
　　　　Der Kreiden auch befehlen
　　　　　Den Sand am wilden Meer.

10.

　　　　Alßdàn mitt schönem Frieden
　　　　　Die schöne Welt gekrönt,
　　　　Wird sehn vnvnterschieden
　　　　　Die Thier, vnd Thier versönt.
　　　　Mitt wilden Löw, vnd Bären,
　　　　　Gleich werden in gemein
　　　　Auß Einer krippen zehren
　　　　　Die zartest Lämmerlein.

11.

　　　　Auff Einem grund, vnd wasen
　　　　　Zur schönen Sommerblüe

Mitt Wölffen werden grasen
   Die Rinder, Schaaff, vnd Küh.
Ja Selbe dütten lären
   Auch werden vngezehlt,
Vnd Selbe wisen scheren
   Die Thier auß aller Welt.

12.

Alsdan an Tann, vnd Linden,
   An Buch- vnd Eschenlaub
Sich häuffig wird lan finden
   Wol manch, vnd mancher Traub:
Auch wird von Eichen bäumen
   Sichs Hönig pressen lan,
Vnd, wie sichs kaum ließ träumen,
   Das Oel von Felsen gan.

13.

Erd, Himmel wird sich wenden
   Jn Wesen aller new,
Vnd ihre Schätz verschwenden
   Gar häuffig, vnd ohn schew.
Ohn Vndergang wird schweben
   Die Sonn in klarem Brand,
Der Winder sich begeben
   Zun Wüsten vnbekandt.

14.

Der Frühling wird sich schmucken,
   Vnd werden mitt gewalt
Zur Erden ausser gucken
   Die Blümlein tausendfalt.
Auch werdens gan hervmmer
   Spatziren immerdar
Jn Ewig grünem Sommer
   Die wanckend Wässer klar.

181

15.

    Ja gar von HönigWaben,
      Von süsser Milch zuhand
    Die Bächlein werden traben,
      Durch New Gelobtes Land.
    Von Wolcken ab wird fliessen
      Der lieblichst Göttertranck,
    Die Schäfflein werdens niessen,
      Vnd sämptlich sagen Danck.

16.

    Auff, auff dan, anzubetten
      Das güldenschönes Kind:
    Auff, auff zur HirtenMetten,
      Du frommes Feldgesind.
    Jhr fromme Schäfferschaaren
      Zusampt der Weissen Zucht,
    Euch, Euch soll widerfahren
      Das Heyl vorlängst gesucht.

[34]
ChristNächtliche Ecloga oder Hirtengesang, darinn zween Hirten Damon vnd Halton daß Christkindlein besucht haben, gegen ihm mitt Liebe befangen, ihren Brand entdecken.

          Der Hirt Damon
            hebet an.
    Ach Halton liebster Halton mein
      Wen Schatz han Wir gefunden?
    Wen Schatz im holen krippelein
      Jn Windlen eingewunden?

O Gott, wie schönes kindelein!
  Wie güldengelb an Haaren!
Wie perlenweis an äugelein!
  Kein zung mags offenbahren.

Der Hirt Halton.

Ach Damon, liebster Damon mein,
  Als Wir den Schatz gefunden;
Den Schatz in holem krippelein,
  Jn Windlen eingewunden;
Das Kleinlein Jch in armen band,
  Wolt Jhm die Wänglein küssen,
Da netzet ich die Wieg zuhand
  Mitt zarten AugenFlüssen.

Der Hirt Damon.

Auch Jch als ihm wolt pressen ein
  Auff seine Purpur Wangen
Ein dryfach dopples Mündelein
  Mir zähr von Augen sprangen.
Doch ließ ich nitt mich schrecken ab,
  Mitt keinen Augenflüssen;
Ja mehr ich ihm der Bäcklein gab,
  Vnd mehr, vnd mehr thät küssen.

Der Hirt Halton.

Auch Jch nitt hab mich treiben lan
  Von seinen Wänglein beyden:
Jch satt ließ meine lefftzen gan
  Aldort in Rosen waiden.
So frisch die Saugend Lämmerlein
  Noch nie zun Brüsten sprangen,
Als lieffen frisch die Lefftzen mein
  Zur Waid auff seinen Wangen.

Der Damon.

45 Ach Halton als ich immerdar
  Das Kind wolt lieblich pressen,
Vnd Jhm die Wänglein also gar
  Mitt bäcklein ab wolt messen,
Es gleich mitt süssem Hönigmund,
50 (:O wee was freundlich possen!:)
Mich hatt mitt süssem pfeil verwund,
  Mit süssem Fewr durchschossen.

Der Halton.

Ach Damon als auch ebenfalß
  Das Kleinlein Jch thät fassen,
55 Vnd Jhm von Augen, Stirn, vnd Halß
  Der bäcklein satt wolt prassen,
Es mir mitt gleichem Hertzenfewr
  That Marck, vnd Bein verletzen.
60 Dem Brand nun find ich keine stewr
  An keinen ortt, noch plätzen

Der Hirt Damon.

Jhr Hirten auff gemeinem Feld,
  Solt iemand Fewr begeren:
65 Nur Mir es gleich werd angemeldt,
  Wil Jhm dan gnug bescheren.
Des Fewrs ich gnug im Busen trag,
  Vnd lebts in roten kohlen;
Wer sein bedarff, mirs kecklich sag,
70 Mags hie zur Noturfft holen.

Der Halton.

Jhr Hirten solt auch iemand sein,
  So reinen Born käm suchen:
Weist Jhn gerad zur Hütten mein,
75 An iener grünen Buchen.
Alßbald ich Jhm dan geben wil
  Born, vber Born zu niessen,

So stündlich mir in aller Still
Von Augen ab kompt fliessen.

Der Damon.

Das Fewr in meinem Hertzen süß,
Das Fewr in Marck, vnd Beinen
Wöl Gott michs Ewig queelen müß,
Mitt seinen süssen peinen.
Gantz wol mir ist bey solcher pein,
Bey süssem Brand, vnd Wunden,
So mir gemacht das Kindlein klein
Jm Kripplein eingebunden.

Der Hirt Halton.

Die Flüß von meinen Augen beyd,
Die beissend Wasserstraalen
Auch kräncken mich mitt süssem Leyd
Mitt sanfft, vnd süssen Quaalen.
Wolt Gott auch bliebens allemahl
Jn stätem lauff, vnd rinnen;
Gantz wol mir ist bey solcher quaal,
Bey feuchtem hirn, vnd Sinnen.

Der Damon.

O Gott wie schönes Kindelein!
Jch sein werd nie vergessen:
Jch stäts werd in verlangen sein:
Wer liebt mags nur ermessen.
Nach Jhm nun werd ich seufftzen stäth
Wan früh die Sonn sich hebet,
Auch wan sie späth zu gnaden geht,
Vnd müd in Westen schwebet.

Der Halton.

O Gott, wie schönes Kindelein!
Nach Jhm ich wird verlangen

Wan Mon, vnd alle Sternen rein
 Auff Runden Wisen prangen.
Nach Jhm ich werd mitt Lieb verwund
 Beyd arm, vnd hertz erstrecken,
Wan zeitlich auch die RosenStund
 Den Tag vns an kompt stecken.

Der Damon.

Von Jhm bey meiner Weissen Heerd,
 Bey meinen Schaaff, vnd Geissen,
Jch offt, vnd offt nu spielen werd,
 Vnd manche Saiten schleissen.
Mitt Saiten wil ich kleiden an
 Die Leyren, Harpff, vnd Geigen:
Vnd Jhm zu lieb auff grünem plan
 Der Stücklein vil noch zeigen.

Der Hirt Halton.

Auch Jch zu lieb dem Gotteskind
 Wil offt auff Runden Pfeiffen
Mitt süssem blasen manchen wind
 Zu Runden Liedlein schleiffen.
Der Pfeiffen ich noch Sieben hab
 Von lauter Horn, vnd Beinen:
Ein Hirt sie mir zur Letzen gab,
 Vnd warlich weichens keinen.

Der Damon.

Wan dan die Geissen steigen an
 Zun Felsen hoch hinauffen,
Vnd waiches Laub, so für thut gan,
 Von zarten Stauden rauffen:
Wil nur von JESV spielen dar,
 So werd ichs nunder locken,
Vnd werdens klimmen ohn gefahr
 Auff ihren hörnen Socken.

Der Halton.

Wan dan die Schäfflein ebenfalß
    Den Flachen grund bescheeren,
Or ienseit eines holen Thals
    Gan waiden in der fehrren;
Wil auch von JESV spielen ich,
    Wil nur von Jhm erklingen
So werdens gleich versamlen sich
    Vnd mir zun henden springen.

Der Hirt Damon.

Wan auch zur heissen SommerZeit
    Begrillt mitt HirnenMucken
Die Böck in stoltzem StirnenStreit
    Mitt Köpffen sammen rucken,
Von Jhm will auch dan spielen auff,
    Nitt werdens weiter zörnen:
Jch weiß dan gebens besser kauff,
    Der Streit fellt ab von hörnen.

Der Hirt Halton.

Wan auch der Bößwicht vngehewr
    Solt ie zun Waiden kommen
Die Schäfflein mir zu machen thewr,
    Zu kürtzen mir die Summen;
Von JESV wil ich spielen schnell
    Der Schalck wirds lassen bleiben;
Vnd ob noch Hund, noch Hündin bell,
    Wil Jhn doch gnugsam treiben.

Der Damon.

Wan auch dan werden iezumahl
    Die warme Wolcken brummen
Vnd roter Blitz, vnd Donnerstraal
    Gen vns mitt kräfften kommen
Von JESV wil ich spielen gleich,
    Die Schäfflein Jhm befehlen:

187

So werd ich ihrer nach dem Streich
Wol ebenvil noch zehlen.

Der Hirt Halton.

180 Wan auch die Schäfflein vbel auff
Sich iemahl solten legen,
Vnd auff dem Feld mitt holem Bauch
Der Waid, noch Brunnen pflegen,
Von JESV wil ich spielen an,
185 Bald werdens wider grasen;
Bald wider waidlich scheren gan,
Auff blumenreichen Wasen.

Der Damon.

Von JESV wil ich vberal
190 Jn Feld, vnd Wälden singen:
Von Jhm sol Schall, vnd Widerschall
Jn Lufft, vnd Klufften ringen.
Doch Halton schaw, dan meine Reym
Zusampt dem Tag ermatten;
195 Last vnser Heerd nun führen heim,
Vnd ihr die ruh gestatten.

Der Halton.

Ja Damon, schaw; dann meine Reym
Schon auch es Mir versagen.
200 Drumb so nur Du wilt treiben heim,
Nitt muß es mir mißhagen.
Auff, auff, ihr meine lautbar Hund,
Die Schaaff thut sammen bellen:
Vnd algemach bey guter stund
205 Begleitet sie zun Ställen.

[35]
Ein kurtzes Poëtisch Christgesang, vom Ochs, vnd Eselein bey der Krippen.

1.

Der Wind auff Lären Strassen
   Streckt auß die Flügel sein:
Streicht hinn gar scharpff ohn maassen,
   Zur Bethlems Krippen ein.
Er brummlet hin, vnd wider
   Der Fliegend WinterBott,
Greifft an die Gleich, vnd Glider
   Dem frisch Vermenschten Gott.

2.

Ach, ach, laß ab von brausen,
   Laß ab, du schnöder Wind:
Laß ab von kaltem sausen,
   Vnd schön dem schönen Kind.
Vilmehr du deine Schwingen
   Zerschlag im wilden Meer,
Aldà dich satt magst ringen,
   Kehr nur nitt wider her.

3.

Mitt dir nun muß ich kosen,
   Mitt dir, o Joseph mein,
Das Futter misch mitt Rosen
   Dem Ochs, vnd Eselein.
Mach deinen frommen Thieren
   So lieblichs mischgemüß,
Bald, bald, ohn zeit verlieren,
   Mach ihnn den Athem süß.

4.

Drauff blaset her, ihr beyden,
  Mitt süssem RosenWind;
Ochs, Esel wol bescheiden,
  Vnd warmets nacket Kind.
Ach blaset her, vnd hauchet,
  Aha, aha, aha.
Fort, fort, euch waidlich brauchet
  Ahà, ahà, ahà.

[36]
Ecloga, oder Hirtengesang, darinn zween Hirten Damon, vnd Halton ihre gaben erzehlen, so sie dem Christkindlein schenken wöllen.

1.

Als nach verbrachten Reysen
  Bey frembdem Sternenbrand
Die König Drey, die Weisen,
  Gar fern auß MorgenLand,
Dem Kindlein new geboren
  Zum Opffer brachten dar,
Die dryfach außerkohren
  Vnd außerlesen Wahr.

2.

Gleich auch gezogen kamen
  Zween frommer Hirten werth,
Der Halton mein, vnd Damen
  Mitt wol bewollter Heerd:
Auch dachtens dar zu bringen
  Dem schönen Kindelein

    Gar vil der schönen dingen,
        So Sie gesammlet ein.

3.

Die Gaben all mitt Namen,
    Die bäurisch HirtenSchätz
Verfaßten sie zusammen
    Jn süsses Reymgeschwetz.
Jetzt, ietzt will ichs erholen,
    Frisch, frewdig von gemüt,
Vnd spielens offtermohlen,
    Wan Jch der Schäfflein hüt.

Der Hirt Damon
hebet an

Wolan ich Jhm wil schencken
    Ein silberweisses Lamm:
Als vil mich kan bedencken,
    Kein edlers nie bekam.
Jhm kompt an Lincker seyten
    Von blut ein schöner fleck:
Weiß nitt was mög bedeiten,
    Was ie darhinden steck.

Der Hirt Halton.

Auch Jch wil Jhm dan schencken
    Ein saugends Kälbelein,
Zum binden vberschrencken
    Wil dem die Füßlein sein:
Vnd also dan wils tragen
    Gefug auff meinem hals;
Jch weiß wird Jhm behagen;
    Wil wetten ihm gefalls.

Der Hirt Damon.

Vnd Jch wil Jhm noch schencken
    Ein Kitzlein sampt der Geiß,

Die muß es ie noch träncken
Auß ihren Dütten weis.
Die Brüst es selber findet,
Vnd kan sie lären schon;
Ja schon sichs vberwindet,
Vnd wird der Waid gewon

Der Halton.

Vnd Jch wil Jhm noch schencken
Ein rotes HirschenKalb:
An Schenckel, vnd Gelencken
Es ist volwachsen halb.
Es mir auff grüner gassen
Jm Wald entgegen kam, (108ʳ)
Sichs ließ mitt Stricken fassen,
Gieng mitt, vnd wurde zahm.

Der Hirt Damon.

Vnd Jch wil ihm noch schencken
Ein hasen *Küniglin
Es ist von tausent räncken,
Von frisch, vnd leichtem Sinn.
Es lauffet, springt, vnd spielet, [216]
Auch trommlets eigendlich,
Die streich zum bodem zihlet
Mitt füssen maisterlich.

Der Halton.

Vnd Jch wil ihm noch schencken
Ein schöns EichHörnelein;
Jst auch von manchen schwencken
Ein hurtigs Maisterlein.
Jch seiner offt muß lachen,
Wans nur die Nüßlein packt,
Vnd schnell sie thut erkrachen,
Trick, track, wol iust zum Tact.

* ist ein Caneinlein.

Der Damon.

Vnd Jch wil ihm noch schencken
 Ein zahmes Häselein;
Sichs last mitt henden fencken
 Wil stäts beyn Menschen sein.
Es wird beym Kripplein lauffen,
 Wird spielend immerdar
Hinn, her, vnd ab, vnd auffen
 Recht munter springen zwar.

Der Hirt Halton.

Vnd Jch wil ihm noch schencken
 Ein wachtsams Hündelein:
Das lehrnet zancken, zäncken,
 Die Schaaff auch treiben ein.
Wans kompt zu seinen tagen
 Wirds freylig sein gefaßt
Von Schaaffen zu veriagen
 Den Vnbenandten Gast.

Der Damon.

Vnd Jch wil ihm noch schencken
 Ein mäusigs Kätzelein:
Kein Härlein ihm darff krencken,
 Halton, dein Hündelein.
Sichs hat noch nie lan beissen,
 Sichs allen widersetzt:
Sichs bürsten thut, vnd spreissen,
 Bleibt alweg vnverletzt.

Der Halton.

Vnd Jch wil ihm noch schencken
 Ein Stücklein gleicherley:
Mein soltest wol gedencken,
 Was ie dan solches sey?
Zu deinem Kätzlein eben
 Auch Jch wil ihm zugleich

    Ein *Peltzen Mäußfall geben;
     So wird es noch so reich.

120   Der Damon.
    Vnd Jch wil ihm noch schencken
     Ein munters Täubelein:
    Das laufft auff Tisch, vnd Bencken,
     Mitt seinem Schwesterlein.
125   Auß Pflaum- vnd FederSeyden,
     Von farben vnbewust,
    Ein Ringlein ihnen beyden
     Bezircklet Halß, vnd Brust..

      Der Halton.
130   Vnd Jch wil ihm noch schencken
     Zwo TurtelTauben keusch:
    Die spreiten, heben, sencken
     Die Flügel ohn gereusch.
    Jhr Stimm so vil man spüret
135   Nur lauter Seufftzer sein:
    Wer weiß was Leyd sie rühret,
     Was Lieb, vnd HertzenPein?

      Der Damon.
    Vnd Jch wil ihm noch schencken
140   Ein grossen HünerHaan;
    Der Haupt, vnd Halß geht schwencken,
     Als nie kein edler Schwaan.
    Mitt bunten Füß, vnd Sporen
     Er tritt gar stoltz herein;
145   Wan schon er wär verlohren,
     Man kent die Farben sein.

---

* ist ein Katz

Der Halton.

Vnd Jch wil jhm noch schencken
  Ein Vinck, vnd Nachtigall;
So Kopff, vnd Ohren lencken
  Zu meinem HirtenSchall.
Wan ihnn ich vor wil singen
  Drey, vier, or fünffmahl nur,
Sie gleich mir nach thun springen
  Jn selbe NotenSpur.

Der Hirt Damon.

Vnd Jch wil ihm noch schencken
  Drey Maisen, Lerch, vnd Specht:
Jch habs von einem Encken,
  Von einem Ackerknecht.
Er glücklich hatts gefangen,
  Doch nitt ohn List, vnd Müh,
Als newlich er war gangen
  Zum Holtz in aller Früh.

Der Halton.

Vnd Jch wil ihm noch schencken
  Ein weisses Körbelein:
An Balcken sol mans hencken,
  Vol kleiner Vögelein.
Jch selber habs geschnitzet,
  Jn Siebenthalben Tag:
Jst new, noch vnbeschmitzet;
  Nitt gnug mans loben mag.

Der Damon.

Vnd Jch wil ihm noch schencken
  Ein starcken HirtenSteck:
Mitt Farben ihn wil sprencken,
  Gebrennt mitt Fewr, vnd Speck:

Die Kunst ich newlich lehrnet,
    Wie recht mans machen soll,
Daß gantz er werd beSternet,
    Mitt bunten Flecklein toll.

Der Halton. (110ᶠ)

Vnd Jch wil ihm noch schencken
    Ein gelben SonnCompaß:
Das Zünglein sich verrencken
    Last nie von seinem spaß.
Sichs reget stäts, vnd neiget
    Zur just geraden schnur,
Biß lang der Faden zeiget
    Die rechte Stund, vnd Vhr.

Der Damon.

Vnd Jch wil ihm noch schencken
    Vil schöner sachen mehr:
Ja schencken, vnd noch schencken
    Je mehr, vnd ie noch mehr.
Auch Oepffel, Nüß, vnd Bieren,
    Milch, Hönig, Butter, Käß.
Vnd was noch mehr mögt zieren
    Die Taffel mir gemäß.

Der Halton. [221]

Woldà dan, last vns reysen
    Zum schönen Kindelein:
Vnd last die Gaben weisen
    Dem kleinen Schäfferlein.
Jhms alles auff sol heben
    Die Mutter, mitt bescheid,
Daß Jhm es werd gegeben
    Hernach zu seiner zeit.

[37]
Der Euangelisch Guter Hirt sucht das Verlohren Schäfflein.

1.

O Schäfflein vnbeschoren,
 Du zartes wüllen kind:
Ach wo dan gehst verlohren,
 Daß Dich so gar nitt find?
Jn holen Wäld vnd Klufften
 Feld, Wisen, Berg, vnd Thal,
Auff müden Bein, vnd Hufften
 Dich such ich vberall.

2.

Mitt seufftzen vngezehlet
 Jch Lufft, vnd Wolcken spalt,
Daß Leyd, mitt Leyd vermählet
 Sich mehret hundertfalt:
Die zähr mir han zerschlissen
 Wol halbe wangen beyd,
Weil nie von dir mag wissen,
 Wer Jrrweg dich verleyt.

3.

Vnd ach, was auch muß dencken
 Der fromme Vatter mein,
Sich weil so späth last fencken
 Das wüllen Wilpret sein?
Das Thierlein er, das Eintzig
 Kurtzumb wil wider han,
Ob wol noch NeünvndNeintzig
 Auff grünem Wasen gan.

4.

 Wolan, wolan, dort eben
  Jn ienem BirckenWald,
Mich dunckt sichs thut erheben,
  Ey da, da lieber, halt.
Halt, halt, ichs muß ertappen,
  Wil sehn mirs nitt entspring:
Nun soll mirs nicht entschnappen,
  Wil wetten mirs geling.

5.

 O wee doch meiner lenden!
  O wee, werd schwach, vnd kranck!
Mich streiffen aller enden
  Die Birckengerten schwanck:
Vnd ach der pein, vnd quaalen!
  Das Thierlein ist entwischt;
Mir bleiben allemahlen
  Das gluck, vnd spiel vermischt.

6.

 Doch dort in iener Hecken,
  Da dennoch duncket mich,
Da bleibets gar bestecken;
  Dort hör ichs regen sich.
Ja weger da, da drinnen
  Da mögts in warheit sein:
Wils greiffen da mitt Sinnen,
  Wil schleichen sanfft hinein

7.

 Ach aber, ach mitt nichten,
  Ach aber nein, ach nein,
Als vil ichs kan entrichten,
  Jst nitt nochs Thierlein mein:
Vergebens nur verletzet
  Mich hab in Dörnen spitz,

Das Haupt mir gar zerfetzet
  Jst voller fewr, vnd hitz.

8.

Ey dorten doch, dort oben
  Auff jener Schedelstatt,
Ein Creutzbaum frisch erhoben
  Die Näst erstrecket hat.
Da duncket mich gar eben
  Dörffts haben seinen gang,
Jhm da denck nach zu streben,
  Hoff dort ichs endlich fang.

9.

Doch müd mich auff den beinen
  Jch mehr mag halten kaum:
An Dich dan muß ich leinen,
  O starcker Eichenbaum.
Ach Schäfflein außerkohren,
  Ach kämest, kämest doch!
Mitt mir dochs ist verlohren,
  Muß Jch wol sterben doch.

10.

Mitt Armen außgestrecket,
  Wil deiner warten hie;
Mirs leben mehr nitt schmecket,
  Alweil noch säumest ie.
O Vatter, dir zun henden
  Mein Seel von hinnen reyst;
Zu dir wol muß ich senden,
  Schaw da dan, meinen Geist.

[38]
Trawrgesang von der
Noth Christi am Oelberg in
dem Garten.

1.

Bey stiller Nacht
Zur ersten Wacht
  Ein Stimm sich gund zu klagen.
Jch nahm in acht,
Was die dan sagt;
  That hinn mitt augen schlagen.

2.

Ein junges Blut
Von Sitten gut
  Alleinig ohn geferdten
Jn grosser noth
Fast halber tod
  Jm Garten lag auff Erden.

3.

Es war der liebe Gottes Sohn
  Sein Haupt er hatt in Armen,
Vil weiß, vnd bleicher als der Mon,
  Ein Stein es mögt erbarmen.

4.

Ach Vatter, liebster Vatter mein,
  Vnd muß den Kelch ich trincken?
Vnd mags dan ja nitt anders sein?
  Mein Seel nitt laß versincken.

5.

Ach liebes kind,
Trinck auß geschwind;
 Dirs laß in trewen sagen:
Sey wol gesinnt,
Bald vberwind,
 Den handel mustu wagen.

6.

Ach Vatter mein,
Vnd kans nitt sein?
 Vnd muß ichs ie dan wagen?
Wil trincken rein
Den Kelch allein
 Kan Dirs ia nitt versagen.

7.

Doch Sinn, vnd mut
Erschrecken thut,
 Sol Jch mein leben lassen?
O bitter Tod!
Mein angst, vnd noth
 Jst vber alle massen.

8.

Maria zart,
Jungfrewlich art,
 Solt Du mein schmertzen wissen;
Mein Leyden hart,
Zu diser fahrt,
 Dein Hertz wär schon gerissen.

9.

Ach Mutter mein,
Bin ja kein Stein;
 Das Hertz mir dörfft zerspringen:

Sehr grosse pein,
Muß nehmen ein,
 Mit Tod, vnd Marter ringen.

10.

Adè, adè zu guter Nacht,
 Maria Mutter mildte.
Jst niemand der dan mitt mir wacht,
 Jn diser Wüsten wilde?

11.

Ein Creutz mir vor den augen schwebt,
 O wee der Pein, vnd Schmertzen!
Dran soll ich Morgen wern erhebt,
 Das greiffet mir zum Hertzen.

12.

Vil Ruten, Geissel, Scorpiòn
 Jn meinen Ohren sausen:
Auch kompt mir vor ein dörnen Cron,
 O Gott wen wolt nitt grausen!

13.

Zu Gott ich hab geruffen zwar,
 Auß tieffen todtes banden:
Dennoch ich bleib verlassen gar.
 Jst hilff, noch trost verhanden

14.

Der schöne Mon
Wil vndergohn,
 Für Leyd nitt mehr mag scheinen:
Die Sternen lan
Ihr glitzen stahn,
 Mitt Mir sie wollen weinen.

15.

Kein Vogelsang
Noch Frewdenklang
　Man höret in den Lufften;
Die wilden Thier,
Auch trawren mitt mir,
　Jn Steinen, vnd in Klufften.

[39]
Eine Ecloga oder Hirten-
gesang vom Blutschweiß
Christi in dem garten,
darin der Mon als ein SternenHirt Poëtisch eingeführet
wird, so Christum vnder der
person eines Hirten, Daphnis
genandt beklaget.

zumercken ist das hinfür-
ter durch den Hirten Daphnis
alweg Christus verstanden werde.

Eingang.
1.

Mon des Himmels, treib zur Waiden
　Deine Schäfflein güldengelb
Auff geründter Blawen Heyden
　Laß die Sternen walten selb,
Jch noch newlich so thät reden,
　Da zu Nacht ein schwacher Hirt
Aller Wegen, Steeg, vnd Pfäden
　Sucht ein Schäfflein mitt begird.

2.

Gleich der Mon ihm ließ gesagen,
 Nahm ein lindgestimmtes Rohr:
That es blasend zärtlich nagen,
 Spielet seinen Sternen vor
   Der Mon.
Auff ihr Schäfflein auff zur Heyden
 Waidet reines Himmelblaw:
Dannen hero, wan wir scheiden,
 Schwitzt ihr ab den Morgentaw.

3.

Ach wer aber dort im Garten
 Ligt mitt seinem HirtenStab?
Wer wil seiner dorten warten?
 Schawt ihr Sternlein, schawt hinab.
Haltet, haltet, ich nitt fehle:
 Jst der Daphnis wolbekandt:
Eia, Daphnis, mir erzehle,
 Daphnis, was wil diser Stand?

4.

Waidet meine Schäfflein, weidet,
 Jch mitt Jhm noch reden muß.
Waidet, meine Sternen, weidet,
 Daphnis ligt in harter Buß.
Daphnis, thu die Lefftzen rühren,
 Eia, nitt verbleibe stumm:
Daphnis, laß dich dannen führen,
 Eia, nitt verbleibe dumm.

5.

Waidet, meine Schäfflein, waidet,
 Daphnis ligt in ängsten groß:
Daphnis Pein, vnd Marter leydet,
 Wölt er läg in MutterSchoos!

Er dem Felsen ligt in armen,
   Ligt auff harten Steinen bloos:
Ach wer dorten Jhn wil warmen?
   Förcht, er da das Haupt zerstoß.

6.

Waidet, meine Schäfflein, weidet,
   O was hoch betrangtes Hertz!
Wer mag haben ihn beleydet?
   Weinen mögten Stein, vnd Ertz.
Kalte Wind, halt ein die Flügel,
   Feyret jenem krancken Blut:
Meidet ienen Berg, vnd Hügel,
   Daphnis ligt ohn Schuch, vnd Hut.

7.

Waidet, meine Schäfflein, weidet,
   Daphnis leydet Angst, vnd Noth:
Daphnis dopple Thränen weinet,
   Weisse Perll, Corallen root,
Perlen ihm von Augen schiessen,
   Schiessen hinn ins grüne gras:
Von dem Leib Corallen fliessen,
   Fliessen in den Boden bas.

8.

Waidet, meine Schäfflein, weidet,
   Niemand hats gezehlet gar,
Niemand hat es außgekreidet,
   Ob auch Zahl der Tropffen war.
Nur der Boden wolgenetzet,
   Für den Weiß, vnd Roten Schweiß,
Jhm zu danck herausser setzet
   Rosen root, vnd Lilgen weiß.

9.

Weidet, meine Schäfflein, weidet,
  Daphnis voller ängsten ligt:
Ruch, noch Farben vnterscheidet,
  Achtet keiner blümlein nicht.
O was Marter dir begegnet?
  Hör zu schwitzen einmahl auff:
Gnug es einmahl hatt geregnet,
  Nitt in rotem Bad ersauff.

10.

Waidet, meine Schäfflein, waidet,
  Wer doch hatt es ihm gethan?
Niemand meine Frag bescheidet:
  Du mir Daphnis zeig es an.
Daphnis kan fur Leyd nitt sprechen,
  Seufftzet manchen Seufftzer tieff, (116ʳ)
Jhm das Hertz wil gar zerbrechen:
  Ach daß iemand helffen lieff!

11.

Waidet, meine Schäfflein, waidet,
  Schon ein Englisch Edelknab [232]
Stark in Lufft, vnd Wolcken schneidet,
  Eylet hinn in vollem trab.
Er ihm singlet süsse Reymen,
  Mitt gar süssem Stimmlein schwanck:
Auch den Kelch nit thut verseumen,
  Zeiget einen kräuter Tranck.

12.

Waidet, meine Schäfflein, weidet,
  Alles, alles ist vmbsonst:
Er doch allen Trost vermeydet,
  Achtets wie den blawen Dunst.
O du frommer Knab von oben,
  Du nur mehrest Jhm die pein:

Doch ich deine Trew muß loben;
Gott, laß dirs geklaget sein.

13.

Waidet, meine Schäfflein, weidet,
 O wie schlecht, vnd frommer Hirt!
Er den Becher Jetzet meydet,
 Morgen ihns gerewen wird.
Er sich ietzet gar wil freyen,
 Weigert was man trincket zu;
Dörfft villeichten Morgen schreien,
 Ach wie sehr mich dürstet nu!

14.

Waidet, meine Schäfflein, weidet,
 Daphnis bleibet schmertzen vol:
Euch befehl ich, euch entkleidet,
 Reisset auß die Gülden Woll.
Nur euch kleidet pur in Kohlen,
 Pur in lauter Schwartzes Wand,
Von der Schaitel auff die Solen
 Euch gebüret solcher stand.

15.

Waidet, meine Schäfflein, weidet,
 Daphnis führet starckes Leyd:
Jst vom Vatter hoch veraydet,
 Hoch mitt wolbedachtem Ayd,
Er doch wolte wider bringen
 Ein verlohren Schäfflein sein:
Ach wan solte das mißlingen,
 Er ia stürb fur lauter pein.

16.

Waidet, meine Schäfflein, weidet,
 Daphnis wird verfolget starck:

>
> Böß gesinndlein ihn beneydet,
>   Trachtet Jhm nach blut, vnd marck.
> O was dorten! was von Stangen,
>   Wehr, vnd Waffen nehm ich war?
> O villeicht man ihn kömpt fangen!
>   Warlich, warlich, ist gefahr.

17.

> Waidet, meine Schäfflein, weidet,
>   Sprechen wolte bleicher Mon:
> Ja nitt waidet, sonder scheidet,
>   Er da sprach, vnd wolte gan.
> Scheidet, scheidet, meine Schaaren,
>   Kan für Leyd nitt schawen zu:
> Dich nun wolle Gott bewahren,
>   Daphnis, wer kan bleiben nu?

18.

> Drauff Adè der Mon wolt spielen,
>   Da zersprang das matte Rohr:
> Augentropffen ihm entfielen,
>   Wurde wie der schwartze Mohr,
> Vnd weil eben dazumahlen
>   Er tratt an in VollenSchein,
> Gleich vertauschet er die Straalen,
>   *VollenSchein* gen *VollePein*.

19.

> Auch die Sternen weinen kamen,
>   Flötzten ab all ihren Schein.
> Schein, vnd Thränen flossen samen,
>   Recht zum Blawen Feld hinein;
> Machten eine Weisse Gassen,
>   So noch heut man spüren mag:
> Dan der Milchweg hinderlassen
>   Jst wol halb von solcher Bach.

[40]
Andere Ecloga oder Hirtengesang, von der Gefängnüß Christi vnter der person des Hirten Daphnis.

Eingang.

1.

Newlich seine Schäfflein weidet
 Damon, sehr berümbter Hirt:
Jch die Sonn zu weit vermeydet,
 Wurd im nechsten Wald verwirrt:
Weil ich Jhn doch pfeiffen höret,
 Tratt gerad zum klang hinan:
Da war alle Forcht zerstöret,
 Dan ich kam auff rechte baan.

2.

Damon süß, vnd lieblich spielet,
 Damon mir auch wincken thät:
Mir Jhr Süsse Vers gefielet,
 Euch zu lieb mich hab verspäth.
Vnd weil nichtes da zu finden,
 Da man euch könd schreiben auff,
Nahm ich eine grüne Rinden,
 Zeichnet euch mitt Dörnen drauff

3.

Damon spielte nur Alarmen
 Vber seinen Mittgespan,
Der von Lauren, ohn erbarmen,
 War gefänglich zogen an.
Daphnis hieß man Jhn mitt Namen,
 War mitt reichem Sinn geziert;
Kam von altem Edlen Saamen,
 War der best, vnd schönest Hirt.

4.

Der Hirt Damon spielet:

Höret meine Schäfflein höret,
  (: Hub er an, auff grüner Heyd :)
Daphnis war von Lieb bethöret,
  Liebe führet Jhn ins Leyd.
Mörder nahmen ihn gefangen,
  Als die Lieb ihn führet auß;
O villeichten muß er hangen!
  Ach was gieng doch er von hauß?

5.

Hundert Schäfflein, jung von jahren
  Waidet er in stäter Hut:
Hundert hett er in verwahren,
  An Gestalt, vnd Wollen gut.
Ja nitt hett ers in verwahren,
  Alle warens eygen sein,
Sie sein eigen alle waren,
  Waren all Chrystallenrein.

6.

O der schönen SilberSchaaren!
  O der schönen Wüllen rott!
Daphnis, o laß trawren fahren,
  Daphnis aller Hirten Gott.
Dir auch ist der Mon gewichen,
  Dir auch seine SternenHeerd,
Sie sich nie mitt Dir verglichen,
  Nie mitt deinen Schäfflein werth.

7.

Nur ein Einigs war entgangen,
  War vom Hauffen kommen ab;
Bald mitt Liebe starck befangen,
  Daphnis folgt in starckem trab.

Tag, vnd Nacht auff grüner Heyden
Lieff, vnd rieff er ach, vnd ach;
Neun vnd Neuntzig ließ er waiden,
Nur dem Einen trachtet nach.

8.

Armes Thierlein! o dir armen!
Daphnis rieff auff grünem Feld:
Armes Thierlein! o dir armen,
Daphnis lieff in alle welt.
Er es allen thäte klagen,
Sorget ob es iemand fünd:
Er ein ieden thäte fragen,
Ob mans irgend spüren könd.

9.

Ohn Gesellen, ohn Geferdten
Er da lieff in blinder Lieb
Dachte keiner ander Heerden
Förchtet ihnen keiner Dieb.
Schier ohn Sinn, vnd ohn gedancken
Offt er auch ohn Leben schier
Geht in wilden Wälden wancken,
Nur beklagets Eintzel Thier.

10.

Thränen ihm heraber weltzen
Von beschenckten Wangen beyd,
Er für ängsten mögt zerschmeltzen,
Er sich wend auff alle seyt.
Jhm die kräfften gar entweichen,
Er läst fallen Hut, vnd Stab
Vnd geleint an holer Eichen
Offt erwehlet ihm das Grab

11.

>Blinde Lieb, nun mag ich sagen,
> Blinde Pfeil, vnd Bogen blind!
>Dich ich freylich muß beklagen
> Daphnis hoch verblenntes kind!
>Ach wie mogtest ie doch lieben
> Nur ein Einigs Thierlein arm?
>Wo der ander Hauff ist blieben?
> Ach, vnd ach, daß Gott erbarm!

12.

>Ey laß lauffen, laß nur lauffen,
> Schaw die sach nitt arger werd,
>Bleibe bey dem grösten hauffen,
> Schöne dein, vnd deiner Heerd.
>Er doch schleisset seine strassen,
> Merckt nitt, was man wendet ein:
>Er das Thierlein wil nitt lassen,
> Laufft bey Sonn, vnd Monetschein.

13.

>Endlich stürtzet er in nöten,
> Felt zur Erden aller kranck;
>Lieb, vnd Leyden ihn wil todten,
> Schencken ihm gar herben tranck.
>O der wunder falschen thaten!
> Judas gar ein falscher Hirt
>Jhn aldorten geht verraten,
> Er aldort gefangen wird.

14.

>Ach ihr stille Fewr, vnd Flammen,
> Bleicher Monet, bleiche Stern,
>Leuchtet her: vnd leucht zusammen
> Bleiche Facklen, vnd Latern.
>Leuchtet her, dem armen Kinde;
> Leuchtet ihm, zur Nacht hinauß,

Daß er Weeg, vnd Strassen finde,
 Ob villeicht er käme drauß.

15.

Ach doch aber seind verrhaten
 Alle Winckel, Weeg, vnd gaß:
Schon die Schergen, vnd Soldaten
 Schliessen ieden Steeg, vnd Paß.
Sie den Knaben greiffen, binden,
 Wüten wie die TartarHund,
Jhn in Sail, vnd Ketten winden,
 Jhn mitt Stricken machen wund.

16.

Daphnis freundlich in Geberden
 Seufftzet mitt gar sanfftem Sinn,
Bald man reisset jhn zur Erden,
 Tretten, fallen vber ihn.
O der hart, vnd schwären Bürden!
 Nie doch Daphnis klagen thut:
Sail, vnd Ketten schamrot würden,
 Schamrot von auch frembdem blut

17.

Gnug ihr Banden seit gerötet,
 Euch nitt weiter trincket voll;
Schier die Rott hett ihn getödtet;
 Ach wie blindes wesen doll?
Ach was hüpffen, jauchtzen, juchtzen!
 Ruffen, schreyen vberlaut;
Frewdig schwingens Arm, vnd *Vchsen,
 Schier auch fahrens auß der Haut.

---

* alae axillae

18.

Sie da fechten, schlagen, balgen,
  Toben ohn verstand, vnd Sinn:
Je nur pochen Creutz, vnd Galgen,
  Führen Jhn zu schlachten hinn.
O wan deiner ich gedencke
  Daphnis, Daphnis vil zu fromm!
Satt ich meine wangen träncke;
  Ruffend, schreyend schaw mich vmb.

19.

Daphnis Daphnis, ich muß trawren:
  Wo bist hingeführet dan?
Wil zerschlagen Schloß, vnd Mauren
  So nur solches helffen kan.
Cron der Hirten außerkohren,
  Daphnis vnser Mittgespan;
Dich noch zimlich jung von jahren
  Gnugsam niemand loben kan.

20.

Daphnis, o du zier der Felden,
  Daphnis hoch berühmter Knab,
Dein war alles Wild in wälden,
  Wan die pfeil nur schicktest ab.
Deine Pfeil, von deiner Sennen
  Kaum nur hettest abgesetzt,
Da war mitten auch im rennen
  Schon das lauffend Wild verletzt.

21.

Du die beste Schäfflein hettest,
  Schäfflein wie die Schwanen weis:
Recht vom Räuber du sie rettest,
  Alle gaben Dir den preiß.
Du den Bären, Löwen, Drachen
  Fertig warest auff der Haub,

> Rissest ihnen Schlund, vnd Rachen,
> Nahmest wider allen Raub.
>
> 22.
>
> Wind, vnd Wetter, Feld, vnd Wisen
> Freundlich dienten deiner Heerd,
> Mon, vnd Sternen hochgepriesen
> Dir auch schienen vnbeschwert.
> Doch was wil mich lang verweilen?
> Was wil rühmen jenen Stand?
> Weil ia nunmehr gar in eylen,
> Gar ist alles vmgewand.
>
> 23.
>
> Dir nun alle Schäfflein greinen,
> Daphnis, o du frommes Kind!
> Dich auch alle Flüß beweinen,
> Dich beseufftzen alle Wind.
> Dich auch alle Bäum besausen,
> Dich auch Schall, vnd Widerschall:
> Dir auch Meer, vnd Wällen brausen,
> Dir auch trawret Berg, vnd Thal.
>
> 24.
>
> Beschluß.
>
> Mir dan solches dazumahlen
> Damon aller trawrig sang,
> Biß die schöne Sonnenstraalen
> Sich geneigt zum Vndergang.
> Damon, Damon, Cron der Sänger,
> O wie wunder süsse Reym!
> Gern ich wölte bleiben länger,
> Schaw die Nacht mich treibet heim.

[41]
Anders Hirtengesang, darin der Bach Cedron Poëtisch eingeführt wird, so die gefängnuß Christi vnder der Person des Hirten Daphnis beklaget.

Seind Trochaïsche vers
wie auch droben.

1.

Da nun Abends in dem Garten
    Daphnis vberfallen war,
Vnd nun keinen Grimmen sparten
    Starck bewehrte MörderSchaar;
Hube süßlich an zu weinen
    Ein so gar berühmter Bach;
Ließ die liebe Sternen scheinen,
    Er dem Daphnis trawret nach.

2.

Cedron hieß der Bach mitt Namen,
    Wohnt an einem holen Stein:
Offt zun ihm geselschafft kamen,
    Doch nun damahls war allein.
Saß in seiner grünen Krufften,
    Strälet seine bintzen Haar,
Spielet mitt gar sanfften Lufften
    Dacht an keine Kriegßgefahr.

3.

Rohr, vnd Gras, vnd Wasserbletter
    Deckten seine Schulter bloos,
Er sich bey dem feuchten Wetter
    Leint auff seinen Eymer groß.

>   Weil doch müd er war gelauffen
>   Dazumahl in starckem trab,
> 30 Er ein wenig wolt verschnauffen,
>   Goß den Eymer langsam ab.
>
>   4.
>
>   Nahm ein Röhrlein wolgeschnitten,
>   Spielet seinen Wässerlein,
>   Sie zum schlaffen thät erbitten,
> 35   Wolt sie süßlich sausen ein:
>   Eia meine Wässer schlaffet,
>   Schlaffet meine Wässerlein,
>   Nitt mitt augen immer gaffet,
>   Eia schlaffet, schlaffet ein.
>
>   5.
>
> 40 Kaum nun waren eingeschlaffen
>   Seine matte wässerlein,
>   Bald erklungen Wehr, vnd Waffen,
>   Flamm, vnd Fackel gaben schein:
> 45 Nur von doll, vnd vollen knechten
>   Voll war alles vberall,
>   Nur von jauchtzen, springen, fechten,
>   Thal vnd Vfer gaben schall.
>
>   6.
>
>   *Cedron* erstens gar erschrecket,
> 50   War der waffen vngewohn;
>   Bald er seine Wässer wecket,
>   Wolte der Gefahr entgohn.
>   Wie die Pfeil von Bogen zihlen
>   Lieff er ab auff Nasser Meil,
> 55 Rohr, vnd Eymer ihm entfielen,
>   Fiel auch Er in blinder eyl.

7.

Doch weil nachmahls er verspüret,
　Es nitt wider ihn gemeint,
Vnd nur Daphnis würd geführet,
　Daphnis von bekandtem Feind;
Ließ er ab von strengem lauffen,
　Fasset eine Weiden rut,
Seine Wässer trieb zu hauffen,
　Vnd beklagets junge Blut.

8.

Trawrig hub er an zu klagen,
　Bließ auff einem holen Ried,
Hertz, vnd mut ihm war zerschlagen
　Sang mitt schmertzen folgends Lied:
Ach, vnd ach, nun muß ich klagen,
　Daphnis, o du schönes Blut!
Ach, vnd ach, bin gar zerschlagen;
　Mir ist brochen Hertz, vnd Mut.

9.

Daphnis, o du schöner Knabe,
　Dapnis mir so lang bekandt,
Offt bey Mir du schnittest abe
　Ried, vnd Röhrlein allerhand.
Vil du deren hast verschlissen,
　Wan du spieltest deiner Heerd;
Seind im blasen vil zersplissen,
　Waren mehr dan Geldes werth.

10.

Offt bey Mir die Waide nahmen
　Deine Schäfflein Silberweis.
Offt zu Mir auch trincken kamen,
　Jn den Sommertagen heiß.
Wan dan spieltest deinen Schaffen,
　Vnd die Röhrlein bliesest an,

218

Gundten meine Wässer schlaffen,
    Wanckten von gewohnter baan.

11.

Auch die Wind sich gundten legen,
    Banden ihre Flügel ab,
Kaum den athem thäten regen,
    Wie dan offt gespüret hab.
Auch die Schaaff mitt lusten assen,
    Süsser wurden Laub, vnd Gras;
Ja des waidens offt vergassen,
    Deine Stimm wol süsser was.

12.

Auch die Vöglein kamen fliegen,
    Kam auch manche Nachtigal:
Deinem spielen (, wil nitt liegen)
    Hörten zu, mitt grosser zahl.
Sassen gegen deiner Geigen,
    Sassen gegen deinem Rohr,
Theten ihnen freundlich neigen
    Dan das Linck, dan Rechtes Ohr.

13.

Schöne Sonn du deinen Wagen
    Liessest in gar lindem lauff,
Wan bey reinen Sommertagen
    Dir nur Daphnis spielet auff.
Schöner Mon du deine Sternen
    Morgens führtest ab zu spät,
Wan auch Daphnis Dir von fehrnen
    Je zu Nachten spielen thät.

14.

Schöne Sonn, magst nunmehr trawren:
Daphnis dir nitt spielet mehr.

Daphnis ist von bösen Lauren
115   Hingeruckt, ohn widerkehr.
Schöner Mon, magst nunmehr klagen, (124ʳ)
Daphnis rastet in verhafft:
O der schweren Eisenkragen!
O der kalten Kettenkrafft!

15.

120 Mon, vnd Daphnis ihr allbeyden
Offt enthieltet euch von Schlaaff:
Kamet in gesellschafft waiden,
Du die Sternen, er die Schaaff.
Nitt hinführo wacht albeyden,
125   Schlaff, o matter Monet, schlaff:
Nie zusammen werdet waiden
Du die Sternen, er die Schaff.

16.

Ach ihr Schäfflein, wer nun hüten,
Wer euch solle treiben auff?
130 Hirten solcher Milt, vnd Güten [249]
Seind nitt also guten kauff.
O des Jung, vnd schönen Knaben!
Hirt, vnd Schützen gleichen gut;
Wer sol seinen Stecken haben?
135   Taschen, Horn, vnd Winterhut?

17.

Wer sol haben seinen Bogen?
Wer den Kocher? Pfeil, vnd Böltz?
Böltz mitt welchen vngelogen
Er nitt fehlet im gehöltz.
140 Wer sol haben seine Geigen?
Cither, Leyr, vnd Dulciàn? (124ᵛ)
Ach für trawren muß ich schweigen,
Ach Adè, müß fliessen gahn.

220

[42]
Ein gesang vber das ECCE HOMO nach der Geißlung vnd Krönung Christi.

1.

Schaw den Menschen, o du schnöde,
  Frech, vnd stoltze, böse Welt.
Ach nitt JESVM vollens töde,
  Schaw wie gar ist er mißstellt!
Schaw die Wunden sich entschliessen,
  Schaw der Safft herausser bricht;
Schaw die Rote Bächlein fliessen,
  Farben Leib, vnd Angesicht.

2.

Schaw den Menschen gar zergerbet,
  Gar mitt Ruten rissen auff:
Vil zu starck er ist geferbet;
  Purpur war zu guten kauff.
O der vil zu scharpffen Ruten!
  O was Wunden vberall!
Ach nun höret auff zu bluten
  Heisse Brünnlein ohne zahl.

3.

Schaw den Menschen, den die Liebe
  Vil zu starck am Hertzen brann:
Sie von Himmel ihn vertriebe,
  Nacket er zur Erden rann.
Er zun Menschen vnverdrossen
  Sprang von seinem gülden Saal,
Jhn die Menschen gar verstossen,
  Hassen, meiden vberall.

4.

Schaw den Menschen, der die Menschen
  Suchet ohne massen sehr:
Schaw den Menschen, den die Menschen
  Fliehen ohne widerkehr:
Ach wie brennet er von Liebe!
  Bleibet stäts gezündet an!
Jch für wunder mich ergibe,
  Kaum ich mehr gereden kan.

5.

Schaw den Menschen der vom Vatter
  Wurd geboren ewiglich,
Jch erzitter, vnd ertatter,
  Wan ich recht bedencke mich.
Gott von warem Gott geboren,
  Liecht von warem Liecht gezünd
Steht verspottet gleich den Thoren,
  Büsset lauter frembde Sünd.

6.

Schaw den Menschen der auß Nichten
  Erd, vnd Himmel schaffen thet:
Wunder thaten, vnd geschichten
  Kamen her, von seiner Red.
Nur mitt einem Wort alleine
  Schuff er alle Wunder groß,
Thier, vnd Menschen ich vermeine
  Sampt Geschöpffen Lebenloß.

7.

Schaw den Menschen, der auß Nichten
  Mon, vnd Sternen zündet an.
Er die Baanen thäte richten,
  Gleich die Sonn im Cirkel rann:
Gleich die reine Tag, vnd Nachten
  Mahlten allen Erdenkreiß,

Vnd von Ost, vnd Westen brachten
Braune Schatten, Straalen Weiß.

8.

Schaw den Menschen, der zun Wolcken
Hoch erhebet alle Meer,
Der auch alle Wind, vnd wolcken
Tummlet in den Lufften lär:
Der mitt seinen Straalen schrecket
Alles Feucht, vnd Trocken Land:
Schaw nun er in ängsten stecket,
Leidet Spott, vnd Narrentand

9.

Schaw den Menschen, den die Engel
Tieff gebogen betten an;
Schaw nun jhm die GalgenSchwengel,
Jhm die Schergen widerstahn.
Schimpflich habens ihn gekrönet;
Zeugets jener DörnenHut:
Ernstlich habens jhn verhönet;
Zeugens jene Straich, vnd Blut.

10.

Schaw den Menschen, schaw den waren
Spiegel der Dreyfältigkeit.
Alle Klarheit ist entfahren,
Aller Schein, vnd Herrlichkeit.
O wie vor so reine Fackel!
O wie reiner Augenbrand!
Jst nun worden voller Mackel,
Voller Spaichel, voller Schand.

11.

Schaw den Menschen, schaw den Brunnen
Aller Lust, vnd Lieblichkeit:

Schaw die Wässer seind entronnen,
  Alles voller Spaichel geit.
O wie vor so schöne Wangen!
  O wie vor so Lefftzen rein!
Alle Schönheit ist entgangen,
  Aller Glantz, vnd AugenSchein.

12.

Schaw den Menschen der vnschüldig
  Wird verdampt zum Galgentod.
O wie fridsam, vnd gedültig
  Leidet er die Wunden root!
Schaw den Menschen der von Haiden,
  Der von Juden wird veracht:
O wie spöttlich er von beyden
  Wird verwisen, vnd verlacht!

13.

Schaw den Menschen der zu Richten
  Kombt gewiß an jenem Tag.
Er dan alle Schuld, vnd Pflichten,
  Er wird hören alle klag.
Er die Todten wird erwecken,
  Jhn das Leben blasen ein;
Wird mitt ihrem Fleisch bedecken
  All, vnd iede MenschenBein.

14.

Er alßdan in Fewr, vnd Flammen
  Wird erseuffen alle Land,
Er die Sünder wird verdammen
  Ewig zu der HellenBrand.
O was heulen! o was klagen,
  Er wird haben da bereit!
Da noch disen schnöden Tagen,
  Brennet Fewr in Ewigkeit.

15.

O wir Arme Menschenkinder,
  Wie dan werden wir bestan?
Weil wir also schnöde Sünder
  Jhn so gar zergeißlet han?
Wir auch haben ihn gekrönet,
  Wir die Dörn gepresset ein,
Wir auch haben ihn verhönet,
  Jhm gesponnen alle Pein.

16.

JESV, wir zu deinen Füssen
  Werffen Arm, vnd Ancker ein:
Wir da deine Wunden grüssen;
  Hoffen, wir dan sicher sein.
Ach den Frieden vns doch schencke,
  O du Root gewaffnet Held!
Ach in deinem Blut versencke
  Sünd vnd Laster aller Welt.

17.

JESV, du für vns geboren,
  Du für vns gegeben dar,
Nitt laß sein an vns verlohren
  Deine Marter allegar.
Mach doch vns in zähren schwimmen,
  Mach doch vns mitt deinem Blut
Leschen deines Vatters Grimmen,
  Seinen Zorn, vnd Hertzenglut.

[43]
Ein Trawriges Gespräch
so Christus an dem Creutz
führet.

Eingang.

Da mitt Peinen gar vmbgeben,
 Schier in Tod gewicklet ein
That an seinem Balcken schweben
 JESVS der Geliebte mein,
Er noch beyde Lefftzen rühret,
 Beyde Lefftzen bleich, vnd fahl,
Er noch manche klagen führet,
 Weinet, seufftzet ohne zahl.
Ach ihr seine Lefftzen beyden,
 Beyde PurpurSchwesterlein,
Jhr noch wenig vor dem Leyden
 Waret wie CorallenStein.
Euch der Fahlbe Tod bestreichet,
 Ferbet euch mitt bleicher Noth;
Jhr nun keiner Purpur gleichet,
 Keinen ihr Corallen root.
Jhr zum reden euch thut regen,
 Seelig wer es hören köndt,
Wil nun beyder Ohren pflegen,
 Ob noch ettwas ich verstünd.
Kommet her, zu disem Stammen,
 Kommet alle Menschenkind,
Höret JESVM alle sammen,
 Er zu klagen starck beginnt.

IESVS spricht zu den
Nägeln.

Ach ihr Nägel
Stumpffe Kägel
 Soltet Jhr mich hefften an?

>   Jhr mich plagen?
>   Jhr durchschlagen?
>   Ach was hab ich Euch gethan?
>   Jch auß nichten alle waffen,   [257]
>   Eysen, Kupffer, Ertz, vnd Stahl.
>   Euch, vnd anders hab erschaffen,   (128ᵛ)
>   Alles Bergwerck, vnd Metal.
>   Ach wie waret ihr vergessen
>   Aller wolthat in gemein,
>   Ach wie waret ihr vermessen,
>   Mir zu geben solche pein?
>   Ach wie kondtet mich verwunden?
>   Euch was hab ich leydes than?
>   Ach wie gar zu lange Stunden
>   Jhr mich nunmehr haltet an?
>   Jhr mich ohne massen queelet,
>   Jhr mich aller schöpffet auß,
>   Jhr mir alle krässten stehlet,
>   Denck es nitt ohn starcken grauß.
>   Ach ihr vil zu rauche Nägel,
>   Ach der starcken Marter mein!
>   Meine Glieder zart, vnd haiggel
>   Jhr erfüllt mitt höchster pein.

>   Antwort der Nägel.

>   Ach vns armen! vns elenden!
>   Ach was haben Wir gethan?
>   JESV, wir vns hoch verpfenden,   [258]
>   Wir nitt waren schüldig dran.
>   Da wir zu den Händen kamen,
>   Da wir zu den Füssen dein;
>   Wir ein grausen warlich nahmen,
>   Wolten da nitt wülen ein.
>   Deinen Cörper halb erfroren
>   Deine zarte Füß, vnd Hend   (129ʳ)
>   Wir mitt nichten dörfften boren,
>   Hetten schon vns abgewend.

227

        Bald ein grober Eysen Flegel,
          Vber alle Flegel hart,
70   Trieb vns arme stumpffe Nägel
          Starck in deine Glieder zart.
        Ach was wurden wir gedrungen
          Als wir wolten widerstan?
        Wären schier in stück zersprungen,
75   Biß wir endlich müsten gan.
        Drumb nitt laß es vns entgelten,
          Wir es dir nitt haben than:
        JESV, thu den Hammer schelten,
          Thu den Hammer klagen an.

80   JESVS spricht zum   [259]
              Hammer.

        O du grober eysen Hammer,
          Soltest Du mich hefften an?
        Du mir schaffen solches Jammer?
85   Dir was hab ich immer than?
        Jch doch hab dein Lob vermehret
          War gen Dir so wol gesinnt
        Daß man freylich hoch verehret
          Dich in meiner Bibel find.
90   Dan mitt Dir ich hab verglichen
          Meine Red, vnd GottesWortt,
Ierem: 23.v.29. Hab dich herrlich außgestrichen
          An gar wol bekandtem ort.
        Wie dan kondtest mich beneyden?   (129ᵛ)
95   Mich an disen Balcken schlan?
        Wie dan halffest meinem Leyden?
          So dir Nichtes hab gethan.

          Antwort des Hammers.
        Ach mir armen, vnd elenden!
100   Ach was hab ich böses than?
        JESV, kan mich auch verpfenden,
          Jch nitt ware schüldig dran.

    Jch von Wesen, vnd Naturen   [260]
      Bin ein blosser Menschenknecht,
An Gestalten, vnd Figuren
      Vber alle massen schlecht.
Bin von grobem Holtz, vnd Eysen,
      Ohn discurs, vnd ohn verstand:
Laß mich führen, laß mich weisen
      Wer mich hebet in der Hand.
Jch mich selber nie mag regen,
      Noch zum schlagen heben auff,
Mich ein ander thät bewegen,
      Nahm die Nägel schluge drauff.
Er mitt kräfften, er thät schlagen,
      Er da führet alle Straich:
Mir es thate sehr mißhagen,
      Binn für schrecken worden bleich.
Gleich die warme Purpur spritzet,
      Mich in eylen ferbet root;
Jch vom heissen Safft erhitzet
      Wurd geweicht ab deiner noth.   (130ʳ)
Hab mich weiter nicht gerühret;
      Mich nitt wollest fahren an;
Schelte den, der mich geführet,
      Schelte nur den Zimmermann.

      JESVS spricht zum   [261]
          Zimmerman

O du freylich Eysenharter,
      Vngeschlachter Zimmerman:
Ach was brachtest mich zur Marter?
      Dir was hab ich leyds gethan?
Jch das Handwerck hab erhoben,
      Aller Handwerck vnveracht:
Da sampt meinem Vatter droben
      Wir die schöne Welt gemacht.
Erd, vnd Himmel, wir in zeiten
      Han gezimmert, vnd gebawt:

Selber thaten wirs bereiten,
   Habens keinem anvertrawt.
Auch auff Erden ich da niden
   Wehlet einen Zimmerman,
Den ich nahm vor all, vnd ieden
   Mir zu meinem Pfleger an.
Wer dan thäte dich verblenden?
   Wer dan hatte dich verruckt?
Da zu meinen Füß, vnd Henden
   Du den Hammer angedruckt.

Antwort des Zim-
mermans

Armer JESV Sohn des waren
   Erd- vnd Himmel-Zimmermans.
O nitt wollest mich befahren,
   Jch bin ohne schulden gantz.
Was ich thate wurd befohlen
   Von gelehrter Obrigkeit;
Mir in warheit deine quaalen
   Seind von hertzen selber leid.
Nitt verdencke mich so schlechten,
   Vngeschickten Zimmerman,
Ein so dumpffen, in den Rechten
   Vngelehrten vnderthan.
Ohne zweiffel deiner Thaten
   Hatt man dich gestellt zu Red,
Ehe man dich zum Creutz beraten;
   Ehe man dich verdammen thet.
Weil das Vrtheil nun gesprochen,
   Klag es meiner Obrigkeit:
Sie den Stecken han gebrochen,
   Da dan hole dir bescheid.

JESVS spricht zur Obrigkeit.

O du freylich vnbedachtsam,
   Vnbescheiden Obrigkeit!
Nur zu meinen Peinen wachtsam,
   Dir was that ich ie zu leid?
Jch dich alweg hab verehret,
   Dir mitt nichten widerstrebt,
Deine Satzung nie verkehret,
   Friedlich, vnd in ruh gelebt:
Jch bey deinen vnderthanen
   Bin gereiset auff, vnd ab:
Jch sie trewlich lieff ermahnen,
   Jch sie recht gelehret hab.
Jch den Blinden, ich den Lahmen
   Gabe wider Liecht, vnd Gang,
Jch sie tröstet, allesamen
   Schaw nun gibest mir den danck!

Antwort der Obrigkeit.

Da wolan du schöner Lehrer,
   Schöner Maister, vnd Prophet:
Da wolan du Landverkehrer,
   Gelt, es nu zum Nagel geht!
Doch nitt wollest Vns verklagen,
   Noch den handel messen zu,
Dan zum Leyden, wil man sagen
   Warest ia geboren du.
Weil dan ie zu deinem Leyden
   Deine Mutter dich gebar,
Schon gerechnet ohne Kreiden
   Schaw die Summ ist offenbahr.
Drumb es nur der Mutter klage,
   Klag es deiner Mutter frey
Nur die Sach mitt Jhr vertrage,
   Sie dir lasse springen bey.

JESVS spricht zur Mutter.

Mutter, Mutter, o von Hertzen
　Vilgeliebte Mutter mein!
O was Peinen, o was Schmertzen
　Mir beschleichen Marck, vnd Bein!
Ach wie kondtest mich gebären
　Jn so grosse quaal, vnd pein?
Warest du dan (: solt man schwären :)
　Lauter Stahl, vnd MarmerStein?
Ware dir dan ie geschnitten
　Hertz, vnd Mut, vnd Jngewaid
Nur von Felsen auß der mitten?
　Oder von Metall bereit?
Ach wie kondtest mich gebären
　Nur zu lauter pein, vnd quaal?
Ach wie kondtest mich ernehren,
　Geben mir die BrüstenStraal?
Ey was rucktest mich zum Leben?
　Mir was reichtest Fleisch, vnd Blut,
Da nur Creutz, vnd Leyden eben
　Mir solt werden zugemut?
Ey was brachtest mich zur Erden?
　Zu gemeinem Lufft vnd Liecht,
Da doch endlich ich solt werden
　Nur mitt Marter zugericht?

Antwort der Mutter.

O bedrangtes Hertz der Hertzen!
　O du zartes Mutterkind!
Wares Muster meiner Schmertzen!
　Mir das Blut zum hertzen rinnt.
O nitt wollest Mich verdencken,
　JESV, Mir zu vil geschicht;
So mich soltest weiter krencken,
　Mir das Hertz in stück zerbricht.

    Dan zu süssem Liecht, vnd Leben
       Jch dich hab geboren zwar,
    Doch von deinem Creutz beyneben
       Mir die Sach verborgen war.
245   Mir von Himmel kam geflogen
       Jn gemahltem Wolckenkleid,
    Gleich dem schönen Regenbogen
       Ein Gesandter mitt bescheid:
    Jch in meinem Leib empfangen
250   Solte wahren GottesSohn,
    Der in warheit wurd erlangen
       Dauid seines Vatters Thron.
    Wie dan kond mich sein erwehren?
       Wie der Bottschafft widerstan?
255   Noch so werthen Sohn gebären,
       Als man Mir gezeiget an?
    Ob villeicht nun Er gefehlet
       Der die Bottschafft mir gebracht,
    Jhm sol werden zugezehlet,
260   Jch nitt kommen in verdacht.

    JESVS spricht zum Bott-
   schaffter dem Engel Gabriel.

    O du sonsten wolgezogen,
       Gabriel du schöner Knab!
265   Ach wie dorfftest immer wogen,
       Was doch nie verdienet hab?
    Ach wie dorfftest Mich verkünden
       Zur Geburt, vnd MutterSchoos?
    Weil ich kommen ohne Sünden
270   Solt in diese Marter groß.
    Ach wie dorfftest mir bereiten,
       Eine solche sawre Baan?
    Die so peinlich solte leiten,
       Vnd gerad zur Marter gan?
275   Ach wie kondtest ohn erstummen
       Mich zum Leben melden an?

So man endlich wurd in Summen
 Mich an disen Balcken schlan?
Wer doch wolt es ie vermeinen
 O du schöner Gabriel,
Du zu meinen quaal, vnd peinen
 Wurdest eylen also schnell?
O der schönen Himmelknaben!
 O der trewen diener mein!
Die so fertig kamen traben, [268]
 Vnd mir halffen zu der pein.

Antwort des Engels.

O du könig hochbetrübet,
 Voller Schmertzen vberal!
JESV nichtes hab vervbet,
 Welches billig dir mißfall. (133ʳ)
Jch zu disem Liecht, vnd Leben
 Hab dich angekündet zwar:
Doch wer kondte widerstreben
 Weil es Mir befohlen war?
Hoch von Himmel thate senden
 Mich der Ewig Vatter dein;
Gleich vmgürtet ich die Lenden
 Tratt in lären Lufft hinein.
Kam zu deiner Mutter eben,
 Meldet Jhr in aller Still,
Mir als war in Mund gegeben,
 JESV deines Vatters Will.
Warlich auff gerechter Wage
 Muß ich ohne Schulden sein,
Du den Vatter selbest frage,
 Frage nur den Vatter dein.
Er zu meiner Ambassaden [269]
 Selber dichtet alle Wort,
Hieß mich gehn den schnurgeraden
 Nechsten Weg in Lufften fort.

234

JESVS spricht zum Vatter

Heli, Lama Sabactani,
    Vatter, liebster Vatter mein:
Heli, lama Sabactani,
    Schaw die Marter, Noth, vnd pein.
Schaw die Schaaren mich vmbgeben,
    Saugen meine Füß, vnd Hend:
Schaw die körnel ab den Reben
    Fliessen, waidlich auffgetrennt.
Schaw die Wilde Bären prassen,
    Sauffen meine Seel, vnd Blut,
Ach wie kondtest mich verlassen?
    Mich berauben deiner Hut?
Vatter, Vatter, ach warummen
    Liessest in so schwäres Creutz
Deinen eintzen Erben kommen?
    Vatter, Vatter, was bedeuts?
Solte dan wol ie gewesen
    Ein so strenger Vatter sein,
Der mitt also scharpffem Besen
    Seine kinder zäumet ein?
O wie schöne Vatters Liebe!
    O wie schönes Vatterstuck!
Der so werthen Sohn vertriebe,
    Vnd von Jhm sich wand zuruck.
Heli, lama sabactani,
    Solte dises rühmlich sein?
Heli lama sabactani
    Warlich, warlich Vatter nein.

Antwort des Himmlischen Vatters.

O Geliebter Sohn von Ehren,
    JESV vilgeliebtes kind,
Nur begeb dich deiner Zähren,
    Spare deinen SeufftzerWind.

   Dich zu gar nitt laß verstören
    Deine Schmertzen, deine Lieb:
350   Mich geduldig wollest hören;
    Sohn, ich Dir verlohren gib.
   Was nur sagest,
   Was nur klagest
    Auß gar hoch betrangtem geist,
   Dich nitt schönet,
   Klingt, noch tönet,
355   Wie dan Du doch selber weist.
   Du mitt grosser Lieb vmbgeben
    Gegen deine Menschenkind,
   Selber thatest immer schweben,
    Woltest auff die Welt geschwind.
360   Du mitt süsser Flamm gezündet
    Selber woltest auff die Welt,
   Meine Tempel wolgeründet
    Selber hast hindàn gestelt.
   Du mich selber hast getrieben,
365   Jch dich solte reysen lan.
   Vnd es einmahl ohn verschieben
    Lan auff Erden künden an.
   Gleich mitt also gutem wissen,
    Mitt gar wol bedachtem Sinn
370   Bist in eyffer außgerissen,
    Zu den Menschen zogen hinn.
   Jch zun offt- vnd offtermahlen
    Hab es alles vndersagt;
   Du zun offt- vnd offtermahlen
375   Es doch nahmest nitt in acht.
   Offt ich warnet, offt ermahnet,
    Sohn es Dir wird vbel gan;
   Was doch warnet, was ermanet
    Du mitt nichten hörtest an.
380   Jch von hertzen, ohne schertzen
    Rieffe, laß die Menschen stahn:

Du von hertzen, ohne schertzen
    Rieffest, wil zun Menschen gan.
Du von Liebe gar verblendet,
    Woltest bey den Menschen sein;
Schaw nun eben ist vollendet,
    Was ich offt gewendet ein.
Du die Menschen hast geliebet
    Ohne massen vil, zu vil.
Schaw die Liebe dir nun gibet
    Solchen Lohn, in solchem Spiel.
Deinen Menschen, deiner Liebe,
    Dir es selber schreibe zu;
Keine schulden Mir nitt gibe,
    So man dirs bezahlet nu.

JESVS spricht zun Menschen.

Höret, höret, so die strassen
    Wandert alle Menschenkind;
Höret, höret, ohne massen
    Mich die Liebe kräfftig brinnt:
Schawet, zehlet meine Wunden,
    Meine Striemen Rosenroot:
Jch von Flammen vberwunden,
    Lesch mich ab in kaltem Tod.
Jch mir selber thu den schaden,
    Trage selber alle schuld:
Selber Jch mich hab beladen
    Wil mich geben in gedult.
Jch von lauter Lieb gezogen,
    Ließ den Scepter, Thron, vnd Cron,
Zu der Erden thät mich wogen,
    Wurde meiner Mutter Sohn.
Mir ich selbest hab zu klagen
    Meine Schmertzen, meine Pein:
Mir nur wollets helffen tragen,
    O geliebte Menschen mein.

           Höret, höret mein begeren,
             Höret meine letzte bitt,
420   Jhr mich deren wolt gewehren,
             Noch versagens nimmer nitt.
           Weil die Liebe mich getrieben
             Álso weit in disen Stand,
           Jhr hinwider mich zu lieben
425   Wöllet fassen in verstand.
           Meine Liebe, meine Flammen,
             Vnd Begierden vngehewr
           Messet ab, an disem Stammen,
             Disem Creutz, vnd Marter theur.
430   Jhr an disem Balcken findet
             Meiner Flammen rechte Maaß,
           Da die Liebe mich noch bindet
             Auch mitt eysen hafften bas.
           Nur hinwider, nur mich liebet,
435   O ihr harte Marmerstein!
           Arme Sünder, nitt verschiebet;
             Wil alßdan zu friden seyn.
           Meine Marter, meine quaalen,
             O geliebte Menschenkind,
440   Jch gedenck dan allzumahlen
             Schlagen hinn in Luft, vnd wind.
           Nur bey disem Creutz, vnd Fahnen
             Euch zur Liebe stellet ein;
           Liebet, Liebet; Euch ermahnen
445   Meine Wunden, meine Pein.
           Liebet, Liebet, Jch zur Letzen
             Euch zuletzt ersuchen thu,
           Lieb mitt Liebe thut ersetzen
             Mir die Lefftzen fallen zu.
450   Schawet, schawet, ich von Leyden
             Werde Seel- vnd kräfftenlos,
           Vatter, Vatter, laß verscheiden
             Meinen Geist in deine Schoos.

[44]
Klag- vnd trawrgesang der Mutter JESV, vber den tod ihres Sohns vnder der Person des jungen Hirten Daphnis.

1.

Da zu Grabe, Daphnis lage,
 Daphnis hoch berümbtes kind,
Hört man seiner Mutter klage;
 Schlaffen waren Lufft, vnd Wind.
Erd, vnd Himmel schwartz benachtet,
 Stunden in gar braunem kleid,
Sonn für schmertzen war verschmachtet, (136ᵛ)
 Mon, vnd Sternen trugen Leyd.

2.

Ach ihr schöne Mon, vnd Sternen,
 Gülden flämmlein, gülden Schein,
Gülden Oepffel, gülden kernen, [276]
 Gülden Perll, vnd EdelStein.
Ach ihr gelbe gülden Liechter,
 Die betrübte Mutter sprach,
Ach ihr gülden Angesichter,
 Trawret meinem Daphnis nach.

3.

Ach nur weinet, Vnd nitt scheinet,
 Klaget mein so schönes kind;
Ach nitt scheinet, ach nur weinet,
 Vnd euch weinet sauber blind.
Daphnis hochberümter knabe
 Ward in wildem Wald ermordt,
Da mitt seinem HirtenStabe
 Daphnis kam der frembden ortt.

239

4.

Daphnis saß auff grüner Heyden,
  Sah nur Eins der Schäfflein sein
Von gemeinem hauffen scheiden,
  Vnd zur Wüsten lauffen ein.
Daphnis nimmer lang verweilet,
  Auch zur wilden wüsten rann;
Nach dem Schäfflein waidlich eylet,
  Jhn die Lieb wol hefftig brann.

5.

Kaum nun Daphnis hett gefunden
  Woll gesuchtes Thierlein zart,
Er von Bären, Wölff, vnd Hunden
  Gleich im Wald vmgeben ward:
Sie da spannten ihre Rachen,
  Gegen meinem schönen kind;
Wie die ungehewre Drachen,
  Jhn zu morden gantz gesinnt.

6.

Rissen seine Füß, vnd Hände
  Weisser als das Helffenbein,
Rissen seine Seit behende,
  Schlugen Zähn, vnd Tappen ein.
Zogen Jhn durch Dörn, vnd Hecken,
  Scharpff, vnd spitz, vnd abgelaubt,
Da die Zacken blieben stecken,
  Vnd verwundten Stirn, vnd haupt.

7.

Ach ihr wilde wölff, vnd Bären,
  Ach ihr wilde Tigerthier!
Er in Blut, vnd ich in Zähren,
  Sohn, vnd Mutter watten schier.
Ach was viler angst, vnd Schmertzen,
  Jhr da brachtet meinem kind!

O der Staahl- vnd Eysenhertzen!
   Staahl, vnd Eysen waicher sind.

8.

Ach nur schönet seiner Jahren,
   Schönet seiner gelben Haar;
Nitt so grausam thut verfahren,
   Ach nitt wütet also gar.
Nitt ihr Bären,
Wolt vermehren
   Sein, vnd meine Marter gros,
Mich wolt lassen
Jhn vmbfassen,
   Nehmen Jhn in Mutterschos.

9.

Ja mich reisset,
Mich zerspleisset,
   Mich mitt wunden füllet an:
Mich zernaget,
Mich zerplaget,
   Nur den Jüngling lasset gan.
Mich mitt zähnen
Thut zerdänen;
   Sparet meinen knaben zart:
Mich mitt Klawen
Kompt zerhawen;
   Nur doch schönet iener part.

10.

Ach wie kondet ihr behalten
   Ein so schnödes wesen wild?
Da so freundlich von gestalten
   Jhr gesehn so schönes Bild?
Ach wie waret ihr gebliben
   Von Naturen eben wild?

Noch den Knaben gund zu lieben?
Noch auch wurdet zahm, vnd milt?

11.

Warlich Jhr von Sinn entführet,
Warlich waret ihr verblend;
Da mitt Zähnen ihr berühret
Seine Seiten, Füß, vnd Hend.
Ach nur hettet ihr den Knaben
Recht mitt augen schawet an,
Würdet seiner schönet haben,
Jhn wol hettet bleiben lan.

12.

O du bleicher Tod im gleichen,
Warest ohne zweiffel Blind,
Da du kamest zu beschleichen,
Ein so wunder liebes kind.
Sonsten Er mitt süssen Strolen,
Er mitt süssem Augenblick
Dir das Hertz hett abgestohlen,
Hett verzehret deine Strick.

13.

Schöner Daphnis, du mein eigen
Einigs blut, vnd ingewaid:
Schaw nun Erd, vnd Himmel schweigen,
Hören meines hertzen Leyd.
Dich zu Nachten, dich zu Tage
Lauff ich klagen vberall:
Dich zu Nachten, dich zu tage
Klaget Schall, vnd Widerschal.

14.

Schöner Daphnis, meine Schmertzen
Nitt noch wären also gros,

Wan dich küssen, helsen, hertzen
    Jch gemöcht in meiner Schoos:
Wan bey deinen letzten Krefften,
    Jch gemögt an letzter stund
Dir die letzte Bäcklein hefften
    An die süsse Wangen rund.

15.

Ach nur wäre mir erlaubet,
    Zu gemelter herben Stund,
Jch doch Einen kuß geraubet
    Hett von deinen Lefftzen wund.
Jch zu Mir hett angezogen
    Deinen letzten athem lind,
Jch in Mich hett eingesogen
    Deinen letzten SeelenWind.

16.

Jch dan mitt hinzugenahtem
    Gantzen Hertz, vnd Seelen mein,
Meinen frisch, vnd newen athem
    Hette dir geblasen ein.
Du den meinen,
Jch den deinen
    Hetten wir gewechslet ab;   (139ʳ)
Weren beyden
Vngescheyden
    Blieben bey dem HirtenStab.

17.   [281]

Ach du runder Mon, vnd Sternen,
    Runde Flämlein, rundes Fewr,
Ach nun schawet her von fehrnen
    Meine Schmertzen vngehewr
Jch in Felden,
Jch in Wälden
    Ruffe meinem zarten Kind;

243

Doch in Felden,
Noch in Wälden
 Nirget meinen Knaben find.

18.

Jch in Weinen,
Jch in Peinen
 Schleisse Nacht- vnd TagesZeit;
Doch an Weinen,
Noch an Peinen
 Sich zerschleisset noth, noch leyd.
Mich der Monet, Mich die Sternen
 Mitt betrübnüß hören an:
Doch noch Monet, noch die Sternen,
 Noch mich iemand trösten kan.

[45]
Ein klägliches Hirtengesang darin zween Hirten, Damon, vnd Halton den tod Christi vnder der Person des Hirten Daphnis, weitleuffig betrawren.

Seind Trochäische Verß wie droben.

Eingang.

Newlich auff die Wisen kamen
 Damon, Halton, Hirten beyd:
Reymten süßlich beyd zusamen,
 Waren voller Trawrigkeit.
Damon auff der Leyren leyret,
 Vnd gar trawrig spielet vor:
Drauff dan Halton auch nitt feyret,
 Bließ auff einem holen Rohr.

Der Hirt Damon.

Schönes Frewlein, Stimm der Wälden,
   Wolberedte Nachtigal,
Nitt von Waffen, noch von Helden,
   Schleisse deinen Sommerschall.
Nur von Daphnis wollest klingen;
   Schaw nun Daphnis ligt zu grab:
Lasset seinen Sarck vmringen
   Klagen jenen schönen Knab.

Der Hirt Halton.

Ja fahr hinn in Lufft geschwinde,
   Fahr in Lufft o Nachtigal:
Vnd in aller Welt verkünde,
   Daphnis lige bleich, vnd fahl.
Ruff zum Grabe, ruff zusamen
   Groß, vnd kleines Federvieh,
Was von Vögel, Wild, vnd Zahmen
   Sich der Stimm gebrauchet ie.

Der Damon.

Ja schon dorten kompt gefahren
   Dorten ein gemahlte Wolck,
Seind in warheit FlügelSchaaren:
   Wilkom schönes Federvolck;
Eben Jhr bey zeiten kommen,
   Flieget her, zu disem Stein,
Euch zur Leich nun setzt herummen,
   Trawret, klaget in gemein.

Der Hirt Halton.

Nur den schönen Daphnis trawret,
   Daphnis hie vergraben ligt:
Daphnis ligt in Stein vermawret,
   Daphnis nunmehr spielet nicht.
Eia lasset euch bedingen,
   Groß, vnd kleine Vögelein;

Eia thut von hertzen klingen
Lauter trübe Liedelein

Der Hirt Damon.

Schaw nun ihre Zungen wetzen
Groß, vnd kleine Vögelein:
Schon zur Leich hervmb sich setzen,
Legen ihre Flügel ein.
Sie den schönen Daphnis klagen,
Klagen Jhn gar trawriglich:
Sie nun Leyd von hertzen tragen,
Weinen, seufftzen inniglich

Der Halton.

Schaw die Marmerweisse Schwanen
Schon auch schmeltzen ihren Schnee:
Schmeltzen ihn in lauter Thranen,
Zeigen grosses Hertzenwee.
Schon sie fast in Zähren schwimmen,
Werdens nimmer machen lang,
Heben ihre letzte Stimmen;
O wie reines trawrgesang!

Der Hirt Damon.

Daphnis, o du Cron der Hirten
Daphnis du so schönes Blut!
Dich die beste Sitten zierten,
Warest voller Tugend gut.
Ach wer brachte dich zum grabe?
Wer so Staahl- vnd Eysenhart,
Je doch dorffte brechen abe
Solches Blümlein, solcher art?

Der Halton.

Klaget Jhn ihr Flüß, vnd Brunnen,
Klaget Jhn ihr Bächlein klar:

>
> Klaget Jhn, bey Mon, vnd Sonnen,
> Heimlich, vnd auch offenbahr:
> Klaget Jhn, ihr Feld, vnd Wisen,
> Stein, vnd Felsen, Berg, vnd Thal,
> So von Hirten vnderwisen
> Fertig seyd zum Widerschal.
>
> ### Der Damon.
>
> Wer nach Jhm wil nunmehr brauchen
> Seine Leyr, vnd Dulciàn?
> Wer nach Jhm so lieblich hauchen
> Vnd die Pfeifflein blasen an?
> Pfeifflein, da noch seine Bäcklein,
> Ruch, vnd Athem kleben an?
> Ründer als die PurpurSchnecklein;
> Gnug sie niemand loben kan.
>
> ### Der Hirt Halton.
>
> Wer wird seine Schäfflein waiden?
> Wer sie führen auß, vnd ein?
> Wer von Bintzen, vnd von Weyden
> Flechten schöne Körbelein?
> Wer vns auch die krancken heylen,
> Wer die Völcker taub, vnd blind?
> So von vilen Land, vnd Meilen
> Täglich zugeloffen sind?
>
> ### Der Hirt Damon.
>
> Ach ihr Schäfflein, ach ihr zahme,
> Weiß, vnd reine WüllenZunfft!
> Wan zun Felden Daphnis kame,
> Wir vns frewten seiner kunfft.
> Was dan ware kranck, vnd reudich
> Er dan heylet gleicher hand;
> Da war alles frisch, vnd frewdig,
> Frisch war auch der Sonnenbrand.

Der Halton.

Wan zum Felde Daphnis kame,
  Waid, vnd Heerd in frewden war:
Auch ihr alle schwach, vnd lahme,
  Lieffet Jhm entgegen dar.
Ach wie trawrig Jhr nun klaget?
  Suchet ihn mitt hertzenleÿd?
Kaum nun ihr die kräuter naget
  Kaum euch schmecket gras, vnd waid.

Der Damon.

Wan zum Felde Daphnis kame,
  Er gar lieblich spielet auff:
Er der Sonnen offt benahme
  Vil zu starcken ihren lauff.
Er mitt Harpffen, er mitt Leyren
  Hielt die Sonn, vnd Himmel an,
Lufft, vnd Wetter thäten feyren,
  Wind, vnd Regen blieben stahn.

Halton.

Wan zum Felde Daphnis kame
  Morgen zeitlich, Abend späth,
Gleich mitt seinem BlumenKrame
  Sich das Erdreich zeigen thät:
Schöner wurden alle Waiden,
  Süsser wurden Kräut, vnd Gras,
Vnd auch weicher als die Seyden,
  Wo nur Daphnis nider saß.

Damon.

Daphnis auff die beste Wisen
  Führet seine Lämmerlein:
Dan zu jenen, dan zu disen
  Lindberauschten Wässerlein.
Er dan durch die Bächlein wadet,
  Wusch die weisse Lämmerlein,

150 Er sie saubert, er sie badet,
　　　Sampt den weissen Mütterlein.

Halton.

Daphnis mercket nur ein Eintzig
　　Schäfflein dorten irrend gan;
155 Gleich verließ er Neun vnd Neintzig,
　　Nahm sich nur des Einen an:
Trug es wider zu der Heerden,
　　Vnd für lauter frewden sprang:
Ladet seine Mittgeferdten,
160 　　Spielte daß es weit erklang.

Der Hirt Damon.

Schaw nun Lufft, vnd Wetter trawren
　　Daphnis nu nitt spilet mehr.
O der vilen Regenschawren!
165 　　Schaw die Wolcken weinen sehr.
Ach die Sonn sich gar verbirget!
　　Läscht in zähren alles Liecht,
Weil den Daphnis sie nu nirget
　　Auff dem Feld, vnd Wisen sicht.

170 #### Der Halton.

Schaw die schöne Wisen trawren,
　　Suchen jhren schönen Hirt.
Gras, vnd Kräuter gar versauren,
　　Saur vnd bitter alles wird.
175 Groß, vnd kleines Vieh zusamen
　　Dranck, noch Speise nehmen kan:
Sie zur waiden weinend kamen,
　　Kraut, noch Brunnen rührtens an.

Damon.

180 Ach nur graset, ach nur Weidet,
　　Jch sie dück vermanen thu,

Nitt so sauber euch beleydet,
  Graset, weidet, greiffet zu:
Sie doch ie mitt nichten weiden,
  Jch vergebens mahnen thu:
Sie sich dennoch gar beleyden,
  Noch kein härlein greiffen zu.

Der Hirt Halton.

Meine Schäfflein, meine Geissen
  Warlich seind betrübnüs vol:
Ligend ihre zeit verschleissen,
  Lassen Bauch, vnd Magen hol.
Jch zum waiden, ich zum grasen
  Offtermahlen sie vermahn,
Doch die Waid, vnd grüne Wasen
  Bleiben vnberühret stan.

Der Damon.

Schaw die grosse Flüß, vnd Wässer,
  Schaw die kleinest Äderlein
Nunmehr wainend fliessen besser;
  Doch zun Klufften lauffens ein.
Sie die schöne Sonn vermeyden,
  Hassen Liecht, vnd hellen Tag,
Vnd bedeckt mitt dörn, vnd weyden
  Führen stätes Leyd, vnd klag.

Der Halton.

Schaw die feist, vnd grüne Bletter,
  Grüne Näst, vnd grüne Zweig,
Bey so trübem TodtenWetter
  Schon auch werden welck, vnd bleich.
Grüner Safft ist ihnn entgangen,
  Seind wie trockner ErdenStaub,
Kaum an Bäumen bebend hangen,
  Bebend wie das Espenlaub.

250

Damon.

Sich die Blümlein nidersencken,
　Seind so gar, vnd gar entferbt:
Tod zur Erden sie sich lencken,
　Sie das Wetter hatt gesterbt.
Sie das ihrig haben zahlet,
　Da nun ligens vngezehlt,
Ach wie stundens vor gemahlet!
　Ach wie ligens ietzt verstellt!

Der Hirt Halton.

Schon auch sterben Feld, vnd Wisen,
　Gras, vnd kräuter ohne zahl;
Schon von Bäumen kompt gerisen
　Starcke meng der Bletter fahl.
Nacket schon in Lufften schiffen
　Manche Linden kaal, vnd bloos:
Blösse zeitlich hatt begriffen
　Eych, vnd Buchen lauberlos.

Der Damon.

Auch die Bäum sich weinend zeigen,
　Weinend mancher Stamm, vnd Nast;
Weinend sie sich nider neigen,
　Nur mitt lauter Leyd belast.
Sie zu thränen gar verkehren
　Allen ihren grünen Safft,
Drum nur Gumm, vnd gelbe Zähren
　Aussen auff den Rinden hafft.

Der Halton.

Daphnis, wan ich dein gedencke,
　Deiner quaalen, deiner noth,
Jch mich matt zur Erden lencke,
　Thranen werden meine Brot:
Mir die thränen immer lauffen,
　Werden meine Speiß, vnd Tranck:

Mir in thränen gar ersauffen
    Manches lied, vnd trawrgesang.

Der Hirt Damon.

Was nun wil man weiter klagen,
    Halton, liebster mittgespan?
Jch die Geigen wil zerschlagen;
    Schier ich nimmer streichen kan,
Schaw der Abend kompt mit hauffen,
    Laß die Schäfflein kehren heim:
Laß auch deine Ried verschnauffen,
    Laß verschnauffen meine Reym.

Halton.

Schaw nun eben mir zerspleissen
    Meine Pfeifflein, meine Ried.
Wil sie nunmehr gar zerschmeissen;
    Ach adè betrübtes Lied.
Heim ihr meine Weisse Kinder,
    Heim ihr meine Lämmerlein,
Heim ihr Schäfflein, trett geschwinder,
    Schwartze stunden fallen ein.

Beschluß.

Also damahls trawrig sangen
    Damon, Halton, Hirten beyd;
Mon, vnd Sternen kamen gangen,
    War auch ihnen eben leyd:
Weinet, meine Sternen, wainet,
    Weinet, sprach der fahlbe Mon
Wer doch hett es ie vermeinet?
    Daphnis müst zu grabe gohn.

[46]
Eine Christliche Seel
singet von dem Creutz
vnd Wunden Christi.

1.

Manche stunden
JESV wunden
   Jch mir setz ob augen mein.
Thu mich wenden
Zu den henden,
   Zu der Seit, vnd Füssen sein.
O du bester,
CreutzBaläster!
   Jch dan ruff in aller eyl.
O zur stunde,
Mich verwunde,
   Schieß herab die Nägelkeil.

2.

Mich gesunden
Ohne wunden
   Laß mitt nichten dannen gan.
Recht nur zörne,
Mir die Dörne,
   Lantz, vnd Nägel werff hinan.
Mich nur queele,
Nitt verfehle
   Meiner Hende, Füß, vnd Seit:
O mich kröne,
Nitt verschöne:
   Wil mitt JESV tragen leyd.

3.

Keine Beissel,
Keine Meissel,
   Keine Staahl- noch Eysenspitz

Meinen glieder
Hoch, noch nider
　Werden geben solche schlitz,
Als die Nägel
Stumpfe Kägel,
　Lantzen, Geissel, Scorpion
Han zergerbet,
Vnd zerkerbet
　Jhn, den waren GottesSohn.

4.

Seine quaalen,
Jch zumahlen
　Fleissig hab in stäter hut:
O elende,
Füß, vnd Hende
　Seit, vnd cörper voller blut!
Reichlich schweissen,
Scheinbar gleissen　　　　　　　(145ᵛ)
　Alle Wunden, alle Straich;
Schaw nun fliesset,
Vnd sich giesset
　Purpur, vber Marmer bleich.

5.

Auß der Seiten,
Lan sich leiten
　Rote Straalen, wie Coral:
Auß der Seiten,
Lan sich leiten
　Weisse Wässer, wie Crystal.
O du reines,
Hübsch, vnd feines
　Bächlein von Corall, vnd Glaß!
Nitt noch weiche,　　　　　　　[294]
Nitt entschleiche,
　O Rubin- vnd Perlengaß.

6.

Ach verweile,
Nitt noch eyle,
  Wil nun hie mich setzen bey;
Wil da baden
Meinen Schaden
  Ob er schon veraltet sey.
Kräfftigs Pflaster
Meinem Laster
  Will ich dorten salben drauß
Wil dan grunden
Tieff zun Sünden,
  Sie von jnnen waschen auß.

7.

Bey den Füssen,
Wil ich büssen,
  Vnd auß meinen augen beyd
Wol sie netzen,
Vnd ersetzen
  Was von blut herausser geit.
Wil mitt zähren
Widerkehren,
  Gleich als vil entfliessen wird,
Vnd mitt sattem
Guß erstatten,
  Was von Purpur da *vergirt

8.

Doch ihr Brunnen,
Wolberonnen,
  Schon beschenckt ist Erd, vnd gras:
Ach verschnauffet,
Nitt so lauffet,
  Nitt so giret ohne maaß.

---

* Der Wein giret wan er hebet.

>
> Schon an Laugen
> Meiner Augen,
>   Schon an Zähren mirs gebrist;
> Thut euch stillen,
> Wer kan füllen,
>   Was bereit verflossen ist?
>
> 9.
>
> Zu den Henden
> Wil ich senden
>   Hundert tausend Seufftzer lind,
> Sie durchwülen,
> Vnd erkühlen
>   Mitt so lindem HertzenWind.
> Mitt so linden
> HertzenWinden
>   Wil ich trucknen allen Schweiß,
> Wil die Masen
> All durchblasen,
>   Kühlen alle Wunden heiß.
>
> 10.
>
> Doch zurstunden,
> Auch lig vnden,
>   Jch zu wenig Seufftzer find;
> Bin von Wunden
> Vberwunden,
>   Mir gebrichts an HertzenWind.
> Häuffigs winden
> Macht mich schwinden,
>   Kaum ich mehr den Athem hab,
> Seufftzen, weinen,
> O der peinen!
>   Mich noch bringen gar ins grab.

11.

In der Cronen,
Dacht zu wohnen,
  Mein so gar bedrangtes Hertz;
Dort in Hecken,
Sich verstecken,
  Sich bezäunen allerwerts.
Jn den spitzen
Dörnen sitzen,
  Schon es auch ein zeitlang blieb,
Thät sich freyen,
Vor dem Weyhen,
  Vor dem schnöden Seelendieb.

12.

Doch nun wider
Bald hernider
  Zu der holen Seit begerts,
Wil sich setzen,
Vnd ergetzen,
  JESV, neben deinem Hertz.
Es nun dorten,
Jene pforten,
  Jene Rote Seitenthur,
Wil verwaren,
Sich nitt sparen,
  Da die Schildwacht halten für.

13.

O du runde
SeitenWunde!
  Reich, vnd edler HertzenKast!
Bey dir sterben,
Vnd erwerben
  Hofft es waren Fried, vnd Rast.
Da laß walten,
Vnd laß schalten;
  Da nun laß es haben platz:

Laß es wachen,
Vnd auch machen
 Da sein Bettlein, vnd Madratz.

14.

Bey der Seiten,
Seine Zeiten
 Wird es wachen ohn verdruß:
Bey der Seiten,
Seine Zeiten
 Auch es wider schlaaffen muß.
Bey der Seiten,
Seine Zeiten
 Singen, vnd es klingen wil:
Bey der Seiten,
Seine Zeiten
 Auch es wider schweigen still.

15.

Drumb auß Liebe,
Nun ich gibe,
 JESV, Dir es eigen gantz.
Jhm wil schaffen
Deine Waffen,
 Deine Nägel, deine Lantz.
Darmitt streiten
Vor der Seiten
 Wird es gen die Laster sein,
Biß mans leite
Von der Seite
 Zu den Außerwehlten Dein.

[47]
Ecloga oder Hirtengesang
von Christo dem gekreutzig-
ten, vnder der person des
Hirten Daphnis, vnd bey
gleichnüß eines jungen Wilds.

Eingang.

Pferd, vnd wagen
New beschlagen
  Als die Sonn heut spannet an,
Vnd mitt Rossen
Vnverdrossen
  Reiset ihr Crystallen Baan;
Jch spatziren,
Gieng nach Thieren,
  Dort in ienen grünen Wald,
Trug den Bogen
Auffgezogen
  Schoß ein Reechlein wolgestalt.

2.

Griff zum Degen,
Wolts entlegen,
  Hiengs an einen Eichen baum,
Gleich zur stunden
Von der wunden
  Rann herab der PurpurSchaum.
Bald Palaemon,
Vnd Phidaemon,
  Meine beyde Mittgespan,
Kamen gangen,
Schawtens hangen:
  Sich beseyten stelten dran.

3.

O Palaemon,
O Phidaemon,
  Dises Hinnlein dessen sey,
Wer mitt geigen,
Sich wird zeigen,
  Vnd am besten streichen frey.
Drumb die Geigen
Thut besteigen,
  Greiffet ihr den gelben Kamm,
Vnd mitt Bogen
Glatt gezogen
  Preßt herauß den hönigsaam.

4.

Gleich ohn wancken,
Sie zun Schrancken
  Tretten mütig auff die Baan,
Sich bewerben,
Redlich kerben,
  Vnd die Saiten schneiden an:
Ey last hören, (149ʳ)
Keins verstören;
  Erstens der Palaemon geigt;
Bald im gleichen, [299]
Nach dem zeichen,
  Auch darauff Phidaemon streicht.

Der Hirt Palaemon

Schöner bossen!
Wer hat schossen,
  Dieses Reech, mitt frechem mut?
Wer mogt streben
Nach dem leben,
  Einem also Jungen Blut?

    Ach wer Bogen
    Dorfft es wogen?
      Welcher Pfeil war also krauß,
    Der so kleines,
    Vnd so reines
      Thierlein dorffte trincken auß?

        Der Hirt Phidaemon.

    O was Beute?
    Wer hatt heute,
      Wer hatt also frech, vnd stoltz
    Die beschlossen
    Senn entlossen,
      Vnd entricht so scharpffen boltz?
    Ach die Senne
    Gleich zertrenne,
      Gleich den Bogen werff zu Fewr,
    Pfeil, vnd Kocher   (149ᵛ)
    Werff hernocher,
      O du WildSchütz vngehewr!

        Palaemon.

    Armes Kitzlein!
    Frommes Hitzlein!
      Mir nun Daphis kompt in Sinn.
    O wie newlich,
    Also grewlich
      Daphnis ist gerichtet hinn!
    Jhn betrawren,
    Jhn bedawren
      Mich ermahnet deine Wund: [300]
    Wers betrachtet,
    Wers erachtet,
      Fallen ihm die Thränen rund

Phidaemon.

An dir scheinen
Daphnis peinen,
   O du schwach, vnd kranckes Reeh!
Jch nun dencke
Seiner Krencke,
   Weil ich Dich verwundet seh.
O wie newlich
Gar abschewlich
   Daphnis ist gehencket auff!
Sehr michs rühret,
Vnd entschnüret,
   Schier in Zähren ich ersauff.

Palaemon.

Du nun hangest,
Vnd erbangest
   Frommes Thierlein ohn betrug!
Zagest bebest
Kaum noch lebest.
   Ruckest zu dem letzten Zug.
Kaum dich regest,
Näwlich wegest,
   O der Wunden, Pein, vnd Schmertz!
Zwar von heissen
Purpurschweissen
   Mögten schmeltzen Stein, vnd Ertz.

Phidaemon.

Gleiche nöten
Dich auch todten,
   Daphnis O gekrönter Hirt,
Kaum dich hebest,
Kaum noch lebest.
   O mitt wunden wolgeziert!

Schaw die schmertzen
Meines Hertzen,
  Quaal, vnd Marter mich vmringt:
Wird es wehren,
Sag mitt zähren
  Mir das Hertz in stuck zerspringt.

Palaemon.

Schönes Böcklein,
Rotes Röcklein,
  Du bist Root von lauter Schweiß,
Root getrencket,
Wol beschencket
  Seind auch deine Zähnlein weiß.
Auch die Näste,
Rind, vnd Bäste
  Deiner Eichen sind erröt;
Rote Regen,
Thut euch legen,
  Sonsten Jhr das Thierlein tödt

Phidaemon.

Auch thut bluten
Daphnis Ruten,
  Dran man Jhn hatt auffgehenckt.
Creutz vnd Nägel,
Stumpffe Kägel
  Seind mitt tropffen wolbesprengt.
O was Regen,
Aller wegen!
  O was rote WundenGüß!
Daphnis eben
Jst vmgeben
  Nur mitt lauter PurpurFlüß.

Palaemon.

Halbes Hirschlein,
Rotes Kirschlein,
  Bist nun inn- vnd aussen root;
Doch dich weisset,
Vnd ietzt beisset
  Auch zugleich der Fahlbe Tod.
Krancker Hinnlein,
Dir das Kinnlein,
  Mund, vnd Lefftzen werden bleich,
O nun stirbest,
Nun verdirbest,
  O du schon so fahlbe Leich!

Phidaemon.

Auch thut sterben,
Sich entferben
  Daphnis dort an seinem Baum:
Thut erbleichen
Tods verweichen,
  O was matt- vnd fahlbe Pflaum!
Schon verblichen,
Schon entwichen,
  Schon ist vnser Daphnis hinn:
O der kalten,
Vnd zerspalten
  Augen, Lefftzen, Mund, vnd Kinn!

Palaemon.

Kompt nun zogen,
Kompt geflogen,
  Kompt nun her ihr Vögelein:
FederSchaaren,
Kompt gefahren,
  All so nur im Walde sein.

    Thut euch setzen,
    Trawrig schwetzen,
       Thut nun klagen allzugleich:
    Trawrig klingen,
    Vnd besingen
       Jhr nun sollet vnser Leich.

        Phidaemon.

    Her im gleichen
    Her zur Leichen,
       MenschenSeelen allerhand,
    Kompt zusammen,
    Her zum Stammen
       Dran man Daphnis auffgespannt.
    Da dan klaget,
    Heulet, zaget,
       Weinet starck ohn vnterlaß,
    Bleibet immer,
    Scheidet nimmer,
       Schleisset állweg dise Straaß

        Palaemon.

    Her schon fliegen
    Vnverschwigen
       Fromme Vöglein auß dem Wald:
    Lan sich dingen
    Zum besingen;
       Singen, daß es kläglich schallt.
    Jch für peinen
    Auch muß weinen,
       Zartes Hinnlein, sehr ich wein.
    Also säwrlich,
    Also däwrlich
       Müstest du besungen sein.

Phidaemon.

Auch der Frommen
Ettlich kommen
  Man, vnd Weib zu Daphnis Creutz;
Jhn bescheinen,
Süßlich weinen,
  Niemand frage was bedeuts?
Sie den Knaben
Wan begraben,
  Trucknen ab das Wundenblut,
Heben, legen,
Waschen, pflegen,
  Salben Jhn bey warmer glut.

Palaemon.

Mich gemahnen
Thut mitt Thranen
  Dises Wild an Daphnis Tod;
Wil nun dessen,
Nie vergessen;
  Sol nun sein mein tägligs brot.
Jch nun seinen
Tod beweinen
  Wil mitt dir Philaemon gleich,
Schwartz bekleiden
Last vns beyden
  Vnser vil zu gelbe Geig.

Phidaemon.

Schwartz bekleiden
Last auch beyden
  Vnser Harpffen, Zinck, vnd Ried,
Last zu mehren
Daphnis Ehren
  Spielen manches trawrig Lied.

       Last erholen
       Offtermahlen
          Leider so betrübten Schall,
    Vnd mitt machten
    Tieff erachten
       Seine Marter, Pein, vnd quaal.

              Beschluß.
    Álso strichen,
    Vnd nitt wichen
       Beyde Geiger in die Wett:
    Jch mitt nichten
    Kond entrichten,
       Wer es recht gewunnen hett.
    Drumb zur Gabe
    Nun doch habe,
       Sprach ich, diser, dises Reeh:
    Vnd zur Gabe
    Jener habe,
       Was dort waidet in dem klee.

                 2.
    Jst ein Lämmlein,
    Mütigs Hämmlein,
       Zart, vnd reines Wüllenkind:
    Glaub euch beyde
    Recht entscheide,
       Glaub ihr beyd zufrieden sind.
    Nun biß morgen
    Weil verborgen
       Sich die Sonn zu wasser helt,
    Euch zur Heyde
    Dan bescheide,
       Wider euch dan vnderstellt.

[48]
Ein hirtengesang darinn
zween hirten einer nach
dem andern mitt vnterschiedlichen Gleichnüssen den
gekreutzigten, vnd Aufferstehenden JESVM, vnder
der person des hirten
Daphnis Poëtisch bereymen.

Der hirt Halton hebet an.

Schöner Damon, zung der Hirten,
　Der auff deinem holen Halm,
Wan wir vnser Heerden schmierten,
　Hast erpfiffen manchen Palm. (153ᵛ)
Vns in Reymen lasset zwingen
　Daphnis Wunden Rosenroot,
Last in holem Thal erklingen
　Seine Marter, seinen Tod.

Der hirt Damon. [306]

Frommer Halton hochgepriesen,
　Der zum ersten Sommerglantz
Hast ergeiget auff den Wisen
　Manchen schmucken LorberCrantz,
Lasset ienes Creutz vmringen,
　Ehren den die Welt verspott;
Last von gantzem hertzen klingen
　Daphnis aller Hirten Gott.

Der Halton.
Weil ein Schäfflein vnbeschoren,
　Auß gemeiner WisenZucht,
Jn der Wüsten gieng verlohren,
　Es der Daphnis wider sucht.

Er im Felde mir begegnet,
    Trug es auff der Schulter sein:
War in warheit starck beregnet,
35 Voller Frewden, voller Pein.

Damon.

Daphnis war gar müd geloffen,
    Auch er Mir entgegen kam:
Wär im Regen schier ersoffen,
40 Leint an einen Eichen Stamm.
Er das Thierlein ie noch truge,
    Seufftzet manchen Seufftzer tieff;
Er gen Himmel d'Augen schluge,
    Ach mir helffet, helffet rieff.

45 #### Halton.

Als ich newlich auff der Reisen
    Ware worden müd, vnd matt,
Mich der Daphnis thate speisen;
    Vnd von Fruchten machet satt.
50 Stieg auf einen grünen Palmen,
    Warff der schönen Fruchten ab,
Sang zugleich wol Sieben Psalmen,
    Jch mitt lusten gessen hab.

Damon.

55 Als ich newlich auff der Reysen
    Wolt zum Weinhauß kehren ein,
Mich zur Herberg thät man weisen,
    Hieß zum Roten Lämmelein
Auff dem Schilde stund gemohlet
60 Daphnis in der Kelter sein.
Jeder dort zu trinken holet,
    O was Root, vnd guten Wein!

Halton.

Wan der Sommer wider kehret,
 Vnd klopfft an, an grüner thür,
Er mitt Blumen sich vermehret,
 Rote Rosen gan herfür:
Fünff der besten schon beyzeiten
 Daphnis hatt gebrochen ab,
Thut ein Schmücklein drauß bereiten, (154ᵛ) [308]
 Welches Vns in schwachheit lab.

Damon.

Daphnis deine Rote Rosen
 Werff ab deinem Creutz herab:
Wan die Welt mir lieb- wil kosen,
 Darff ich solcher Blumengab.
Daphnis deine rote Rosen,
 Dein so schöner BlumenStrauß
Allen krafft- vnd lebenlosen
 Hilfft, auß aller schwachheit auß.

Halton.

Wie der Sommer sich bestecket
 Mitt auch Kleinen Blümelein;
Also Daphnis sich bedecket
 Mitt auch kleinen Röselein.
Von der Schaitel zu den Füßen
 Sie da stehn in voller blut;
Ringsherumb den Lufft versüssen,
 Mitt geruch, vnd athem gut.

Damon.

Hinn, vnd wider auff den Wisen
 Alles voller Dörnen war:
Schäfflein, so nitt vnderwisen,
 Sich verletzten immerdar:
Daphnis liesse sichs erbarmen,
 Macht ein grosse Bürden drauß, [309]

Jhn die Liebe gund erwarmen,
   Trugs auff seinem Haupt herauß.

Halton.

Sich die Dörner han gerochen,
   Haben Jhn verwundet gantz:
Doch die Rosen er hatt brochen,
   Drauß gemacht ein EhrenCrantz.
Schaw nun Er nitt wenig pranget
   Mitt gedörnter BlumenCron:
Her, ihr Hirten, Jhn empfanget,
   Setzet Jhn auff hohen Thron.

Damon.

Newlich ab der heissen Sonnen,
   Jch den Straalen weichen must:
Gleich mich Daphnis führt zum Bronnen,
   War mir sonsten vnbewust.
Er auff einem Berge spritzet,
   Hieß mitt Namen Golgota;
Weil ich ware gar erhitzet
   Jch mich thät erkühlen da.

Halton.

Auch ich gar erschwachet ware,
   Lag an starckem Fieber kranck:
Jchs dem Daphnis offenbare,
   Der mir mischet einen Tranck:
Kaum ich Den hett angesetzet
   Kaum gebracht an meinen Mund,
Bin in aller Eyl ergetzet,
   Ja bin worden gantz gesund

Damon.

Ach nun höret, last euch sagen,
   Seht euch vor ihr Wandersleut:

Noch vor ettlich wenig tagen
Räuber machten starke Beut.
Daphnis reiset auch der orten,
Gleich die lose RäuberSchaar
Jhn beraubten, vnd ermordten,
Schlugen Jhn an Galgen dar.

Halton.

Wan wir vnser Heerden scheren,
Vnd entheben ihre Woll
Sie mitt nichten klagen, plären,
Bleiben ohn gemurr, vnd groll.
Also Daphnis wurd beraubet
Seiner Kleider, ohne Spraach:
Keinem Wörtlein Er erlaubet,
Dachte keiner heissen Raach.

Damon.

Wan der Vnbenandte Fresser,
Wan der Metzger vngeschlacht,
Der mitt Zähnen, der mitt Messer
Mir die Schäfflein wund gemacht, [311]
Sie dan gar gedüldig ligen;
Stil vertüschens ihre pein:
Also Daphnis auch verschwiegen
Litt den Tod, vnd Marter sein.

Halton.

Wie die breit gestreckte Falcken,
Hoch in weichem Wolckenland,
Also stund an seinem Balcken
Daphnis waidlich außgespannt. (156ʳ)
Er mitt beyden Füß, vnd Armen
Stund gestreckt in großer not.
Ach wen wolte nicht erbarmen,
Daphnis, dein gespannter Tod!

272

Damon.

Da die purpur MorgenStunde,
   Morgenröte wolbekandt,
Heut auß ihrem Beth erstunde,
   Drauff sich Tag, vnd Nacht getrennt,
Sie noch brauchet nitt bey weiten
   Ein so rotes Rosenkleid,
Als man thäte root bereiten,
   Daphnis, deine bleiche Seit.

Halton.

Auff ihr Hirten thut errahten
   Wer im Lufft genäglet auff
(O der vil zu frembden thaten!)
   Doch im tieffen Meer ersauff?
Daphnis voller purpurfarbe
   Voller Wunden, voller Schwer
Hoch zugleich am Galgen starbe,
   Starb zugleich im Roten Meer.

Damon.

Auff ihr Hirten, mir auch saget,
   Wer ertrinckt im vollen Meer,
Vnd doch seinen Durst beklaget,
   Sampt er Feuchte mehr beger?
Daphnis in den grösten peinen
   Doch noch wolte leiden mehr;
Rieff mitt seufftzen, vnd mitt weinen,
   Ach mich dürstet gar zu sehr!

Halton.

Lieber Damon, wil noch fragen,
   Wil dan geben auch bescheid:
Wer thut seine Pein beklagen,
   Vnd iedoch begierlich leydt?

	Daphnis muß für Vns bezahlen,
195	Beisset eine saure Kern:
	Vnd doch alle pein, vnd qualen
	Er von hertzen leydet gern.

Damon.

    Lieber Halton, diser tagen [313]
200   Sich begab ein wunder that:
    Wil hinfürter nie verzagen,
      Hör dan was es geben hatt:
    Mir von einem fahlben Drachen
      Wurd getöd ein Lämmlein zart;
205   Bald es wider gund zu lachen,
      Weil es wider lebend ward.

Halton.

    Lieber Damon, wer wil glauben,
      Was der tagen auch geschehn?
210   Einen schönen roten Trauben
      Jch mitt augen hab gesehn;
    Ware nunmehr außgepresset,
      Von bedingtem Kelterman:
    Er doch wider vnderdesset
215   Lieblich fieng zu blüen an.

Damon. (157ʳ)

    Lieber Halton, ich von einem
      Thewren Vogel hab gehört,
    Er an farben weichet keinem,
220   So man mich nitt hatt bethört
    Wan sich schon in liechter flammen
      Er zu lauter pulver brennt;
    Er iedoch auß liechter flammen
      Wider zu dem Leben wendt.

Halton.

Schöner Damon, deine Reymen
  Mir erfrischen mut, vnd blut:
Wil die Geigen süßlich kaimen,
  Vnd noch spielen eben gut.
Wil nitt weichen deiner pfeiffen,
  Deinem wolgestimmten Ried;
Wil noch manche Saiten greiffen,
  Ehe man Dir das Cräntzlein biet.

Damon.

Frommer Halton, deine Geigen
  Meinem Röhrlein weichet nicht:
Wöllest keinen Eyffer zeigen,
  Wir vns gleichen in Gedicht.
Keiner keinen soll beneyden,
  Beyden gleiches Lob gebürt;
Gleiches Cräntzlein allen beyden
  Ach soll werden eingeschnürt.

[49]
Hirtengesang, vber das
Creutz, vnd Aufferstehung
Christi, darinn was der eine
Hirt Damon genand von
seinem vorhaben vorspielet,
der ander Halton genand, alweg auff das Geistliche nachdeutet.

Eingang.

Heut ein Bächlein wolbeschwetzet
   Nahm die Flucht auß grünem Wald;
An den Steinlein sich verletzet,
   Hett mitt ihnen starcken Spalt:
Dan weils ihm nitt wolten weichen
   Auß so lützel feuchten Straaß,
Zornig thät es neben streichen,
   Murret starck ohn vnderlaß.

2.

Als nun dorten mich ergetzet,
   Tratt hinan ein Junger Hirt;
Sich zum Bächlein nidersetzet,
   Damon er genennet wird.
Bald sich auch hinzu gesellet
   Lycas, Halton, Marsilas:
Da ward Geig, vnd Leyr gestellet,
   Lächlen gündten laub, vnd gras.

3.

Damon, Halton, Jüngling beyde
   Sungen, klungen in die wett.
Weit mans höret auff der Heyde,
   Ach wers recht beschrieben hett!

　　　　Stumm die schöne Vöglein sassen,
　　　　　Saß auch stumm die Nachtigal:
　　　　Sie schier aller kunst vergassen,
　　　　　Da gab Damon solchen Schall.

　　　　Der Hirt Damon spielet vor.

　　　　Wan von heisser Sonn verwüstet
　　　　　Kält, vnd Winter ligen tod,
　　　　Man den Sommer wider grüsset,
　　　　　Wider bricht man Rosen root.
　　　　Thal, vnd Felder schön verblümet
　　　　　Grün sich wider legen an:
　　　　Weil ichs meinen Schäfflein rühmet,
　　　　　Woltens wider waiden gan.

　　　　Der Hirt Halton folget nach.

　　　　Wan die Sünder zeitlich büssen
　　　　　Vnd mitt ihrem HertzenEyß,
　　　　Sie sich neben JESV Füssen
　　　　　Legen zu den Wunden heiß:
　　　　Werdens wider bald entzündet,
　　　　　Wider leuchtet Sommerschein,
　　　　Heyl vns wider wird verkündet,
　　　　　Straff sich wider zäumet ein.

　　　　Der Damon.

　　　　Wan die Vöglein vmb, vnd vmmen,
　　　　　Hoch in weitem WolckenFeld,
　　　　Hinn, vnd her sich müd geschwummen,
　　　　　Suchens wider grüne Wäld.
　　　　Rasten auff den Aest, vnd Zweigen,
　　　　　Schöpffen wider Athem gut,
　　　　Trutz auch allen Pfeiff- vnd Geigen
　　　　　Machens einen frischen Mut.

Halton.

Wan die Seel sich müd geflogen,
   Auff, vnd ab in falscher Welt,
Endlich kompt sie wider zogen,
   Vnd sich zu dem Creutz gesellt.
JESV, JESV rüfft, vnd wainet,
   Nider zu der Erden felt,
Vnd an JESV wunden leinet,
   Biß das Hertz in ruh gestelt.

Damon.

Weil dan jene Vöglein singen,
   Wil die Schäfflein führen dar.
Auff, last euch zur Waiden bringen,
   Auff, du MarmerWeisse Schaar.
O wie frewdigs Feld, vnd Wisen!
   O wie zartes Laub, vnd Gras!
Wer wil schöners Leben kiesen?
   Weißlich ich der Stätt vergaß.

Halton.

Weil am Creutz ich friden finde,
   Zwar mitt nichten mich versaum:
Mich mitt beyden armen binde
   Manche Stund an disen Baum.
Sieben Liedlein hör ich klingen,
   Klingen süßlich vberall,
Niemands wird mich dannen bringen,
   Mir ist Wol bey solchem Schall.

Damon.

Schon ich längst in falschen Stetten
   War der Stein, vnd Gassen müd.
Lieff zum grünen, thät mich retten,
   Vnd ia nu der Schäfflein hüt.

O du reines Hirten Leben!
  Wer wil gnugsam loben dich?
Wil dich alweg hoch erheben,
  Wirst ia nie verlassen mich.

Halton.

Lang ich lieff auff deinen Gassen,
  O du schnöde Babylon!
Hab doch endlich dich verlassen,
  Nahm die Flucht, vnd sprang darvon
Gleich zum Creutz mich thät begeben,
  Dorten ich die Wunden küß,
Wil nu nirget lieber leben,
  Drinck pur lauter FrewdenFlüß

Damon.

Wan die weisse Schäfflein waiden,
  Jch mich leg an iener Eich:
Wan die schöne Sonn wil scheiden,
  Süß ich Jhr die Geigen streich:
O du Schöne, laß dir sagen,
  Schöne Tochter bleibe noch,
Schöne Sonn, halt auff den Wagen,
  Laß die Roß verschnauffen doch.

Halton.

Wan auch Jch die Welt vermeide,
  Zu dem Creutz mich setzen thu:
Ruff, o JESV, nitt verscheide,
  Nitt noch thu dein' äuglein zu:
Nitt noch weiche, nitt verfahre,
  Nitt noch wöllest vndergan;
Vns noch deine Straalen spare,
  Nur noch wenig bleibe stahn.

Damon.

125 Wan die Sonn hinvnder schwebet,
　　Vnd verachtet meine Reym,
Jhr der Wisen euch begebet,
　　Jhr dan, Schäfflein, dencket heym.
Schöne Sonn, Adè du Schöne;
130 　　Jch die Schäfflein führ nach hauß,
Nur vns Morgen wider fröne,
　　Wil dan wider treiben auß.

Halton.

JESV wares Liecht, vnd Fackel,
135 　　Schon verlierest allen Schein,
Wer mag dülden solch Spectakel?
　　Wer nach hauß nitt kehret ein?
Du nun, JESV, wilt verscheiden,
　　Sehr ist meinem hertzen wee:
140 Doch verkürtz vns vnser Leiden,
　　Dich daß bald man wider seh.

Damon.

Wan die feuchte Felsen weinen
　　Neben meiner Weissen Schaar,
145 Vnd von ettwan holen Steinen
　　Stürtzen ihre Wässer klar;
Gleich sich meine Schäfflein kühlen,
　　So mitt warmer Hitz behafft,
Sie den durst vom Hertzen spülen,
150 　　Mitt so frischem FelsenSafft.

Halton.

Wan mitt einem Speer entschlossen
　　JESV deine Seiten rinnt,
Vnd ein Bächlein kompt geflossen
155 　　Drin man Milch, vnd Purpur find:
Jch mitt gleichem Eyffer lauffe,
　　Zu dem Brunnen wolbewust;

                    Rein mich spüle, wasch, vnd tauffe,
                        Trinck nach vilgewünschtem lust.

Damon.

Wan die Sonn sich gar geneiget,
    Vnd gesencket ihre Cron,
Gleich die Nacht in Himmel steiget,
    Arbeit heisset ihren lohn:
Thier, vnd Menschen gehn sich legen
    Gantz erstummet alle Welt.
Auch sich kaum die Blettlein wegen,
    Trawrig feyret alles Feld.

Halton.

Da du JESV todts verblichen,
    Vns die toden han erschreckt:
Felsen, von den Felsen wichen,
    Gräber wurden auffgedeckt.
Thier, vnd Menschen that es dawren,
    Auch verwelcket Laub, vnd Gras:
Alle wässer nur von trawren
    Han geweint ohn vnderlaß.

Damon.

Mon, vnd Sternen Abends wachen,
    Legen ihre Sonn zu beth:
Sie sie sanffter schlaffen machen,
    Mitt gelind, vnd susser red:
Schlaffet, eia, matte Strolen,
    Schlaff du matt, vnd müdes Liecht,
Thu mitt schlaffen dich erholen,
    Biß der Morgen anher bricht.

Halton.

JESV, Dich auch fromme Seelen
(: wie dan mehrmals höret hab :)

190	Thäten, waschen, salben, streelen,
	Heben, tragen zu dem Grab:
	Auch die Mutter trawrig klagte,
	Schlaff nur, mein geliebtes Kind,
195	Vnd beynebens mütig sagte,
	Doch den Tod bald vberwind.

Damon.

Wan die Sonn dan außgeschlaffen,
   Sie sich zeitlich richtet auff, (161ʳ)
Scherpffet ihre Pfeil, vnd Waffen,
   Geht zum Wagen, sitzet drauff:
Jch dan wider treib zur Heyden
   Meine weisse WüllenHeerd;
Sie dan wider grasen, waiden
   Scheren was das Aug begert

Halton.

Wan, o JESV, du gelegen
   Kurtze zeit in kalter Erd,
Sich die Seel thut wider wegen
   Dencket deiner Weissen Heerd.
Sie der Hellen Pforten rühret, [323]
   Haltet offen Schewr, vnd Stall,
Deine Schäfflein dannen führet,
   Du dan prangest vberall.

Damon.

Jch dan ohne leyd, vnd klagen
   Blaß die Pfeifflein hönigsüß,
Vnd gewendt zum SonnenWagen,
   Sie mitt krausem Lüfftlein grüß:
Ey zu vilmahl tausend mahlen,
   Sey mir wilkom, liebe Sonn;
Heut ergreiff die längste Straalen,
   Nitt so schnel dich mach darvon.

Halton.

Jch mitt einer holen Rinde
 Mich zu JESV wende schnell,
Füll mit eben süssem Winde
 Dises Pfeifflein eben hell.
O wie wilkom bist erstanden,
 JESV, zu gewünschter zeit!
Du die schnöde Todtes banden
 Hast verwendt in Herrlichkeit.

Damon.

O du meine gülden Geigen,
 Mehr, vnd mehr heb auff den klang:
Mir nun Wald, vnd Vögel schweigen,
 Bächlein zucken ihren gang.
Sage Lob der schönen Sonnen,
 Sage danck dem Runden Schein.
Braune Stunden seind entronnen,
 Eia lasset frölig sein.

Halton.

O du meine Leyr im gleichen,
 Auch du deinen Ton erheb:
Thut man dan die Saiten streichen,
 Du nach selben Ehren streb.
Preise Den, der heut erstanden,
 Warlich wahren GottesSohn:
Preiset Jhn in allen Landen,
 Jhm gebüret Ehr, vnd Cron.

Beschluß.

Also thäten lieblich singen
 Hochbenandte Jüngling beyd:
Auch noch immer weiter giengen,
 Da zerrann die schnelle Zeit.

255   Jch dan heimwartz muste kehren.
        Sang es wider mitt vernunfft,
    Schrieb, vnd hielt es auff zun Ehren
        Der beliebten HirtenZunfft

2.

    Nun wolauff ihr ander Hirten,
260   Brecht vnd schnüret kräuter ein,
    Lorber, Balsam, Palm, vnd Myrrten,
        Meyeràn, vnd Roßmarein:
    Vnd weil beyde gleich gerungen,
        Flechtet beyden, beyde Cräntz:
265   Vnd weil beyde gleich gesungen,
        Führet beyd an beyde Täntz.

[50]
Ander Hirtengesang
darinn der Hirt Damon
die schöne Oesterliche SommerZeit vnd die Vrstend
5 Christi, gar Poëtisch bereymet.

Eingang.

    Nach den schönen Ostertagen,
        Hirten zween, in aller früh
10   Kamen auff die waiden schlagen
        Jhre Schäfflein, jhre Küh:
    Damon, Halton, war ihr Name
        Frisch, vnd grün von Jahren beyd;
    Damon seine Fidel nahme,
15   Strich mitt wunder lieblichkeit.

Der hirt Damon spielet allein.

Schaw die schöne Sonn sich strolet,
 Krauset ihre gülden Haar;
Sie die kräfften gantz erholet,
 Schmidet gar ein schönes Jahr:
Sie die zeiten
Thut bereiten,
 Nur von Perlen, vnd Crystal;
Sie da lauffet,
Nie verschnauffet,
 Webet, schwebet vberall.

2.

Sich die schöne Vöglein rüsten,
 Scherpffen ihre Schnäbelein,
Sie sich lan der Stimm gelüsten,
 Blasen ihre Pfeiffelein.
Sie sich hoch in Wolcken heben,
 Spreiten ihre Flügel franck,
Sie den reinen Lufft durchweben,
 Sagen ihrem Schöpffer danck.

3.

Wir die Felder wider weissen
 Mitt gebleichten Heerden zart,
Wir mitt Schaaffen, wir mitt Geissen
 Gehn zur grünen SommerFahrt.
Jch, vnd Halton, gleich von jahren,
 Auch zu Morgens gleichen früh,
Treiben keine gleichen Schaaren;
 Jch die Schäfflein, er die Küh.

4.

Sich die Felder wider zieren,
 Schlan die grüne Laden auff;

    Tausend Blümlein da stoltziren,
        O wie wol gemahlter hauff!
    Schaaff, vnd Rinder nun verschnauffen
        Auff den Wisen wol gerüst,
    Da der schöne Seugend Hauffen
        Ründet seine flache Brüst.

5.

    Jch nun wider schaw für augen
        Tausend weisser Lämmerlein:
    Halton wider lasset saugen
        Tausend bunte Kälberlein.
    O wie wunder schöne Zeiten!
        O wie wunder feistes jahr!
    Sieben Troppen laß ich leiten,
        Also groß ist meine Schaar.

6.

Wider schöne wasserstraalen,
    Wider kühle WasserPfeil
Sich versamlen in den Thalen,
    Bieten ihre Bäder feil.
Von den Bergen Brünnlein spielen,
    Starck mitt rotem Ertz vergüldt,
So die Carwoch trawrig fielen,
    Starck mitt Zähren angefült.

7.

Lieblich alle Bäch, vnd Bächlen,
    (: Krum geführtes WasserGlas :)
Auff den grünen Wisen lächlen,
    Vnd befeuchten Laub, vnd gras.
Zierlich wider kompt gekrochen
    Manches rauschend Wässerlein,
So mitt Steinlein vnderbrochen
    Sausend lobt den Schöpffer sein.

8.

Schaw nun wider Tann- vnd Linden,
　　Eich, vnd stoltzer Cederbaum,
Jhre weeg in Lufften finden,
　　Wachsen ohne Schnur, vnd Zaum;
Strecken ihre grüne Sprossen,
　　Breiten ihren grünen Safft;
Zu den Wolcken frewdig stossen,
　　Suchen alte Nachbarschafft.

9.

Wir die Leyr auch wider schnüren,
　　Vnd in holem HirtenThal
Hochgereckte Saiten rühren,
　　Spielen, reymen ohne Zahl.
Wir auff Harpff vnd Lauten tasten,
　　Spielen jenem lieben Christ,
Der im Grab nitt wolte rasten,
　　Der dem Tod entfahren ist.

10.

Schawet, lieben Hirten, schawet,
　　Er der Höllen Pforten bricht.
Was der bleiche Tod gebawet,
　　Er in Eyffer macht zuNicht.
Schawet, lieben Hirten, schawet,
　　Er noch vor der Morgenröt,
Von der Schiltwacht vnbenawet,
　　Schrecket seine Wächter blöd

11.

Er auß tieffem Schlaaff erwecket
　　Lasset seine Ligerstatt,
Vnd mitt Armen außgestrecket
　　Richt in Lufften seinen Pfad.

    Flamm, noch Fackel thut erklecken
        Gegen seinem hellen Schein;
    Sich die Sternen gleich bedecken,
        Zucken ihre Straalen ein.

12.

    Er hinauff zur Sonnen schwebet,
        Machet selber seinen Tag:
    Sie der arbeit vberhebet
        Folget seinem Wagen nach.
    Er die beste Baanen reyset,
        Zeiget Jhr den besten Lauff,
    Auch die Längste Strassen weiset,
        Sie dan lasset wider auff.

13.

    Er erleuchtet auch die Nachten,
        Heist die Sternen dannen gan:
    Lösets ab von ihren Wachten,
        Setzet ander Liechter an.
    Seine groß, vnd kleine Wunden
        Er in Himmel setzet ein;
    Sie da werffen glantz hinvnden,
        Leuchten mitt gantz Rotem Schein.

14.

    Vnderdessen er die Seinen
        Auch besuchet offtermahl,
    Läst in ihren Hertzen scheinen
        Manchen süssen FrewdenStraal.
    Sie mitt Jubel vberladen,
        Wegen seiner Widerkehr,
    Nur in lauter Lüsten baden,
        Jhm der Vrstend dancken sehr.

15.

JESV Dir nu deine Kinder,
 Dir die wachtsam HirtenZunfft,
Dir die Schäfflein, dir die Rinder
 Dancken deiner Widerkunfft.
Dir die Böcklein, dir die Geissen,
 Dir die zarte Lämmerlein
Hinn, vnd wider vngeheissen
 Hüpffen, springen in gemein.

16.

Schaw die Schäfflein ihre Wollen
 Dir zum Wilkom bieten dar,
Vnd mitt Brüsten auffgequollen
 Dancken Dir der weissen Wahr.
Sie nun deiner mitt verlangen
 Warten auff gemahlter Waid,
Vnd mitt lüsten sehr befangen
 Wären gern von Dir geleit.

17.

Sie zu deiner Stimm gewehnet
 Kennen deinen HirtenSteck:
Keine Wölff so starck bezähnet
 Dir sie werden reissen wegk.
Schöner JESV, komb zur Waiden,
 Führ die zarte Lämmerlein:
Hirt der Hirten, komb zur Heyden,
 Führ auch ihre Mütterlein.

[51]
Am Heyligen Fronleichnams Fest, von dem hochwürdigen Sacrament des Altars.

1.

Richt auff du Purpur Morgenstund
    Die Stirn, besteckt mitt Rosen:
Vns last von Edler Speisen rund   (165ᵛ)
    Zum Frühstück zeitlich kosen.
Die Taubenreine Tochter schön,
    Von *Sion* wolentsprossen,
Zugleich wird heben ihr getön   [332]
    Mitt Vns, gantz vnverdrossen.

2.

Fast hoch wil heut geprisen sein
    Ein Tracht von gelben ähren,
Ein kern, vnd Marck von Waitzen rein,
    Ja wils noch bas erklären,
Ein Broot, nitt Brot, gantz Lebenreich,
    Da drinn wird lebend gessen,
Der Vngleich bey den zwölffen Gleich
    Zum Abendmahl gesessen.

3.

Der Herr zur Letzten Taffel saß,
    Er sechster selb vnd sieben.
Manhù? manhù? was da? was das?
    Nim wahr was er getrieben.
Er nahm das Brot, nahm auch den Wein,
    Vnd gabs den Tischgenossen,
Verwandlet in den Leichnam sein,
    Jns Blut, für vns vergossen.

4.

Das Brot, ich sprich, den WaitzenSchnee
  Nahm erstlich er zun Henden,
Ers ihnen reicht, vnd that es geh
  Zum wahren Fleisch verwenden:
Hernach den Wein, den *roten safft
  Reicht ihnen in gleicher massen,
Durch nur in Wortt verfaßte krafft
  Jn wahres Blut zerlassen.

5.

O Lieb, du vil zu starck, vnd groß!
  Hast frey mitt Gott gerungen,
Hast Jhm, durch süssen Hertzenstoß,
  Groß wunder abgedrungen.
Das Ewig Wortt, mitt kurtzem Wortt
  Brot, Wein in sich verwandlet,
Vnd Tranck- vnd Eßbar beyder sort,
  Sich selbsten hebt, vnd handlet.

6.

Dan weiters auch, was er volbracht,
  Nach ihm wolts hinderlaßen:
Er gab den Zwölffen selbe Macht,
  So mitt zur Taffel sassen.
Von Jhm hernach han wirs ererbt,
  So durch den PriesterSegen,
Mitt gleichen wortten vngeferbt
  Vns gleicher that verwegen.

7.

Jn Christi Leib, wir Wein, vnd Brot
  Gantz wesendlich verkehren:
Betrachten seine Pein, vnd Tod,
  Wol offt mitt warmen Zähren.

* putatur consecrasse in rubro.

    Zum Opffer groß wirs tragen auff,
        Biß wo sich kehrt, vnd wendet
    Die Gülden Post, in stätem lauff,
60   So Liecht, vnd Straalen spendet.

8.

Wo früh die Sonn gleich rühret an
    Die MorgenRoß mitt Sporen,
Vnd wo zu Nacht von Weisser Baan
    Sie reit zun schwartzen Mohren,
65 Dem Höchsten man zu Lob, vnd Preiß
    Das Opffer groß erweiset,
Vnd wird der Leichnam Swanenweis
    Jn gantzer Welt gespeiset.

9.

Substantz, vnd Wesen Brots, vnd Weins
70   Zum Leib sich vberleiben:
Doch Brot, vnd Wein von aussen scheints,
    Die Zufäll ie noch bleiben.
Geruch, Geschmack, Farb, vnd Gestalt
    Sich frisch noch lassen finden,
75 Als wie vom wesen abgespalt
    Nur blosse Schaal, vnd Rinden.

10.

Gestalten beyde nackt, vnd bloos
    Wie Wein, vnd Brot geründet,
Seind Wein- vnd Brot- vnd Boden-loos,
80   Vnd stehn ohn Grund gegründet.
Ja drunder noch versteckt, vermummt
    Gott selb sich helt verschoben:
Für wunder Erd, vnd Meer erstummt,
    Vnd Lufft, vnd Himmel droben.

11.

Was vor es war, ist nu nitt hie,
 Die Ding seind vnderscheiden.
Wie vor dochs war, so bleibets ie,
 Der Schein ist gleich an beyden.
So schmeckt man da, was nitt mehr da,
 Was lang verzehrt vom Segen:
Nitt schmeckt man da, was warlich da
 Von Fleisch, vnd Blut zugegen.

12.

Den Leib man leiblich niessen thut,
 Nur nicht in Leibs Gestalten:
Vnblütig nimpt man wahres Blut,
 Kein Sinn für Blut kans halten.
Es alles ist verdunklet gar;
 Vnd wie die Kirch vns rühmet,
Mitt frembder Form, vnd Schein fürwar
 Gantz obenhin verblümet.

13.

Wer nun in Brots gestalt verdeckt,
 GottMensch, wer da verborgen,
Er auch in Weinsgestalten steckt,
 Leg ab die wanckelsorgen:
Du mehr nitt auch in Beyden gleich,
 Als nur in Eim kanst niessen;
Die Stücklein auch seind eben reich,
 Vnd eben weit erspriessen.

14.

Wan schon in zarte Brösamlein
 Der BrotSchein wird zergrümlet,
Von Christi Leib doch sag ich Nein,
 Er drumb nitt wird gestümlet.

Jn Gantz, vnd Halbem eben Gantz
 Jst Gantz, in Groß, vnd Kleinem:
Vnd leuchtet diser Sonnenglantz
 Nitt Vilen mehr, als Einem.

15.

Der Lebend Leichnam, vnzertrennt,
 Zugleich im Himmel droben,
Zugleich ist aller Ortt, vnd End,
 Wo ienes Brot erhoben.
Jn vilmahl tausend kirchen dan,
 Auff mehr, vnd mehr Altären,
An so vil Ort, vnd Stellen man
 Von Christi Leib mag zehren.

16.

Zu gleicher Zeit, zu gleicher frist,
 Jn tausend vil Oblaten,
Auff Einmahl, Einer, Vilmahl ist;
 O wol der Wunderthaten!
Der Glaub allein es freylig sicht,
 Der Sinn gibt gar verlohren;
Noch Hend, noch Augen greiffens nicht,
 Verstand mags nie durchbohren.

17.

Vnd zwar, wers niesset vnbereit,
 Jch sags mitt wahren worten,
Vom Frech- vnd Hochmut wird verleit
 Zum Tod, vnd schwartzen Pforten.
Hingegen wer sich prüffet vor,
 Vnd dan der Speiß geniesset,
Man ihm die schöne thur, vnd thor
 Zum Leben weit erschliesset.

18.

Ey da dan, last vns diß Gericht
  Jn Demut hoch verehren,
Vnd nider Halß, vnd Angesicht
  Zur Erden tieff beschweren:
Vns last das Heylthumb, vnd Monstrantz,
  (Weil Ketzer es verhönen)
Mitt manchem schönen BlumenCrantz,
  Nach alter andacht krönen.

19.

Vns last mitt zartem Roßmarein
  Die Rosen root vermählen,
Die Lilgen auch mitt schnüren ein,
  Der Näglein auch nitt fehlen.
Vns last die Straaß, vnd Gassen all
  Erfrischen allerwegen,
Mitt lindgestrewtem Bletterfall,
  Mitt trucknem BlumenRegen.

20.

Last Harpff, vnd Lauten hochgestimmt
  Mitt süssem Schlag durchstreiffen:
Mans nimmer doch, was Gott gezimmt,
  Mitt Noten wird ergreiffen.
Gelobet sey das *Manna* zart,
  Von Oben abgerisen:
Sey Gott, von dem es geben ward,
  In Ewigkeit gepriesen.

[52]
Die Gesponß IESV erweckt die vögelein zum Lob GOTTES.

I.

Wacht auff jhr schöne vögelein /
 Jhr Nachtigalen kleine /
Die jhr auff grünen zweigelein /
 Noch eh die Sonn recht scheine /
Stimmt an die lautbar schnäbelein /
 Gedräht von helffenbeine.

II.

Her / her / gefedert Schwesterlein /
 Euch samblet zur gemeine /
Blaßt an die beinen psälterlein /
 Jhr sämbtlich keusch vnd reine.
Lobt GOTt / lobt GOTt / jhr vögelein /
 Jhr / Jhr / vnd all die seine.

III.

Lobt GOTt / jhr süsse schwetzerlein /
 Jhr Nachtigalen kleine /
Jhr lufft- vnd wolcken-Sängerlein /
 Für jhn bestelt alleine /
Mit euch zun besten liedelein
 Jch harpff vnd Laut vereine.

IV.

Jch euch zu lieb / jhr pfeifferlein /
 An holer Eichen leine /
Vnd euch die wilde färbelein
 Mit worten klar bescheine;
Laßt gahn die klinglend stimmelein /
 Zum tieffen wald hineine.

V.

Da seind viel klarer brünnelein /
 Gefaßt in marmersteine /
Dort netzet vor die züngelein /
 Nach ordnung ein / vnd eine;
Da spület hälß- vnd gürgelein /
 Drauff besser singt jhr kleine.

VI.

Den Tact gebt mit den flügelein /
 So schickt sichs recht / jhr feine;
Auch frewdig schwingt die federlein /
 Wegt ärmelein vnd beine /
Erstreckt zum klang das hälselein /
 Ein jedes thu das seine.

VII.

Habt jhr kein sonders Liedelein /
 So lernet nur das meine /
Jst gnug mit einem seufftzerlein /
 Man darff der ander keine.
Singt nur allein: Gelobt sey GOTT /
 GOTT Sabaoth alleine.

VIII.

Zu tausentmal gelobt sey GOTT /
 GOTT Sabaoth alleine:
Zu tausent-tausent-tausent-mal /
 GOTT Sabaoth alleine /
Vnd dan noch tausent-tausent-mal
 GOTT Sabaoth alleine.

IX.

Singt nur diß eintzig liedelein /
 Das stücklein das ich meine:
Singt / singt / vnd klingt / jhr vögelein;
 Dan ich für frewden weine:

Bin wund von süssem Liedelein /
Was hilfft daß ichs verneine?

X.

Fliegt hinn durch alle wäldelein /
Bleibt tag vnd nacht beyn eine /
Singt jmmer nur diß liedelein /
Bey Sonn- vnd Mone-scheine /
Gelobt sey Gott / Gott Sabaoth /
Gott Sabaoth alleine.

XI.

Sonn / Mon / vnd lützel Sternelein /
Wie gäntzlich ich vermeine /
Mit sampt der Erden pfläntzelein
Laub / graß / busch / heck / vnd zäune /
Thun werden ein schöns täntzelein /
Daß höll vnd Teuffel greine.

XII.

Frewd bringen wirds den Engelein /
Den bösen bringt es peine;
Drumb singt jhr schöne vögelein /
Jhr Nachtigalen kleine /
Also will Gott gelobet sein /
Gott Sabaoth alleine.

XIII.

Gelobt sey Gott / Gott Sabaoth
Singt tausentmal alleine /
Gelobt sey Gott / Gott Sabaoth /
Noch tausentmal alleine /
Vnd dan noch tausent / tausentmal /
Gott Sabaoth alleine.

Anhang

Zur Textgestalt

Der Text der vorliegenden Ausgabe ist eine buchstabengetreue Wiedergabe der Trierer Handschrift der *Trvtz-Nachtigal*, einer autographischen Reinschrift, die Friedrich Spee 1634, ein Jahr vor seinem Tod, herstellte. Schon Gustav Balke hat diese Reinschrift 1879 mit einer vorzüglichen Einleitung und einem fundierten Kommentar veröffentlicht, wobei er jedoch leider die Textgestalt zu weitgehend modernisierte. Gustave Arlt wählte 1936 für seine historisch-kritische Edition die Textfassung des postumen Erstdrucks (1649) als Grundtext, und zwar mit der Begründung, daß Spee nach der Trierer Handschrift die Gestalt der *Trvtz-Nachtigal* noch einmal einschneidend geändert habe, so daß der Erstdruck die endgültig von Spee gewollte Fassung darstelle. Wie Arlt kaum wissen konnte, war seine Wahl ein Irrtum, der dadurch eine nicht auf Spee zurückgehende Textfassung weit verbreitet hat. Arlt verfügte nämlich neben dem Erstdruck nur über drei weitere Textzeugen: die genannte Trierer Handschrift, ein älteres Arbeitsheft Spees (Straßburger Handschrift) und eine nicht autographische Abschrift (Pariser Handschrift).

Inzwischen sind zwei weitere, jetzt in Köln und Münster befindliche, nichtautographische Abschriften bekannt geworden. Auch stellte sich heraus, daß die Textgestalt jener *Trvtz-Nachtigal*-Lieder, die in der Düsseldorfer Handschrift von Spees *Güldenem Tugend-Buch* aufgezeichnet sind, für das kritische Verständnis der *Trvtz-Nachtigal* von unschätzbarem Wert ist und daß ferner das Kölner Gesangbuch *Geistlicher Psalter* (1637/38) für die Textgeschichte der *Trvtz-Nachtigal* nicht ohne Bedeutung ist. Wie nun die große kritische Ausgabe der *Trvtz-Nachtigal* ausführlich nachweist,[1] werfen die neuen Funde auch auf die bereits bekannten Textzeugen ein neues Licht. Spee hat den Text der *Trvtz-Nachtigal* immer wieder geändert und vervollkommnet. Noch während dieses Prozesses hat er mehrmals gestattet, daß die in dem jeweiligen Stadium erreichte Textstufe kopiert wurde, so daß alle erhaltenen Abschriften eine andere Zwischenstufe des *Trvtz-Nachtigal*-Textes wiedergeben – fürwahr ein in der Geschichte der Textkritik seltener und für das frühe 17. Jahrhundert einzigartiger Fall! Der Seufzer des Kölner Verlegers Wilhelm Friessem in der Dedi-

---

1 Vgl. Friedrich Spee, *Trutz-Nachtigal*, historisch-kritische Ausgabe, hrsg. von Theo G. M. van Oorschot, Bern: Francke, 1985, S. 511–541.

catio zum Erstdruck 1649, die *Trvtz-Nachtigal* sei »nicht ohne gefahr vielfältiger fehler zum öfteren außgeschrieben« worden, ist daher durchaus verständlich.

Eine genaue Untersuchung hat nun gezeigt, daß der Herausgeber des Erstdrucks höchstwahrscheinlich weder das autographische Straßburger Arbeitsheft noch die autographische Trierer Reinschrift zur Verfügung hatte, sondern nur einige textlich abweichende, nichtautographische Abschriften und vermutlich ein drittes, jetzt verschollenes Autograph, das aber eine sehr frühe Textgestalt der *Trvtz-Nachtigal* darstellte. Die Textlage war also für den Herausgeber durchaus verwirrend. Welchen Text sollte er wählen? Den des Autographs? Aber die Abschriften enthielten bedeutend bessere Fassungen! Er hat sich auf eine kaum glaubliche, beinahe komische Weise aus dem Dilemma gerettet. Damit er allen ihm vorliegenden Fassungen gerecht wurde, hat er nicht selten in fast mechanischer Art aus jeder einzelnen einige Wörter entnommen und daraus eine neue Fassung hergestellt, wie die folgenden Beispiele zeigen können (in Klammern die Liednummer und Zeilenzahl):

Aus: Zu früh wan sich entzündet
und: Gleich früh sich wan entzündet
wurde im Druck: Gleich früh wan sich entzündet (3,3).

Aus: Nie werdens gnugsam streichen auss
und: Nitt mögens halber sprechen auss
wurde im Druck: Nit mügens gnugsam streichen auss (22,10).

Aus: Will dich, mein kind bekleiden
und: Wil gantz dich new bekleiden
wurde im Druck: Wil gantz mein kind bekleiden (16,126).

Vor allem das letzte Beispiel ist beweiskräftig, weil jetzt erklärt ist, wie die sinnlose Textfassung des Drucks zustande kam. In gleicher Weise wird verständlich, wieso die Überschrift des 12. Gedichts im Druck lautet: »Ermahnung zur buß an den Sünder / daß er die Burg seines hertzens Christo auffmache / vnd einraume«. Die Wörter »auffmache« und »einraume« stammen aus einem je anderen Textzeugen und wurden erst vom Herausgeber zusammengestellt. Arlt hat in seiner Edition von 1936 vor allem die »Merckpünctlein« als Beweis angeführt, daß der Druck oftmals eine ganz neue, eben die Fassung letzter Hand biete. Aber auch hier stellte sich heraus, daß die Druckfassung zum allergrößten Teil lediglich ein Zusammenkleben von Fetzen aus früheren Textzeugen darstellt, und es gibt auch hier Fälle wie: »Was aber die quantitet / mensur oder maß [...] angeht«[2], wobei die Wörter »quantitet« und »mensur« wiederum aus verschiedenen Textzeugen stammen; in diesem Fall aber hat der Herausgeber das Wort »maß« selbst hinzugefügt.

Somit kam bei der Wahl der zu edierenden Textfassung nicht der Erstdruck, sondern nur die Trierer Handschrift in Betracht. In den folgenden Punkten wurde von einer buchstabengetreuen Wiedergabe dieses Textes abgewichen:

1. Über den Gedichtüberschriften wurden Liedzähler eingesetzt.
2. Das in der Trierer Handschrift fehlende 52. Lied, das sich nur in den frühesten Handschriften sowie im Erstdruck findet, wurde mit aufgenommen. Mit Ausnahme von Balkes Edition (1879) findet es sich in allen gedruckten Ausgaben, so daß es seit Jahrhunderten als integraler Teil der *Trutz-Nachtigal* betrachtet wird. Orthographie und Interpunktion sind die des Erstdrucks, wodurch es sich in dieser Edition eindeutig von den anderen Liedern abhebt.
3. Das in der Trierer Handschrift fehlende Register der Gedichtüberschriften wurde, da Spee anscheinend einige Seiten dafür frei ließ, aus einer der Trierer Handschrift sehr nahestehenden Abschrift übernommen und nach den »Merckpünctlein« eingerückt.
4. Die folgenden offensichtlichen Schreibfehler und Versehen wurden korrigiert:

   4,130   Noch] Nach
   8,30   jüngling] jünglein
   9,10   Liechtsverwandten] LiechtsTrabanten
   9,46   erlehrnen] lehrnen
   21,102 dein] mein
   22,133 Gelobet] Gelo
   23,37   Euch] Eucht
   28,231 zucht] zuch
   29,156 bleibt] bleib
   38,32   Jungfrewlich] Junffrewlich
   38,34   fahrt] fahr

---

2 Vgl. Spee, *Trutz-Nachtigal*, S. 333,52

    40,61   Neuntzig] Neutzig
    44,26   hochberümter] hochbrümter
    47,187   gewunnen] gewunnet
    48,39   ersoffen] erschoffen
    49,218   Lüfftlein] Lüfflein

Oft ließ sich nicht unterscheiden, ob der Anfangsbuchstabe eines
Wortes als Groß- oder Kleinschreibung zu werten war. Es wurde in
solchen Fällen für eine der beiden Schreibweisen entschieden. Nur am
Anfang einer Verszeile wurde immer Großschreibung gewählt. Die
Umlautschreibung ä, ö, ü statt å, ŏ, ŭ wie in den Drucken sowie der
Gebrauch des Kommas, wo die Drucke noch die Virgel (/) setzen,
folgen genau der Trierer Handschrift. Wörter, die in der Handschrift
unterstrichen sind, erscheinen kursiv.
Die Seitenzählung der Trierer Handschrift wird am rechten Satzspiegelrand in runden, die des Erstdrucks in eckigen Klammern angegeben.
Die eingebürgerte Zeilenzählung aus Arlts seitengetreuer Edition des
Erstdrucks konnte nicht übernommen werden, da Arlt die Lieder
nicht durchzählt, sondern auf jeder Seite mit der Zählung neu ansetzt.
Einer Übernahme dieser Zählung steht überdies die Brechung mancher Zeile in zwei Halbzeilen im Wege; die Stellen, wo sich solche
Brechungen finden, stimmen im Erstdruck und in der Trierer Handschrift oft nicht überein (z. B. 2,47: in der Trierer Handschrift Brechung, im Erstdruck und somit bei Arlt nicht; 2,49: überall Brechung). Diese Brechung in Halbzeilen variiert auch in allen anderen
Textzeugen stark, weshalb sich der Herausgeber der vorliegenden
Edition entschlossen hat, zwei Halbzeilen jeweils als *eine* Zeile zu
zählen. Die Zeilenzählung der Lieder ist hier jeweils am linken Satzspiegelrand angegeben.

Glossar

Spees frühbarocke, von der Mundart geprägte Sprache weicht von der heutigen Hochsprache semantisch stark ab. Die Erläuterung dieser abweichenden Bedeutungen möchte nicht nur eine Verständnishilfe für den Leser sein, sondern ihn auch zum behutsamen, aufmerksamen Lesen der Gedichte Spees anregen.

Um eine Überlastung des Glossars zu vermeiden, wurde auf die jeweiligen Nachweise der zu Rate gezogenen Wörterbücher und erklärenden Anmerkungen in älteren Editionen der *Trvtz-Nachtigal* verzichtet. Es handelt sich im wesentlichen um: Jacob Grimm und Wilhelm Grimm: Deutsches Wörterbuch. 16 Bde. Leipzig 1854–1960. – Matthias Lexer: Mittelhochdeutsches Handwörterbuch. 3 Bde. Leipzig 1872–78; dazu die Ergänzungen aus: M. L.: Mittelhochdeutsches Taschenwörterbuch. 36. Aufl. Stuttgart 1981. – Rheinisches Wörterbuch. Bearb. und begr. von Josef Müller. 9 Bde. Bonn 1928–72. Woordenboek der Nederlandsche Taal. Begr. von M. de Vries und L. A. te Winkel. Den Haag / Leiden 1882 ff. [noch nicht vollendet]. – Friedrich Spe: Trutz-Nachtigal. Hrsg. von Gustav Balke. Leipzig 1879. – Trutz-Nachtigall. Von P. Friedrich Spee S. J. Nebst den Liedern aus dem Güldenen Tugendbuch desselben Dichters. Nach der Ausg. von Klemens Brentano kritisch neu hrsg. von Alfons Weinrich. Freiburg 1908.

Da Spee gerne die Stilfigur des Parallelismus gebraucht, lassen sich Wortbedeutungen manchmal von der Parallelzeile her erschließen. Außerdem wurden auch im Erstdruck oder in einer Handschrift befindliche, in der Trierer Handschrift dagegen fehlende Glossen herangezogen.

Zur weiteren Entlastung dieses Glossars folgt hier zunächst eine allgemeine Aufzählung mehrerer vom heutigen Sprachgebrauch abweichender, in der *Trvtz-Nachtigal* häufig begegnender sprachlicher Erscheinungen.

Die Personalpronomina *es* und *sie* werden oft zu *s* gekürzt und enklitisch an das vorhergehende Wort angehängt: z. B. *findens = finden es* oder *finden sie*; oder *daß* kann sein: *daß es* oder *daß sie*.
Dieselbe Erscheinung im Falle des bestimmten Artikels: *ichs leben = ich das Leben* (18,58).
Weitere Elisionen und Kontraktionen:
Bei zwei gleichen Endungen entfällt oft die erste: *mitt Beyl, vnd*

Barten = mitt Beylen, vnd Barten; Vil weiß, vnd bleicher = Vil weißer, vnd bleicher. Mitunter *d'augen* statt *die Augen*.
ihn oder *ihnn* kann sein: *ihnen*.
eim = einem; keim = keinem; vnsem = vnserem.
Statt Formen wie *verwundet* findet sich oft: *verwund*.
In Formen wie *heilete* wird oft das Schluß-*e* abgeworfen; *heilet* ist dann keine Präsens-, sondern eine Präteritumform: *heilte*.
in kann sein: *in den* (z. B. *in Wind* 1,77).
han = haben; gan oder *gen = gehen; schlan = schlagen*.
Neben diesen Formen gehen noch weitere Erscheinungen auf einen älteren Sprachgebrauch zurück:
so kann Relativpronomen sein.
Oft *ihm, ihn = sich* (Reflexivpronomen).
mein, dein, sein können Genitiv des Personalpronomens sein: *meiner, deiner, seiner.*
wer und *was* oft *welcher* und *welches*: 10,55 *Wen Weg*; 47,44 *wer Bogen*; 6,17 *Was fewr*; auch als Relativpronomen: 11,434 *wer = der*; 11,215 *wes = dasjenige, dessen*; 11,363 *wen = denjenigen, den*.
Zu weiblichen Substantiven auf -*e* tritt auch in Formen der Einzahl oft ein -*n*: z. B. *die pfeil der Sonnen*.
Bei Adjektiven fehlt auch nach dem bestimmten Artikel im Nominativ und Akkusativ Plural das Endungs-*n*: z. B. *Die Flügelreiche Schaaren*.
An die flektierten Formen des Artikels tritt oft die Endung -*en*: *deren = der; denen = den*.
Nachstellung von Adjektiven und Possessivpronomina ist nicht selten: z. B. *der Sonnen heiß*.
Viele Verben, die Numeralia, die Interjektionen *O* und *Ach* usw. regieren noch den Genitiv, gelegentlich mit der Bedeutung ›wegen‹: *Ohne zweiffel deiner Thaten / Hatt man dich gestellt zu Red* (43,163 f.).
mögen bedeutet oft ›können, imstande sein‹; *dürfen* ›wagen‹ oder ›bedürfen‹.
Im Partizip Perfekt fehlt oft das Präfix *ge-*: *jch nun hab funden dich* (4,117).
Die alte Endung -*t* für die 2. Person Singular noch in Formen wie *du wilt* oder *du solt*.
e/i-Wechsel: z. B. *ich ergibe mich*.
seind = sind (aber 47,195: *ihr sind*).
was als Form des Hilfsverbs *sein: war*.
Sehr oft Wechsel zwischen *d* und *t*: *duncken* statt *tunken*.

Sehr oft Wechsel zwischen *o* und *a*: *wogen* = *wagen*; *Strohl* = *Strahl*; *mohlen* = *malen*.
Ohne erkennbaren Grund fehlt oft der Umlaut oder steht gerade dort, wo er nicht hingehört.
Auch für die Groß- und Kleinschreibung läßt sich keine Regel formulieren.
Die Bedeutung einiger Wörter wie **eben, kraus** oder *schweben* ist in der *Trvtz-Nachtigal* so komplex, daß sie in den Anmerkungen nur umschrieben werden konnte.

ab ob, wegen; herab von
abe ab
Abend 45,136 abends
Abentheur, O O Wunder
abfämen abschäumen, abklären
abflötzen wegspülen
abkaimen abkämmen
abkommen (m. Gen.) von etwas loskommen
ableschen, sich erlöschen
abnützen nießbrauchen, den Ertrag nutzen; 11,226 abbrechen (?)
abreisen abfallen
abreißen abmalen, schildern
abschleißen abnutzen
absetzen (trans.) abschießen
abtummeln herunterstürzen, taumelnd zu Boden fallen
achten bemerken
Alarmen Ruf zu den Waffen, Lärmen, Lärm
albereit schon längst, bereits
allegar insgesamt
aller völlig, ganz und gar
alweg überall, immer
alweil weil, da; während; sogleich
Ambassade Auftrag, Mission
anders 6,64 sonst auch, überhaupt
anhalten festhalten
anher heran, hervor
anleinen anlehnen
anregen von berühren, erwähnen
anschneiden (der Geige) anspielen, zu spielen anfangen
antretten zu gehen anfangen, weggehen wollen; hervortreten
anziehen anführen, erwähnen; 40,25 verhaften

307

arten, sich gedeihen, sich bilden, sich gestalten
auffen auf
auffhalten aufbewahren
auffmahnen anmahnen, auffordern
auffmuntieren aufmuntern
auffmutzen schmücken, putzen
auffquellen (trans.) aufquellen lassen
auffrecht gerade in die Höhe
aufftragen (Meßopfer) darbringen
auffzäumen bändigen, hemmen
Augenblick Blick der Augen
ausser heraus
außfricklen hervorholen, losdrehen
außharren zu Ende preisen
außkreiden errechnen
außstreichen herausstreichen
außtrincken 47,47 verbluten lassen
außwarten pflegen, hüten
Bach Subst. mask. und fem.
Bäcklein Kuß
ballieren polieren
bas besser, mehr; sehr
bäumen, sich – gegen sich hoch aufrichten gegen, 32,20 zum Wettkampf antreten
BawZeug s. Zeug
bedingen dingen, anwerben
befahren nachstellen, jemand anfahren
befangen mitt ergriffen von; 16,12 »mitt ziffer befangen«: erfassen, angeben
befehlen 11,426 »sey dirs befohlen«: wie du befiehlst, wünschst, verhoffst
begeben, sich (m. Gen.) verzichten auf, aufgeben
begrillt vgl. ›Grillen im Kopf haben‹
begreiffen 45,231 ergreifen
behende schnell, geschickt
Bein 4,43 »auf die bein [tretten]«: auf die Beine kommen, aufstehen
beinen beinern
beisetzen, sich sich dazusetzen
Beissel Keil, Meißel
beleyden, (sich) (sich) kränken, (sich) weh tun
belüsten belustigen

308

benachten mit Nacht überziehen
berädert befahren
beraten verurteilen
bereichen, (sich) (sich) bereichern
bereit bereits; bereitwillig
bereymen in Reime bringen, besingen
bergen, sich sich verbergen
berisen befallen, überdeckt
bescheid, mitt unter der Bedingung
bescheiden, eine Frage beantworten
bescheiden 35,30 unterrichtet; verständig, klug (?)
bescheinen bescheinigen, zeigen (auf), beweisen
beschencken benetzen
beschließen beenden, (ein)schließen
beschnüren mit Saiten versehen
beschönen beschönigen, entschuldigen, rechtfertigen
beseiten daneben, zur Seite
Besen Zuchtrute
bestecken steckenbleiben
bestehen in dem gleichen Zustand bleiben, standhalten, stocken; »Merckpünctlein« 44 stimmen
betragen, sich sich behelfen
betreffen antreffen, begegnen
bewerben, sich sich bemühen
bewust bekannt
beyn eine zusammen
beyneben nebenbei, überdies
beynebens überdies
bezäunen, sich sich umzäunen
bezirckeln rings umgeben
Bezwang 1,73 Zwang, vgl. ›gebundene Rede‹
Biere Birne
Bintze Binse
biß lang so lange nicht, bis
Blast das Blasen
blicken leuchten, glänzen
blitzen, mitt augen eine unruhige Bewegung machen
blöd furchtsam, feige, verzagt; gebrechlich, schwach
Blüe Blüte
Blumenbün Blumengestell
BlumenKram Blumenkiosk; die Blumen als Ware

Blut, der Blüte
blütig ›mit Blut versehen‹, gesund
Bord Ufer
borgen, einem etwas 23,180 auf jemandes Zeugnis hin annehmen
Bossen Possen
brauchen, sich sich anstrengen; (m. Gen.) sich bedienen
bräuchlich üblich
Brauß Getöse, Rauschen, Wind
braviren sich übermütig gebärden, unbändig toben
bresten mangeln
brinnen (brann, gebrunnen) brennen
Brunst Brand, Hitze
Burß (Bürßlein, Bürschlein) Schar, Haufen
bürsten, sich sich sträuben, die Haare aufrichten
Büxsenspeiß Pulver
Cant Diskant, Sopran
coloriren Koloratur singen
Concent harmonischer Gesang
copeyen kopieren
CreutzBalüster 1. Balaster: Armbrust. Der ausgespannte Körper Jesu bildet zusammen mit dem Kreuz die Armbrust. 2. Balester: Armbruster. Jesus ist der Schütze, der mit der Armbrust schießt.
dannenhero deshalb, von daher
dapffer fest, kräftig, schön
dar dort
darreissen abreißen, darstellen
däwrlich kläglich
dichten diktieren, aufsetzen
dick Adj. m. Gen.
dieweil weil, solange, während
Discurs Unterhaltung, das Argumentieren
draufftreiben s. treiben
drillen 24,58 trillern; hin und her drehen
drucken trocken
drucknen trocknen
dück(mahls) oft
Dulcian Fagott
dumm stumm; taub
dumpf einfältig, unerfahren
durchblasen blasend durchdringen
durchschlagen durchsuchen, öffnen

durchweben sich bewegen durch
Dütte Brust
eben ebenso, gleich, auf gleiche Weise
Eifermut Zorn
eigendlich im eigentlichen Sinne, charakteristisch
einig einzig
einnehmen wahrnehmen, bemerken
einsam 29,17 einig
einsausen einlullen
eintz einzig
eintzel einzig
einzäumen, (sich) (sich) bändigen, (sich) bezähmen
einzucken einziehen, zurückhalten; vgl. *zucken*
Encke Bauernknecht
endlich schließlich; 16,33 fest, entschieden
entäugen blenden, die Augen ausstechen
entfahren weggehen, verschwinden, entwischen
entführen wegführen, entwenden, berauben; 29,14 »Auß höchstem Ton entführet«: Der schönsten Melodie nachgedichtet (?); 29,94 »sich entführet«: sich herleitet
entgehen weglaufen
Enthalt Aufenthalt
entheben wegnehmen
enthülden der Huld berauben
entlassen flüssig machen
entlegen zerlegen, ausweiden
entrichten entscheiden; 47,52 zielen, abschießen
entscheiden trennen; (m. Akk. der Pers.) ein Urteil sprechen über
entschließen aufschließen, öffnen
entschnappen entwischen
entschnüren 47,74 aus der Fassung bringen (?)
entwenden, sich sich abwenden
entwohnen weit entfernt wohnen
entzucken wegreißen, ausblasen
erachten ermessen, erwägen; 30,74 bestimmen
erbangen vor Furcht erzittern
erbrechen zerbrechen, zusammenbrechen
erbrinnen entbrennen
Erdenklotz Erdenkloß
ergeigen durch Geigen erringen
erglitzen erglänzen

311

ergreiffen 51,160 umfassen, ganz ausdrücken
erholen hervorholen; wiederholen; 50,20 erfrischen, erquicken
erkiesen erwählen
erklecken genügen, helfen, nützen
erklingen klingen, singen; erklingen lassen
erkrencken entkräften
erkünden erforschen
erleiden einholen, überholen; ertragen, erdulden
ermahnen (m. Gen.) erinnern an, auffordern
ernstlich mit Eifer
erpfeiffen durch Pfeifen erringen
erprallen 11,458 Grimms *Deutsches Wörterbuch* bringt drei Erklärungen dieser Stelle: erbrodeln (II,292); erschallen (III,735); lat. *illidi*: anstoßen (III,938)
erschellen ertönen, seine Stimme erklingen lassen
erschiessen ausschlagen, ersprießen
erschütteln schütteln
erschwachen schwach werden
erschwingen erringen, erreichen; »sich erschwingen«: sich aufschwingen
ersessen versessen
ersitzen stocken
erspriessen frommen
erspüren ausspüren, untersuchen
erstens zunächst, als erster
erstercken stärken
erstrecken ausdehnen, verlängern; (trans.) ausstrecken
ertattern erzittern
erweisen, Opffer darbringen
erweisen, sich sich kundgeben, sich zeigen
erwinden lassen an ermangeln lassen
ettwan bisweilen
Eyffer Eifersucht, Eifer
fæhlb fahl
fahrt, zu dieser diesmal
falliren fehlschlagen
farbe, einem die – halten es einem gleichtun
Färblein Ton
fast oft: sehr
Federbürschlein s. *Burß*
fehlen auch: fehlschlagen

fehre, fehrnen fern
fencken fangen
fertig rasch, behend, geschickt; bereit, bereitwillig
feygen, die – zeigen höhnen
firmen schlagen
fleischen fleischern
Fleite Flöte
Flitterlein Flügelein
flück schnell
Flüttig Fittich
Fraaß 32,137 »vor vnbenantem Fraaß«: vor dem Wolf
Frechmut Verwegenheit
freyen, sich sich befreien, verzichten auf
freylig auch: freiwillig, freimütig
fricklen behutsam rütteln, losdrehen
frönen dienen
für vor; als
fug, mitt anständig, mit allem Recht
Fund List, Arglist; »faule Fünd«: arglistiges Tun
Galgenschwengel galgenreifer Schelm
gar gänzlich, sehr
Gebärde Aussehen
geben, sich sich begeben
gebrauchen, sich (m. Gen.) gebrauchen, benutzen
gebresten mangeln, fehlen
gedenken denken, sich ausdenken
gefaßt gerüstet, vorbereitet
gefliessen fließen
gefreyt für freigemacht, erlöst von
gefug geschickt
geh jäh, schnell; steil abfallend
geit (3. Pers. Sg. Ind. Präs.) geht
gelten »es gilt ihm nach«: es kommt ihm darauf an, es ist ihm wichtig
gelüsten, sich – lassen (m. Gen.) Lust haben zu
gemein, in zusammen; 6,65 im allgemeinen
Gemeine Gemeinde, Gemeinschaft
gemeinlich gemeiniglich, gemeinhin
gen gegen; 4,6 gegenüber
ger begehrend, gerne
gereden reden, sprechen

gesagen, sich – lassen sich zureden lassen, sich umstimmen lassen
Gesang Subst. mask. und neutr.
gescheckt schwarz und weiß
geschicht (3. Pers. Sg. Ind. Präs.) geschieht
Geschichte Geschehnis, Begebenheit
Geschöpfft Geschöpf
geschwindet, einem er verliert das Bewußtsein, fällt in Ohnmacht
gesinnen seine Gedanken richten auf
Gestalt Art und Weise; schöne Gestalt, Schönheit
getrösten, sich (m. Gen.) durch etwas Trost schöpfen
gewalt, mitt mit Kraft, mit Ungestüm; in Mengen, in Fülle
gewerden, sich – lassen mit sich begnügen mit
ginnen, sich beginnen (1. und 3. Pers. Sg. Ind. Prät.: *gund*)
giret gärt
Glast Glanz
gleich auch: wie
Gleich Gelenk
gleichen gleich
gleichen, im ebenso
gleicherley der gleichen Art
glitzen glänzen
gnaden, zu – gehen untergehen
grausam Schrecken erregend; grausam
greis grau
grimmen 11,218 (Leib-)Schmerzen haben
grißgrammen mit den Zähnen knirschen, brummen
gründen einer Sache auf den Grund gehen
Gumm Gummi, Harz
gund s. *ginnen*
Gutsch Kutsche
gynen das Maul aufsperren, gähnen
hafft Fessel
haiggel heikel, zart
Haimet (fem. und neutr.) Geburtsort, Heimat
Hämmlein kleiner Hammel
Hand auch: Seite
handlen, sich sich spenden
har her
härlein, kein gar nicht(s)
Haub, einem auff der – sein feindlich auf einen eindringen
hauchen 18,70 hier vielleicht *kauchen*: kauern, sich niederhocken (?)

314

hauffen, mitt auf einmal alle zusammen
häuffig haufenweise
hausen haushalten, wirtschaften
heben steigen, sich erheben
heben, sich 11,188 anfangen; sich beleben
hefften haften
heint heute nacht
heissen auch: fordern, heischen
helfen Vb. m. Gen. der Sache
Helffenbein Elfenbein
helsen umhalsen
heraber herab
herausserbrechen hervorbrechen
heraussersetzen hervorsprießen lassen
hernocher hernach
Hertzenfreid Herzensfreude
HertzenKast Brustkasten, Brust
Heylthumb Heiligtum, Sakrament
hinanwerffen zu jemand hinwerfen
hinden 7,45 hin
hinden lassen zurücklassen, auslassen
hinführo fernerhin
hinfürter von jetzt an
hinn vnd wider 48,91 überall verbreitet
Hinnlein junge Hirschkuh
hinnschlagen, in Lufft geringschätzen
hinvnden hinunter
HirnenMucke Laune, Grille
hitzig heiß
Hitzlein Zicklein
hochbenandt 49,252 obengenannt; kühn, edelgesinnt
hoffiren den Hof machen, ein Ständchen bringen; aufwarten
Hönigsaam Honigseim, Honig
hören, sich gehört werden
hut, in – haben hüten; im Auge behalten, betrachten
ichtes etwas
iezumahl je, jemals
immer 19,24 jemals
in (m. Akk.) nach, zu
juchtzen lärmen, jubeln
just eben, gerade

kaimen kämmen
Kämmich Kamin
kauff »guten kauff«: billig; »besser kauff«: billiger
kehren 31,136 streichen
Kelterman Kelterer
kiesen wählen
klagen (m. Akk. der Pers.) beklagen
klingen oft: klingen lassen, mit heller Stimme singen
Klufft Höhle, Gruft
Körnel Weinbeere
kosen sprechen; 27,72 zärtlich zulachen
kranck kraftlos, schwach
krauß kunstvoll, zierlich; frisch, lebendig. (47,45 Bedeutung unklar)
Kraut Schießpulver
Krencke Krankheit, Schwäche
krencken schwächen; plagen; jemands Gefühle verletzen
Kröß Halskrause
Krufft Höhle
Kunfft Ankunft, das Kommen
kurtzumb schlechthin, unbedingt
lang 51,90 längst
lauberlos ohne Laub
Lauer schlauer, hinterlistiger Mensch
lautbar lautgebend, hallend, tönend
Leder, von – zucken aus der ledernen (Schwert-)Scheide ziehen
Leichnam Leib, Körper
leimen 32,32 reimen (?)
leinen lehnen
Leinwath Leinwand
Letze Abschieds(geschenk)
letzt zuletzt
leyren die Leier spielen
liebkosen Vb. m. Dat.
liegen auch: lügen
Linse 31,117 hier: Bild für eine Kleinigkeit
lobesan löblich
los auch: mutwillig, durchtrieben
Lot Blei
Lufft Subst. mask.
Lust Subst. mask.

lüsten »es lüstet mich«: ich habe Lust
lützel klein, gering
Maaß, in guter gründlich
machten, mitt mit aller Macht
maisterlich meisterhaft, kunstgemäß
Mangelsucht Mangel
mannigfalt auf vielerlei Weise; oft
Martis Hertzen dem Gott Mars, d. h. dem Krieg, geweihte Herzen
Mase Wundmal, Narbe
mäusig Mäuse fangend
Meidt Kleinigkeit; »nitt ein Meidt«: gar nichts
Meile Weg, Straße
mein (Ausruf) ei, ach, nun
Menschenprasser Menschenfresser
mercken, sich – lassen seine Anwesenheit oder Tätigkeit spüren lassen
Merg(en) Maria
Meyeràn Majoran
mißhagen mißbehagen
mißhalten nicht in Ehren halten
mißlingen »Es mißlingt einem am Leben«: Er verliert das Leben
mißstallt nicht belegt; vielleicht: in Unordnung gebracht, verwirrt
mißstellt entstellt, verunstaltet
Mittgespan Gefährte, Genosse
Morgen 45,136 morgens
Mündelein Kuß
muntieren rüsten, ausrüsten
Mut auch: Sinn, Geist, Gemüt
nachdencken, einem die Gedanken richten auf
nachdeuten 49,7 hinterher allegorisch beziehen auf
nachtrachten nachstellen, suchen
Nägelein Nelke
Nägelkeil keilförmiger Nagel
nahnen, sich sich nähern
Narrentand Albernheiten, törichte Einfälle
Nast Ast
Nasturtz Kresse
näwlich mit Mühe, kaum
neben 49,16 nebenhin
niessen genießen
nirget nirgend

317

noch auch: nach; »noch so rein«: noch einmal so rein
noch ... noch weder ... noch
Noturfft, zur nach Bedarf
nunder hinunter
ob (m. Gen.) wegen; (m. Dat.) oberhalb, über; »ob augen«: vor Augen; »ob allem«: vor allem
obenhin oberflächlich, nur der äußern Form nach
Obs Obst
obs wol obwohl sie
Oepffel Äpfel, Apfelbaum
or oder
Orgelschrey Klang der Orgel
orten, der dort
Palme Subst. fem. und mask.
Part Teil, Partei
Paß Schritt; Durchgang
passiren 25,60 vorbeigehen; geschehen
passiret werden hingehen lassen, erlauben
Peen Strafe, Qual
peltzen aus Pelz
Pergameèn Pergament
pflegen (m. Gen.) sich bedienen
Pflocke Flocke
Phaebus die Sonne
platt mit klaren Worten, rundheraus
pochen den Beleidigten spielen, schmollen; ungestüm auftreten; einem etwas höhnisch oder triumphierend vorhalten
Pöfel Volk, Einwohnerschaft
prangen auch: erschallend, wohltönend und feierlich sich hören lassen
Punct Zeitpunkt, Augenblick
Purpur Subst. fem.
queit los
Quinterne Laute mit fünf Saiten
rauch rauh
rauchen riechen, duften
Rechnung »die Rechnung ihm gebürt«: er muß Rechenschaft geben, er ist der Schuldige
recht in gerader Richtung
Ree(c)h Reh
Reechlein Rehlein

RegenCraiß Regenbogen
rein schön; ganz und gar; rein
reisen fallen
Reyen Reigen
rinnen laufen, rennen
Rute Stamm, Pfahl
Saffran Krokus
sammen zusammen
sampt zusammen mit; als ob; 4,160 wegen (?)
sangweiß in der Weise des Singens
sauber ganz und gar
Sauf Trank, Brühe
säwrlich bitterlich, schmerzlich
schatten sich Schatten verschaffen, sich im Schatten aufhalten
scheinbar sichtbar, offenkundig; leuchtend, glänzend
scheinen auch: sichtbar werden
Schelle eine Art Glockenblume
Schertz Vergnügen, Spiel; Spott; Hohn
schertzen lustig sein, spielen; verspotten, höhnen
Schewr Scheune
schicken, sich sich anschicken, sich beeilen
schier fast, beinahe; schnell, bald, sogleich
Schiffgewehr Schiff
schimpfen scherzen, spielen
Schlag das Schlagen, Singen der Vögel; 6,49 Flügel
schlagen 50,10 treiben
schlecht schlicht, gewöhnlich; minderwertig, wertlos
schlechtlich ohne weiteres, bloß
schleissen »einen Weg –«: gehen; »die Zeit –«: hinbringen; »Saiten –«: abnutzen; »den Sommerschall –«: verbrauchen
schlichten beruhigen, stillen
schmecken einen Geruch von sich geben
schmieren weiden
Schnur Meßschnur, die gerade Richtung
schnüren mit Saiten versehen
Schöne Schönheit
schönen verschönen, zieren; (m. Gen.) schonen
Schoos mundartlich: Subst. fem.
Schwank Schwenkung
schwären schwören
schweben öfters: gespannt auf etwas gerichtet sein

schweigen auch: zum Schweigen bringen
Schweiß auch: Blut
schweissen auch: bluten
Schwetzerlein kleines, geschwätziges Wesen
schwind rasch; ungestüm, heftig, stark
schwinden bewußtlos werden, in Ohnmacht fallen
Scorpion ein Marterwerkzeug mit Stacheln, Stachelpeitsche
Seele auch: Lebewesen
sehre schmerzlich; sehr
Senne Sehne
sicht (3. Pers. Sg. Ind. Präs.) sieht
singlen zierlich singen
Sinnen, mitt mit Überlegung, mit Bedacht
sittlich langsam, sachte; dem Brauche gemäß, wie es sich gehört
Sommereyß Hagel
sonder ungewöhnlich, besonders; sondern
Sorge Versorgung, Sorgfalt
sorgen sich sorgen; »es steht zu –«: es ist zu befürchten
Spalt Zwiespalt
sparen schonen, erhalten
Spaß der einem zukommende Ort
Specktakel Schauspiel, Anblick
spielen zu 7,31 zielen auf
Sporen, flache Ruder
spöttlich höhnisch
spreissen, sich sich spreizen
sprencken sprengen, bunt färben
Stand Zustand, Lage
stätigs stets
staur rauh, unfreundlich, grimmig
Stecken »über einen den Stecken brechen«: den Stab brechen
steinen steinern
stellen neigen; stimmen; »sich – zu«: sich richten auf
sterben 45,219 töten
Sternenkram das Himmelsgewölbe als sternengeschmückte Zeltdecke
Stewr Abhilfe, Abwehr
strälen (streelen, strolen) kämmen
Stram Lichtstreifen, Strahl
streben »einem nach dem Leben –«: trachten

Streich Richtung, Weg, Strecke; Blitz-, Donnerschlag; 1,35 Taktschlag (?)
streng auch: scharf, schnell
Striem blutunterlaufener Streifen auf der Haut; 11,44 Strahl
strolen s. *strälen*
Stücklein Handlung, Tat, Kunststück; Ding, Sache
subtil zart, zierlich
Summe 4,49 »Jn kurtzer Summ«: kurzerhand; 15,42 »in gleicher Summen«: beide zusammen (?); 43,277: »in Summen«: alles zusammengerechnet, endlich
Susampt zusammen mit
Swerttlein Gladiole
tagen, der dieser Tage
Tappe Pfote, Tatze
teuer machen dafür sorgen, daß etwas selten, knapp wird, nicht mehr vorhanden ist
Todenkasten Sarg
toll schön (40,138, 41,44 »doll«: toll)
Ton auch: Melodie
Trabant Begleiter
Tracht aufgetragene Speise
tractiren bewirten
träglich erträglich, mäßig
tranckbar trinkbar
Traut Geliebte(r)
treiben drauff antreiben, auf etwas hinlenken; fahren; in die Höhe führen
treiben, sich sich hin und her bewegen; sich beschäftigen
Tromme Trommel
Troppen Truppen, Herde
trucknen s. *druckeh*
Tufft Dunst, Nebel
tummlen rundum bewegen, treiben
vbel auff krank, unpäßlich
vberlegen darüber gelegen, darüber gelagert
vberleiben, sich sich in den Leib Christi verwandeln
vbernehmen die Überhand gewinnen
vberschrencken verschränken
vbersessen überlegen
vberzwerch diagonal, in die Kreuz und Quere
Vchse Achselhöhle

Vhr Stunde
vmgehen übersehen, unbeachtet lassen
vmschlagen »die Trommel umschlagen«: die Leute durch Trommelschlag für eine Bekanntmachung zusammenrufen
vnbenawet ohne Beklemmung, ohne Angst
vnbereit unvorbereitet
vnbescheiden unwissend, unvernünftig
vnbewust unbekannt
vnden liegen unterliegen
Vnderscheid Scheidung, Trennung
vnderscheiden auch: in Zwischenräumen schmücken
Vnderschlag Scheidewand, Firmament
vnderstellen, sich sich (wieder) einfinden
vnderstraalen miteinander vermischt hervorleuchten
Vngefall Unfall
vngeferbt unverfälscht
vngehewr auch: unheimlich, schrecklich
vngeschickt ungebildet, unerfahren
vngeschlacht bösartig, roh
vngestalt formlos; häßlich, schmutzig
vntermahlen dazwischen malen, mischen
Vnterschleiff Obdach, Unterkunft
vnveracht (m. Gen.) ohne Schmälerung des Wertes von . . .
vnverheelet unverhohlen
vnvermeld 11,375 nicht verraten, nicht bekannt gemacht
vnverschoben ohne Aufschub
vnverschwigen ohne zu (ver)schweigen
vnverwend sofort
vnverwendet unwandelbar
vnverzuckt unverzüglich, ohne Verzug
Vppigkeit Leben im Überfluß; Eitelkeit; vergängliche irdische Güter; Übermut
Vrlaub Abschied
Vatterstuck Vaterliebe
verarbet verarbeitet
verbleichen, todts sterben
verblümen mit Blumen schmücken; 51,100 verhüllen
Verbott gerichtliche Vorladung; Aufforderung
verbringen vollbringen
verdencken in Verdacht haben
verdollt toll, von Sinnen

verfahren fortgehen, verschwinden; sterben
verfaßen zusammenfassen, einfassen
vergeben vergiften
vergehen kraftlos werden
vergirt 46,59 ›vergären‹: ausgären, übermäßig gären
vergleichen, sich einem zur übereinstimmenden Handlung kommen
vergraben begraben, beerdigen
Verhafft Haft
verhalten, sich sich aufhalten, sich verborgen halten
verhanden vorhanden
verhergen verheeren, verderben
verkehren verwandeln
verkochen geduldig ertragen, verwinden
verlauffen weglaufen
verleiten das Geleit geben, wegleiten; irreführen
verlohren geben (m. Dat.) sich von einem besiegt erklären
vermehren, (sich) (sich) berühmt, herrlich, schön machen
vermeinen meinen, denken (ohne pejorativen Nebensinn)
vermercken vernehmen, hören auf
vermitten vermieden
verrencken verbiegen
verrucken verwirren
versarcken in einen Sarg legen
versaumen, sich säumen
verscheyden unterschieden
verschieben zu späterer Zeit kommen; verbergen
verschleissen, die Zeit zubringen
versperren einsperren
Verstand, in – fassen verstehen
verstehen vernehmen, erfahren
verstellen entstellen
verstören stören
verstricken fesseln
vertragen austragen, zum Austrag bringen
vertreten, die Wacht Wache halten
verwachen bewachen
verwechßlen wechseln
verwegen, sich (m. Gen.) sich erdreisten, etwas zu tun
verweichen, Tods sterben
verweisen 42,100 schelten; für überführt erklären
verwenden, (sich) (sich) verwandeln

verwircken verarbeiten
verworren in Unruhe gebracht, erschreckt
verwundet gen einen durch Liebe zu einem verwundet
verwurret verwirrt
verzehren vernichten
verzeucht verzieht, wartet, zögert
vogelfrey frei wie ein Vogel
volwachsen ausgewachsen, erwachsen
vor für; vorher, ehedem
vorgehen den Vorzug haben vor
vorreißen als Muster vorzeichnen
vortheil, mitt sachverständig, geschickt
walten sorgen für, pflegen
Wanckelsorgen Schwanken in Glauben und Vertrauen
Wand Gewand
Wasen grasbewachsene Erdfläche, Weide
Wassersauß rauschend strömendes Wasser
Web Gewebe
wegen, (sich) (sich) bewegen, (sich) in Bewegung setzen
weger fürwahr
weil auch: solange als, während
weisen 10,56 den Weg zeigen; 27,10 kundtun, offenbaren
weisen, sich sich zeigen
weisen, sich – lassen sich belehren lassen
weißlich klug; sachkundig, kunstgerecht
weiters 51,45 weiter
wenden, sich sich verwandeln
wern 38,46 werden
werth herrlich, schön
Wetterboltz Blitz
Wetterschein Blitz, Wetterleuchten
widerkehren erstatten
widerstahn feindlich entgegentreten
wieget 32,64 vermutl.: sie setzt in Bewegung, richtet
Wilpret Wildbret; das lebende Wild; Haustier
winden wehen, blasen, seufzen; duften, riechen; 4,113 sich wenden
wirblen, sich sich rasch im Kreise bewegen
wischen sich leicht und schnell bewegen
wolbeschwetzet redegewandt, redselig, schwatzhaft
wolbewust wohlbekannt
woldà dan nun denn

wolgezogen gut erzogen
wüllen aus Wolle
Wunder auch: Verwunderung
wunder wunderbar; 9,13 außergewöhnlich, seltsam
wundersam wunderbar
Wurm Drache
zehren essen und trinken
Zeit 43,137 »in zeiten«: rechtzeitig; 46,109 f. »seine Zeiten ... seine Zeiten«: bald ... bald
zeitlich beizeiten, rechtzeitig, frühzeitig
zerdänen auseinanderreißen
zergerben kräftig prügeln und die Haut zerschlagen
zergrümlen zerkrümeln
zerkerben die Haut zerfetzen
zerlassen auflösen; 51,36 verwandeln
zerplagen mit schwerer Plage heimsuchen, sehr quälen
zerspleissen zerspalten; sich spalten
zertreiben auseinandertreiben
Zeug Subst. neutr. und mask.
ziegeln aufziehen, erzeugen, züchten
zielen, zihlen erzielen, bewirken, machen; streben, eilen
Zihl oft: Grenze, abgegrenzter Raum, Maß
zucken die Zügel straff anziehen, verlangsamen, anhalten
Zufall 51,72 Akzidens (also die Übersetzung eines Ausdrucks aus der scholastischen Philosophie und Theologie)
zufrieden in Frieden
Zug 22,188 lebhafte, muntere Bewegung
zuhand auf der Stelle, sogleich, alsbald
zumal zugleich, zusammen; manchmal hat das Wort bloß verstärkende Funktion oder ist Reimflickwort
zunweilen, je dann und wann; immer wieder
zwagen waschen, baden
zwar wahrlich, fürwahr; allerdings
zween zwei
zwicklen durch Abkneifen, Beißen einen Teil wegnehmen
zwingen 23,24 »Verßlein –«: dichten; 48,14 »in Reymen –«: dichten

Anmerkungen

Da für Worterklärungen das Glossar (S. 305) zu Rate zu ziehen ist, können sich die folgenden Anmerkungen – neben einigen wenigen notwendigen Sacherläuterungen – vor allem auf den Nachweis der zahlreichen Bibelzitate in den Liedern der *Trvtz-Nachtigal* beschränken. Zum Teil finden sich diese Hinweise auf die Heilige Schrift bereits als Randbemerkungen in anderen Handschriften der *Trvtz-Nachtigal*.

[Motto] Die Übersetzung des Mottos lautet: »Sizilianische Musen, bekränzt den geistlichen Dichter, / der euch nun in deutscher Sprache reden läßt.« Die ersten Worte des von Spee selber stammenden Distichons sind dem Anfang von Vergils 4. Ekloge »Sicelides Musae, paulo maiora canamus!« entnommen. Durch solches Zitieren bukolischer Dichtung hebt Spee mit seinem Distichon jenen Teil der *Trvtz-Nachtigal*, der sich aus Hirtenliedern zusammensetzt, besonders hervor. Spee nennt sich »sacrum Poetam«, also geistlichen Dichter. Auch in diesem Zusammenhang ist der Hinweis auf Vergil treffend, weil die 4. Ekloge lange als unbewußte »messianische Prophetie« betrachtet wurde. Als drittes wichtiges Merkmal seiner geistlichen Hirtendichtung betont Spee die Neuerung der Deutschsprachigkeit.

6,80–90 Vgl. Ps. 41. Daß die Feinde ein Spottlied gesungen hätten, steht allerdings nicht in Ps. 41.

7,8 Vgl. Ps. 62,1. Spee bezieht sich hier auf die *Vulgata*, denn nur dort heißt es: »Ad te de luce vigilo«.

7,13 Vgl. Ps. 62,2.

7,36 Vgl. Ps. 21,25.

7,42 Vgl. Ps. 62,3. Nur in der *Vulgata* heißt es: »In terra deserta, et invia, et inaquosa«.

7,46 *Weit weg zu sein:* vgl. Ps. 138 und Am. 9,2 ff.

9,120`–135 Vgl. Joh. 18,8 f.

9,151 *widerfihrt:* Formen mit *i* finden sich bei »fahren« im Moselfränkischen und Ripuarischen (vgl. *Rheinisches Wörterbuch* II,239).

10 Große Teile dieses Gedichts sind eine breite Ausmalung des 5. Kapitels des Hohenlieds.

11,1 In der Straßburger Handschrift steht eine wieder gestrichene Randbemerkung »Est imitatio Originis in Homilia 10 quae est de Maria Magdalena. sed assequi eius delicias impossibile fuit«. Vgl.

dazu Theo van Oorschot, »Friedrich Spees Magdalenenlied«, in: *Festgabe für Paul B. Wessels*, Nimwegen 1974, S. 98–109.

11,38 *kurtzer:* Fast alle anderen Textzeugen lesen »kürtzer«, also Komparativ.

11,224–231 Vgl. Cant. 2,5.

11,232–235 Vgl. Lk. 10,42.

11,240 Vgl. Spr. 8,17.

12,10 Vgl. u. a. Hes. 33,11.

12,33 Vgl. Mt. 26,24.

14,53 Vgl. Ps. 146,9 und Hiob 38,41.

14,61–63 Vgl. Ps. 129,3 sowie Friedrich Spee, *Güldenes Tugend-Buch*, hrsg. von Theo van Oorschot, München 1968, S. 123,34–37.

15,43 Vgl. Ps. 6,1 und 37,1 sowie Spee, *Güldenes Tugend-Buch*, S. 51,31 f.

15,47 Ähnliche Texte oft in der Bibel, u. a. Ps. 84,3 und Jak. 5,20.

15,48 Auch solche Schrifttexte gibt es mehrfach, u. a. Ps. 78,8 und Tob. 3,3.

15,49 Vgl. Mich. 7,19.

15,75–86 Dieses Lied sowie das nächste (16,71–130) spielen auf die Parabel vom Verlorenen Sohn (Lk. 15,11 ff.) an.

15,117 Vgl. Ps. 41,4.

15,143 *Die Schrifft vermeldt, Der Glaub es helt:* Henricus Denzinger, *Enchiridion Symbolorum*, 32. Aufl., Freiburg 1963, bringt in Nr. 1542 f. eine Reihe einschlägiger Bibelstellen, u. a. 2. Kor. 7,10. Etwa in Nr. 1579 und 1671 wird die Lehre, daß Gott immer neu zur Verzeihung bereit ist, bestätigt.

16,39 Vgl. Jer. 2,13.

16,50 Vgl. Jes. 45,9.

16,71 Vgl. Hebr. 4,16.

18,50 f. Vgl. 2. Mose 17,6 und öfters in der Bibel.

21,27 Hierzu in der Düsseldorfer Handschrift eine Randbemerkung: »S. Aug. in ps. 93«. Der Augustinus-Text lautet: »[...] quomodo luminaria in coelo per diem et per noctem procedunt, peragunt itinera sua, cursus suos certos habent, et committuntur tanta mala, nec deviant desuper stellae fixae in coelo, agentes per tractus coelestes, quae illis praestituit et constituit Creator ipsarum; sic debent [...]« (Migne, PL 37, 1193 f.).

23,6 Randbemerkungen in der Straßburger und der Kölner Handschrift verweisen auf Bartholomaeus Anglicus, *De genuinis rerum coelestium, terrestrium et inferarum Proprietatibus Libri XVIII*, Frankfurt a. M. 1601. Die Kapitel XII,14 und XVIII,11 handeln von den Bienen und lieferten Spee manche Anregung für das Gedicht. Spee verweist auch noch auf Ambrosius, Aristoteles, Plinius und Avicenna, aber diese Autoren mag er nicht selber gelesen haben, sondern den Hinweis einfachhin aus Anglicus abgeschrieben haben; nur Spees Hinweis auf das 4. Buch von Vergils *Georgica* fehlt bei Anglicus.

23,169 *Sich wirblet vberall:* Indem die Sonne die Erde umkreist, beleuchtet sie alles, aber in die Finsternis des Bienenkorbs kann sie nicht eindringen.

24,78 Vgl. Lk. 1,52.

24,83 Vgl. Joel 2,10.

25,1 In den frühen Fassungen nennt sich dieses Gedicht: »Lobgesang auß vnterschiedlichen psalmen Dauids«. Man erkennt denn auch leicht Anklänge an die Psalmen 17, 64, 73, 77, 79, 88, 102, 103, 104, 113, 135 und 146 bis 150 sowie an Dan. 3,57–90. Die Frageform des Liedes dürfte aber von dem Buch Hiob, Kap. 37 und 38, veranlaßt worden sein.

26,20 Vgl. Jer. 31,35.

26,60 Vgl. Ps. 146,9 und Hiob 38,41.

26,79 Vgl. Jer. 31,35.

26,90 f. Vgl. Ps. 64,8 und 76,18; Jes. 5,30 und 17,12 f.; Lk. 21,25.

28,28 In der Düsseldorfer Handschrift die Randbemerkung »Gen 1, v, 6; ps. 103, v. 2, ps. 148, v. 4; Dan. 3, v. 60. Vide Cornelium à Lapide in Genesim. Salianum & alios«. Gemeint sind Cornelius a Lapide, *Commentaria in Pentateuchum Mosis*, Antwerpen 1616 (vgl. dort S. 15 f.), und Jacobus Salianus, *Annales Ecclesiastici Veteris Testamenti*, Bd. 1, Antwerpen 1620 (vgl. dort S. 28 f.).

28,54 Die früheren Fassungen lauten »Wan er nun anders«, was beweist, daß »anders« hier ›auf andere Weise‹ bedeutet.

28,97 *gefärbter Bogen:* im Druck die Fußnote: »regenbogen«.

28,153 *Flache Sporen:* im Druck die Randbemerkung: »Ruder«.

28,154 *Flächsen Feder:* im Druck die Randbemerkung: »Segel«.

28,224 Vgl. Ps. 4,8 und 103,15.

28,234 ff. Vgl. Ps. 148,1 ff.

29,14 *Auß höchstem Ton entführet:* heißt wahrscheinlich: ›Der schönsten Melodie nachgedichtet‹.

29,149 In Handschriften die Randbemerkung: »vide de hoc D. Thom: 1. p. q: 39. a. 5.«. Überhaupt hat Spee für dieses Lied ausgiebig aus dem ersten Band von Thomas von Aquins *Summa Theologiae*, Quaestiones 27–43, geschöpft.

29,191 In Handschriften die Randbemerkung: »legendum cum gemitu istud Ahà«.
29,209 In Handschriften die Randbemerkung: »S. Th. 1. p. q 39 a. 7. ad 2.«.
29,217 Vgl. Apg. 2,38.
31,22 *Als wol:* So schön wie.
31,79–83 Vgl. Ps. 18,6 f.
32,151 f. Vgl. Ps. 135,25 und öfters in der Bibel.
33,76 Vgl. Hes. 34 und Jes. 32,17 f.
33,80–87 Vgl. Jes. 11,6 f. und 62,25.
33,99 Vgl. 5. Mose 32,13.
33,116–119 Vgl. 2. Mose 3,8 und öfters in der Bibel.
34,73 *Born:* im Druck die Randbemerkung: »quellendes Wasser«.
35,33 In der Münsteraner Handschrift die Randbemerkung: »Dieses soll gehauchet werden« (vgl. Anm. zu 29,191).
37,28 In der Münsteraner Handschrift die Randbemerkung: »Flagellatio« (›Geißelung‹).
37,43 Obwohl der Sinn der Zeile sein mag: ›bleibe ich den Launen der Fortuna ausgeliefert‹ oder ›bleibt die Fortuna mir ungünstig gesinnt‹, sind die genaue Bedeutung und der Zusammenhang der einzelnen Wörter nicht klar.
37,44 In der Münsteraner Handschrift die Randbemerkung: »Coronatio« (›Dornenkrönung‹).
37,60 Ebd. die Randbemerkung: »Crucifixio« (›Kreuzigung‹).
37,80–83 Vgl. Lk. 23,46.
42,41 f. Aus dem *Credo* der Meßliturgie.
42,133 f. Vgl. die Zeile »Nobis datus, nobis natus« aus dem Hymnus *Pange, lingua.*
42,135 f. Vgl. die Zeile »Tantus labor non sit cassus« aus dem *Dies irae.*
43,314 Vgl. Mt. 27,46.
43,318 ff. Vgl. Ps. 21,13–17.
45,246 Vgl. Ps. 41,4.
45,248 Vgl. Ps. 79,6.
47,169 Vgl. Ps. 41,4.
47,177 *mehren:* könnte außer ›vermehren‹ auch ›mehrerer‹ (größerer) heißen. Vgl. den Wahlspruch des Jesuitenordens »Omnia ad maiorem Dei gloriam«.
48,51 Vgl. Spee, *Güldenes Tugend-Buch*, S. 383 f.
48,138 ff. Vgl. Jes. 53,7; Apg. 8,32; Mt. 26,63.

48,188 Vgl. Joh. 19,28. Siehe auch Spee, *Güldenes Tugend-Buch*, S. 387.
49,170 ff. Vgl. Mt. 27,51–53.
50,107 ff. Vgl. Offb. 21,23 und 22,5; Jes. 60,19; hinzuzunehmen sind auch Z. 114 ff.
50,146 Vgl. Joh. 10,4.
50,149 Vgl. Joh. 10,12.
50,152 *Hirt der Hirten:* Dieser Ausdruck stammt nicht aus der Bibel, entspricht aber biblischen Redewendungen wie »König der Könige« oder »dem Heiligen der Heiligen«.
51,23 Vgl. 2. Mose 16,15: »Manhu? Was bedeutet, was ist das?«.
51,37 Vgl. Cant. 8,6.
51,57–59 Vgl. Mal. 1,11.

Bibliographie

1. Die Handschriften

TRVTZ-NACHTIGAL. oder geistliches poëtisch Lustwäldlein als noch nie zuvor in Teutscher spraach auff recht poëtisch gesehen ist. Allen geistlichen gottliebenden Seelen, vnd sonderlich der poëtischen kunst Liebhaberen zur erquickung. Durch einen priester der Societet JESV. A 1634.
Autographisches Arbeitsheft mit eigenhändiger Titelzeichnung, ohne Melodien, 238 Seiten, etwa 15,3 x 9,2 cm, im Jahre 1634 abgeschlossen. Aufbewahrungsort: Bibliothèque Nationale et Universitaire zu Straßburg. Signatur: Ms. 2328.

TRVTZ-NACHTIGAL. oder GEISTLICHES POËTISCH LVSTWAELDLEIN. Als noch nie zuvor in Teutscher Spraach auff recht Poëtisch gesehen ist. Allen geistlichen, gottliebenden Seelen, vnd sonderlich der poëtischen Kunst gelehrten Liebhabern zur Erquickung. Durch einen Priester der Societet JESV. Anno 1634.
Autographische Reinschrift ohne Titelzeichnung und ohne Melodien, 175 Blätter mit Vor- und Nachsatz, 13,7x7,5 cm, im Jahre 1634 angefertigt, anschließend auf Rasur noch viele Änderungen. Aufbewahrungsort: Stadtbibliothek Trier. Signatur: Hs. 1118/2283.

P. FRIDERICI SPEE SOC. Jesu Trütz nachtigal oder Geistliches Poëtisch lüstwäldtelen, Alß noch nie zuuor in teutscher sprach auff recht poëtisch gesehen ist, Allen Geistlichen, Gottliebenden Sehelen vnndt sonderligh der poëtischen Kunst verstendigen liebhabern zur erquickungh offerirt.
Abschrift ohne Titelzeichnung und ohne Melodien, einst im Besitz des Fürstbischofs Ferdinand von Fürstenberg, 3 + X + 287 Seiten, 12,6 x 7,2 cm, im Jahre 1638 zu Trier angefertigt. Aufbewahrungsort: Universitätsbibliothek Münster. Signatur: NK 121.

TrutzNachtigal oder Geistliches poëtisch Lustwältlein als noch nie zuuorn in teutscher spraach auff recht poëtisch gesehen ist. Allen Christlichen gottliebenden Seelen, vnd sonderlich der poëtischen Kunst liebhabern zur erquickung. Durch einen Priester der Societet JESV. Anno 1634.
Abschrift ohne Titelzeichnung und ohne Melodien, V Blätter + 218 Seiten, 14 x 8,5 cm, Entstehungszeit *nicht* 1634, sondern unsi-

cher, auf jeden Fall vor 1659. Aufbewahrungsort: Historisches Archiv der Stadt Köln. Signatur: W 359.

TRUTZ NACHTIGAL Oder geistliches poëtisch lustwältlein als noch nie zuuorn in teutscher sprach auff recht poëtisch gesehen ist. Allen geistlichen gottliebenden seelen, vnd sonderlich der poëtischen kunst liebhabern zur erquickung.
Kombinierte Abschrift von Spees *Güldenem Tugend-Buch* und der *Trvtz-Nachtigal*. Deren Lieder teilweise in dem *Tugend-Buch*-Teil, die übrigen auf Bl. 312–389, ohne Titelzeichung und mit Melodien zu vier Liedern, 391 + 4 Blätter mit Vor- und Nachsatz, 19,9 x 15,6 cm, um 1640 entstanden. Aufbewahrungsort: Bibliothèque National, Paris, Signatur: ALL. 134.

TRVTZ-NACHTIGAL oder GEISTLICHES POËTISCH LUSTWAELDELEIN. Alß noch nie zuvor in Teutscher Spraach auff recht Poëtisch geschehen ist. Allen Geistlichen, Gottliebenden Seelen, vnd sonderlich der poëtischen kunst gelehrten Liebhabern zur Erquicknung. Durch einen priester der Societet Iesu. Anno 1634.
Vier Blätter einer verschollenen Abschrift, die jetzt an die vorhergehende Handschrift angebunden sind. Sie enthalten den Titel, das Distichon, die Merckpünctlein und ein Register der *Trvtz-Nachtigal*-Lieder. Die Handschrift wurde auf jeden Fall vor 1649 verfaßt und war vielleicht eine der Vorlagen des Erstdrucks.

GÜLDENES TUGEND-BUCH, das ist, Werck vnd Übung der dreyen Göttlichen Tugenden, des Glaubens, der Hoffnung, vnd der Liebe.
Diese im Jahre 1640 entstandene Abschrift eines anderen Werks von Friedrich Spee enthält 21 *Trvtz-Nachtigal*-Lieder in einer sehr frühen Fassung. Aufbewahrungsort: Heinrich-Heine-Institut, Düsseldorf. Signatur: B 128.

2. Die Drucke

TRVTZ NACHTIGAL, Oder Geistlichs-Poetisch LVST-VVALDLEIN, Deßgleichen noch nie zuvor in Teutscher sprach gesehen. Durch Den Ehrw.: P. FRIDERICVM SPEE, Priestern der Gesellschafft JESV. Jetzo / nach vieler wunsch vnd langem anhalten / zum erstenmahl in Truck verfertiget. Cum Facultate & approbatione superiorum. Cöllen / In verlag Wilhelmi Friessems Buchhändlers / in der Tranckgaß im Ertz-Engel Gabriel. Im Jahr 1649. Cum gratia & Privilegio Sac. Caes. Maj.

8 Bll. + 341 S. + 3 unpaginierte Seiten. Es gibt Exemplare mit Melodien zu 24 der 52 Lieder.
In den Jahren 1654, 1660, 1672 und 1683 erschienen bei Friessem jeweils im Neusatz, aber textlich unverändert vier weitere Auflagen der *Trvtz-Nachtigal*. Die sechste, ebenfalls textidentische Auflage kam 1709 in Köln bei Friessem und Fromart heraus.

Friedrich Spee: Zdoro-Slaviček. Prag: [o. V.,] 1665. 370 S. [Übersetzung ins Tschechische durch P. Felix Kadlinský.]

Friederich Spee's auserlesene Gedichte. Hrsg. von Ign. Heinrich von Wessenberg. Zürich, bey Orell, Füssli und Compagnie. 1802. VIII + 63 S. [Diese Auswahl mit neun sehr stark überarbeiteten Liedern bildet den Anfang der Wirkung der *Trvtz-Nachtigal* im 19. Jahrhundert.]

Trutznachtigall. Eine Auswahl geistlicher Volkslieder nach Friedrich Spee und einigen anderen. In: Friedrich Schlegel (Hrsg.): Poetisches Taschenbuch für das Jahr 1806. Berlin 1806. S. 125–256. [Enthält 16 Lieder Spees mit 5 Melodien.]

Trutz-Nachtigall von Friedrich von Spée. Hrsg. von P. L. Willmes. Köln, bei Heinrich Rommerskirchen. 1812. IV + 348 S.

Trutz Nachtigal ein geistlich poetisches Lustwäldlein, desgleichen noch nie zuvor in deutscher Sprache gesehen worden. Durch den ehrwürdigen Pater Friedrich Spee Priester der Gesellschaft Jesu. Wörtlich treue Ausgabe vermehrt mit den Liedern aus dem güldenen Tugendbuch desselben Dichters. Berlin, 1817. Bey Ferdinand Dümmler. 2 + XXX + 4 + 458 S. [Herausgeber war Clemens Brentano.]

Trutz-Nachtigall von Friederich von Spee. Nach der ersten Ausgabe von W. Friessem, Köln 1649. Mit Einleitung und Erklärungen von B. Hüppe und W. Junkmann. Ein Anhang enthält die Melodien der ersten Ausgabe, bearbeitet von G. Fölmer. Coesfeld, bei B. Wittneven. Münster, in der Theissingschen Buchhandlung. 1841. LI + 7 + 311 + 29 S.

Des ehrwürdigen Pater Friedrich Spee, Priester der Gesellschaft Jesu, Trutz-Nachtigall: Ein geistlich-poetisches Lustwäldlein. Nach der Cöllner Auflage von 1654 im Geiste des Verfassers treu bearbeitet. Mit Musik-Beilagen von P. Franz Xaver Weninger, Priester der Gesellschaft Jesu. Innsbruck, 1844. Bei Felician Rauch. 2 + XVI + 6 + 440 S. und 3 Faltblätter mit Noten.

Friedrich Spees Trutz Nachtigall verjüngt von Karl Simrock. Heilbronn. Verlag von Gebr. Henninger. 1876. VIII + 280 S.

Trutz-Nachtigal von Friedrich Spee. Hrsg. von Gustav Balke. Leipzig: Brockhaus, 1879. LXVIII + 250 S. (Deutsche Dichter des 17. Jahrhunderts. 13.)

Trutznachtigall von Friedrich Spee. Erneut von Karl Pannier. Leipzig: Philipp Reclam jun., 1889 [u. ö.]. 280 S.

TRVTZ-NACHTIGAL oder GEISTLICHES POETISCH LVST-WAELDLEIN. Als noch nie zuvor in Teutscher Spraach auff recht Poetisch gesehen ist. Allen geistlichen, gottliebenden Seelen, vnd sonderlich der poetischen Kunst gelehrten Liebhabern zur Erquickung. Durch einen Priester der Societet JESV. Anno 1634. In: Das deutsche Kirchenlied des 16. und 17. Jahrhunderts. Hrsg. von Eugen Wolff. Stuttgart: Deutsche Verlags-Anstalt, [1894]. (Deutsche National-Litteratur. 31.) S. 225–470. – Reprogr. Nachdr. Tokyo 1973.

Trutznachtigall. Von P. Friedrich Spee S. J. Nebst den Liedern aus dem Güldenen Tugendbuch desselben Dichters. Nach der Ausgabe von Klemens Brentano kritisch neu hrsg. von Alfons Weinrich. Mit den Titelbildern der Originalausgabe und der Ausgabe von Brentano. Freiburg: Herder, 1908. XL + 428 S.

Trutz-Nachtigall oder Geistliches Poetisch Lustwäldlein. Als noch nie zuvor in Teutscher Sprach auff recht Poetisch gesehen ist. Allen geistlichen, gottliebenden Seelen und sonderlich der poetischen Kunst gelehrten Liebhabern zur Erquickung durch einen Priester der Societet Jesu (Friedrich Spee). Anno 1634. München: Rupprechtpresse (C. H. Beck), 1929. VII + 290 S. (Buch der Rupprechtpresse. 46.)

Trutznachtigall von Friedrich Spee. Mit Einleitung und kritischem Apparat hrsg. von Gustave Otto Arlt. Halle: Niemeyer, 1936. XXIV + 14 + 344 + XXV–CLXXXI S. (Neudrucke deutscher Literaturwerke des XVI. und XVII. Jahrhunderts. 292–301.) – Nachdr. Halle 1967.

Friedrich Spee, TRUTZNACHTIGALL. Faksimiledruck nach der Ausgabe von 1649. Hrsg. und eingel. von G. Richard Dimler. Washington: University Press of America, 1981. V + 402 S.

Friedrich Spee: Trutz-Nachtigal. Historisch-kritische Ausgabe. Hrsg. von Theo G. M. van Oorschot. Bern: Francke, 1985. 592 S.

Friedrich Spee: Trutz-Nachtigall 1649. 24 geistliche Lieder für Singstimme und Generalbaß. Hrsg. von Rudolf Ewerhart. Köln o. J.

3. Allgemeine Darstellungen

Dimler, Richard G.: Friedrich Spee von Langenfeld. Eine beschreibende Bibliographie. Tl. 1: Textausgaben vor 1750. Amsterdam 1984. – Tl. 2: Forschungsliteratur. Ebd. 1986. – Auch in: Daphnis. Zeitschrift für Mittlere Deutsche Literatur 13 (1984) S. 637–722; 15 (1986) S. 649–703.

Reichert, Franz Rudolf: Friedrich Spee – Bibliographie. In: Arens 1984. S. 243–281.

– / Embach, Michael: Die Spee-Dokumentation in der Bibliothek des Trierer Priesterseminars. Ein Zwischenbericht mit Nachträgen zur Friedrich-Spee-Bibliographie von 1984 (Stand: August 1990). In: Gunther Franz (Hrsg.): Friedrich Spee. Dichter, Seelsorger, Bekämpfer des Hexenwahns. Katalog der Ausstellung in Düsseldorf 1991. Trier 1991. S. 271–297.

Embach, Michael: Neu erschienene Spee-Literatur. Eine Auswahlbibliographie der Erscheinungsjahre 1991–1993. In: Gunther Franz (Hrsg.): Friedrich Spee zum 400. Geburtstag. Kolloquium der Friedrich-Spee-Gesellschaft Trier. Paderborn 1995. S. 377–385.

Schmitt, Bernhard: Auswahlbibliographie der neu erschienenen Spee-Literatur 1994–1997 und 1998–2000. In: Spee-Jahrbuch 6 (1999) S. 123–143; 8 (2001) S. 168–179.

Arens, Anton: Friedrich Spee von Langenfeld. Zur Wiederauffindung seines Grabes im Jahre 1980. Trier 1981.

– (Hrsg.): Friedrich Spee im Licht der Wissenschaften. Beiträge und Untersuchungen. Mainz 1984. (Quellen und Abhandlungen zur Mittelrheinischen Kirchengeschichte. 49.)

Battafarano, Italo Michele: Friedrich von Spee. Dichter, Theologe und Bekämpfer der Hexenprozesse. Gardolo di Trento 1988.

Brockmann, Doris / Eicher, Peter: Die politische Theologie Friedrich von Spees. München 1991.

Diel, Joh. Bapt.: Friedrich Spe. 2., umgearb. Aufl. von Bernhard Duhr. Freiburg 1901.

Feldmann, Christian: Friedrich Spee. Hexenanwalt und Prophet. Freiburg i. Br. 1993.

Fischer, Balthasar: Friedrich Spee von Langenfeld SJ (1591–1635). Ein Zugang zu seiner Persönlichkeit. In: Trierer Theologische Zeitschrift 85 (1976) S. 97–109. – Wiederabgedr. in: Arens (1981) S. 34–47.

Franz, Gunther (Hrsg.): Friedrich Spee. Dichter, Seelsorger, Bekämpfer des Hexenwahns. Katalog einer Ausstellung der Stadtbibliothek Trier. Trier 1985.
– (Hrsg.): Friedrich Spee. Dichter, Seelsorger, Bekämpfer des Hexenwahns. Katalog der Ausstellung in Düsseldorf 1991. Trier 1991.
– (Hrsg.): Friedrich Spee zum 400. Geburtstag. Kolloquium der Friedrich-Spee-Gesellschaft Trier. Paderborn 1995.
– / Wirtz, Hans-Gerd (Hrsg.): Friedrich Spee als Theologe. Trier 1997.
[Freund, Winfried] Friedrich von Spee. Lyrik und Prosa. Ausgew. und eingel. von W. F. Paderborn 1991.
Friedrich Spee von Langenfeld. Lesebuch. Hrsg. von Günter Dengel [u. a.]. Langwaden 1991.
Grunewald, Eckhard / Gussone, Nikolaus: Zur Wirkungsgeschichte eines rheinischen Barockdichters. Berlin 1991.
[Härting, Michael] Friedrich Spee: Die anonymen geistlichen Lieder vor 1623. Mit einer Einl. hrsg. von M. H. unter Mitarb. von Th. van Oorschot. Berlin 1979. (Philologische Studien und Quellen. 63.)
Kaiserswerther Vorträge zu Friedrich Spee 1985–1993. Hrsg. von Norbert Henrichs [u. a.]. Kaiserswerth 1995.
Keck, Rudolf W.: Friedrich Spee von Langenfeld. Sieben didaktische Versuche zu einem dramatischen Leben. Hildesheim 1985.
Keller, Karl: Friedrich Spee von Langenfeld. Leben und Werk des Seelsorgers und Dichters. Geldern 1990.
Kuckhoff, Josef: Friedrich Spee. Die Geschichte seines Lebens nach den Quellen dargestellt. [Köln] 1936. [Als Ms. in der Bibliothek des Trierer Priesterseminars.]
Miesen, Karl-Jürgen: Friedrich Spee. Pater, Dichter, Hexen-Anwalt. Düsseldorf 1987.
– (Hrsg.): Friedrich Spee. Ein Dichter und Aufklärer vom Niederrhein. Düsseldorf 1991.
Nigg, Walter: Friedrich von Spee. Ein Jesuit kämpft gegen den Hexenwahn. Paderborn 1991.
[Oorschot, Theo van] Friedrich Spee: Güldenes Tugend-Buch. Hrsg. von Th. v. O. Bd. 2: Literarhistorische Abhandlung. Nijmegen 1968.
– Friedrich Spee von Langenfeld. Zwischen Zorn und Zärtlichkeit. Göttingen/Zürich 1992. (Persönlichkeit und Geschichte, 140.)
– (Hrsg.): Friedrich Spee. Düsseldorfer Symposion zum 400. Geburtstag. Neue Ergebnisse der Spee-Forschung. Bielefeld 1993.

Rahner, Karl: Wider den Hexenwahn. Was hat Friedrich Spee uns heute zu sagen? In: Geist und Leben 56 (1983) S. 284–291.

Ritter, Joachim Friedrich: Friedrich von Spee. Ein Edelmann, Mahner und Dichter. Trier 1977.

Rosenfeld, Emmy: Friedrich Spee von Langenfeld. Eine Stimme in der Wüste. Berlin 1958. (Quellen und Forschungen zur Sprach- und Kulturgeschichte der germanischen Völker. N. F. 2.)

Rupp, Walter: Friedrich von Spee. Dichter und Kämpfer gegen den Hexenwahn. Mainz 1986. (Topos-Taschenbücher. 156.)

Rüttenauer, Isabella: Friedrich von Spee. Ein lebender Märtyrer. Freiburg i. Br. 1951.

Sievernich, Michael (Hrsg.): Priester – Poet – Prophet. Frankfurt a. M. 1986.

Steinmetz, Peter: Friedrich Spee, Wirken und Werk. In: Friedrich-Spee-Gymnasium 1973–1983. Trier 1983. S. 10–51.

Weber, Helmut / Franz, Gunther: Friedrich Spee (1591–1635). Leben und Werk und sein Andenken in Trier. Trier 1996.

Zander, Horst Conrad: Friedrich Spee. Hexenjagd in Deutschland. In: H. C. Z.: Gottes unbequeme Freunde. Heilige für unsere Zeit. Hamburg 1982. S. 51–87.

Zeller, Paul: Friedrich von Spee und seine Weltschau. Diss. Fribourg 1956.

Zoepfl, Friedrich: Die Frömmigkeit Friedrichs von Spe. In: Geist und Leben 20 (1947) S. 36–53.

Zwetsloot, Hugo: Friedrich Spee und die Hexenprozesse. Die Stellung und Bedeutung der Cautio Criminalis in der Geschichte der Hexenverfolgungen. Trier 1954.

4. Forschungsliteratur zur *Trvtz-Nachtigal*

Berns, Jörg Jochen: Ahá, ahá, ahá. Unsägliches und Unsagbares in einem Weihnachtsgedicht Friedrich Spees. In: Festschrift für Rudolf Tarot. Bern 1996. S. 73–90.

Breuer, Dieter: »Weil vnser Fantasey eine solche Kraft hat«. Friedrich Spees manieristische Poetik des immerwährenden Gotteslobs. In: Franz (1995) S. 213–227.

Browning, Robert M.: On the Numerical Composition of Friedrich Spee's *Trutznachtigall*. In: Festschrift für Detlev W. Schumann zum 70. Geburtstag. München 1970. S. 28–39.

Busch, Stefan: Die Lieblichkeit der Schöpfung und der Dichtung.

Zur Poetik der Naturschilderungen bei Friedrich Spee. In: Spee-Jahrbuch 2 (1995) S. 67–88.

Dimler, George Richard: Imagery in Friedrich von Spee's *Trutznachtigall*. Function, Structure, Style. Diss. Los Angeles 1970. [Erw. Bearb. u. d. T.: Friedrich Spee's Trutznachtigall. Bern 1973.]

– The Arrow-Motiv in Friedrich Spee's *Trutznachtigall*. Genesis, Function and Style. In: Classical Folia 26 (1972) S. 279–288.

– The Genesis and Development of Friedrich Spee's Love-Imagery in the *Trutznachtigall*. In: Germanic Review 48 (1973) S. 87–98.

– On the Structure and Composition of Friedrich Spee's *Trutznachtigall*. In: Modern Language Notes 89 (1974) S. 787–796.

– Death and Sacrament in Friedrich Spee's *Trutznachtigall*. Genesis and Function. In: Daphnis 4 (1975) S. 42–50.

Drews, Peter: Friedrich von Spees *Trutznachtigall* in tschechischer Übersetzung. Zur praxisliterarischen Vermittlung im Barock. In: Anzeiger für slavische Philologie 12 (1981) S. 107–132.

Eicheldinger, Martina: Friedrich Spee – Seelsorger und poeta doctus. Die Tradition des Hohenliedes und Einflüsse der ignatianischen Andacht in seinem Werk. Tübingen 1991. (Studien zur deutschen Literatur. 110.)

– Friedrich Spees geistliches Arkadien. Funktion und Gestaltung der schäferlichen Motivik in der *Trutz-Nachtigall*. In: Spee-Jahrbuch 1 (1994) S. 21–43.

Fetscher, Iring: Ein Tafelbild. (Zu Friedrich Spee von Langenfeld: Ein kurz poetisch Christgedicht vom Ochs und Eselein bei der Krippen.) In: Frankfurter Anthologie 3. Frankfurt a. M. 1978. S. 23–27.

Freund, Winfried: Diesseitsangst und Jenseitshoffnung. Andreas Gryphius und Friedrich von Spee. In: Geist und Leben 64 (1991) S. 244–260.

Gentner, Margarete: Das Verhältnis von Theologie und Ästhetik in Spees *Trutznachtigall*. Diss. Tübingen 1965.

– »daß futter misch mit rosen«. Literaturwissenschaftliche Notizen zu Spees »kindlicher Naivität«. In: Arens (1984) S. 37–62.

Gössmann, Wilhelm: Der trauernde Christus. Zu dem Spee-Gedicht »Bey stiller Nacht«. In: Spee-Jahrbuch 4 (1997) S. 13–38.

Gotzen, Josef: Über die *Trutz-Nachtigall* von Friedrich von Spee und die Verbreitung ihrer Melodien. In: Kirchenmusikalisches Jahrbuch 37 (1953) S. 63–83.

Haas, Alois M.: Geistlicher Zeitvertreib. Friedrich Spees Echogedichte. In: Deutsche Barocklyrik. Gedichtinterpretationen von

Spee bis Haller. Bern 1973. S. 11–47. – Wiederabgedr. in: A. M. H.: Sermo mysticus. Studien zur Theologie und Sprache der deutschen Mystik. Fribourg 1979. S. 310–370.

Herzog, Urs: Geistlicher »Augenblick«. Zu Friedrich Spees »Liebgesang der Gesponß Jesu, im anfang der Sommerzeit«. In: Gedichte und Interpretationen. Bd. 1: Renaissance und Barock. Hrsg. von Volker Meid. Stuttgart 1982. (Reclams Universal-Bibliothek. 7890.) S. 271–289.

Honeder, Klothilde Maria: Biblische und patristische Vorbilder in drei anonymen geistlichen Liedern von Friedrich Spee von Langenfeld. Diss. Rom 1982. [Masch.]

Jacobsen, Eric: Die Metamorphosen der Liebe und Friedrich Spees *Trutznachtigall*. Kopenhagen 1954. (Studien zum Fortleben der Antike. 1.)

Kemper, Hans-Georg: Bann-Strahlen der Poesie. Magie und Mystik in Spees *Trutz-Nachtigal*. In: Franz (1995) S. 197–212.

Kruse, Joseph A.: Spees Travvr-Gesang von der noth Christi am Oelberg in dem Garten. Geistliche Betrachtung als sprachliches Kunstwerk. In: Spee-Jahrbuch 3 (1996) S. 193–201.

Küppers, Kurt: *Trutz-Nachtigall*. In: Sievernich (1986) S. 83–96.

Märtens, Ilse: Die Darstellung der Natur in den Dichtungen Friedrichs von Spee. In: Euphorion 26 (1925) S. 564–592.

Meinke, Anja: »In Gott ist alle Wollust«. Zur Mystik Friedrich Spees. Frankfurt a. M. 1994. (Europäische Hochschulschriften. 1456.)

Nowak, Wolfgang: Versuch einer motivischen Analyse des Schäferhabits bei Friedrich von Spee. Diss. Berlin 1954. [Masch.]

Oorschot, Theo van: Friedrich Spees Magdalenenlied. In: Festgabe für Paul B. Wessels. Nijmegen 1974. S. 98–109.

Rener, Frederick M.: Friedrich Spee and Virgil's Fourth Georgic. In: Comparative Literature 24 (1972) S. 118–135.

– Friedrich Spee's »Arcadia« revisited. In: Publications of the Modern Language Association of America 89 (1974) S. 967–979.

Rosenfeld, Emmy: Neue Studien zur Lyrik von Friedrich von Spee. Mailand 1963.

Rösler, Andrea: Vom Gotteslob zum Gottesdank. Bedeutungswandel in der Lyrik von Friedrich Spee zu Joseph von Eichendorff und Annette von Droste-Hülshoff. Paderborn 1997.

Schachner, Heinrich: Naturbilder und Naturbetrachtung in den Dichtungen Friedrichs von Spe. In: Programm des Obergymnasiums Kremsmünster. Linz 1906. S. 1–62.

Schaub, Gerhard: Die Spee-Rezeption Clemens Brentanos. In: Literaturwissenschaftliches Jahrbuch N. F. 13 (1972) S. 151–179.
- Friedrich Spee. Ein Dichter mehr als mancher Minnesänger. Zur Wirkungsgeschichte der *Trutznachtigall* in der deutschen Romantik. In: Verführung zur Geschichte. Festschrift zum 500. Jahrestag der Eröffnung einer Universität in Trier. Trier 1973. S. 323–346.
- Friedrich Spee. Volksdichter, Minnesänger, Naturlyriker oder poeta doctus? In: Franz (1991) S. 115–127.
Schmitz, Arnold: Ausgewählte Aufsätze zur geistlichen Musik. Paderborn 1996. (Beiträge zur Geschichte der Kirchenmusik. 3.)
Sieveke, Franz-Günther: Die Pater-Noster-Paraphrase der *Trutz-Nachtigall*. Überlegungen zum theologischen Argumentationsstil bei Friedrich Spee. In: Franz (1995) S. 229–242.
Weiers, Karl Heinz: Aufsätze zu Friedrich Spee und Interpretationen zu Gedichten in Spees *Trutz-Nachtigall*. Trier [im Selbstverlag] 2002. [Teilweise vorher als Beiträge in mehreren Jahrgängen des *Spee-Jahrbuchs* veröffentlicht.]

Daten zu Leben und Werk Friedrich Spees

25. 2. 1591	Geboren zu Kaiserswerth (bei Düsseldorf) als Sohn des Amtmanns und Burgvogts Peter Spee von Langenfeld.
1601/02–1608	Köln. Gymnasialstudium am Tricoronatum und am Montanum.
3. 11. 1608–1610	Köln. Studium an der Universität.
22. 9. 1610	Trier. Eintritt in die Gesellschaft Jesu.
1612–1615	Würzburg. Philosophische Studien.
1615–1619	Gymnasiallehrer in Speyer, Worms und Mainz.
November 1617	In einem Brief an den Ordensgeneral bittet Spee um Aussendung in die Heidenmission. Am 14. 4. 1618 lehnt der General diese Bitte ab.
1619–1623	Mainz. Studium der Theologie.
1621	In Würzburg erscheinen: *Bell' Vedére Oder Herbipolis Wurtzgärtlein* und *Latte di Gallina Peter Oel vnnd Berl Wasser*.
28. 3. 1622	Mainz. Priesterweihe.
1622	In Würzburg erscheint: *Das allerschönste Kind in der Welt*.
1623	In Köln erscheint: *Außerlesene Catholische Geistliche Kirchengesäng*. Höchstwahrscheinlich sind etwa 100 Lieder in den vier zuvor genannten Büchlein von Spee verfaßt worden.
1623–1626	Paderborn. Professor der Philosophie. Missionierungsarbeit unter dem evangelischen Adel um Paderborn.
1626–1627	Speyer. Spee absolviert sein Tertiat, ein in der Gesellschaft Jesu übliches, die Ausbildung abschließendes Jahr.
1627–1628	Köln. Unterrichtstätigkeit am Gymnasium, anschließend an der Universität.
Ende Oktober 1628	Peine. Rekatholisierungsarbeit in der Stadt und den umliegenden Dörfern.
29. 4. 1629	Spee wird durch ein Attentat lebensgefährlich verwundet.
Mitte Juni 1629	Spee ist so weit wieder genesen, daß er die Mission in Peine persönlich abschließen kann.

September 1629	Corvey. Spee hält bei den Benediktinern der Abtei die Ignatianischen geistlichen Übungen ab.
1629–1630	Paderborn. Professor der Moraltheologie.
November 1630	Spee wird aus seinem Lehramt entsetzt.
9. 2. 1631	Höxter. Spee verteidigt die Jesuitenbesitzung Falkenhagen gegen einen Überfall.
14. 5. 1631	Weihbischof Pelcking von Paderborn und Hildesheim berichtet, daß vor kurzem das allerverderblichste Buch *Cautio criminalis* erschienen ist.
Juli 1631 – Juni 1632	Mehrere Briefe des Ordensgenerals aus Rom, der allmählich zu der Überzeugung gelangt, daß die *Cautio criminalis* tatsächlich ohne Spees Mitwissen herauskam.
14. 10. 1631 – Mitte 1632	Köln. Professor der Kasuistik.
Juni 1632	In Frankfurt erscheint eine verbesserte Auflage der *Cautio criminalis*.
28. 8. 1632	Der Ordensgeneral legt dem Provinzial nahe, Spee aus dem Orden zu entlassen. Der Provinzial entscheidet jedoch anders und schickt Spee nach Trier.
1632–1635	Trier. Professor der Kasuistik, später der Exegese.
7. 8. 1635	Spee stirbt in Trier infolge einer Ansteckung, die er sich bei der Versorgung pestkranker Soldaten zugezogen hatte.
1637	In Köln erscheint das *Geistliche Psälterlein*, das weitere Lieder Spees enthält.
1649	Postum erscheinen in Köln das *Güldene Tugend-Buch* und die *Trvtz-Nachtigal*.

Nachwort

Beide Autographen der *Trvtz-Nachtigal* tragen auf der Titelseite die Jahreszahl 1634. Das besagt jedoch nicht, daß der Jesuit Friedrich Spee von Langenfeld (1591–1635) den Gedichtzyklus etwa ein Jahr vor seinem frühen Tod verfaßt hat. Bereits in den wahrscheinlich 1627/28 entstandenen ältesten Fassungen von Spees *Güldenem Tugend-Buch* finden sich 21 bzw. 24 der späteren *Trvtz-Nachtigal*-Lieder. Der Einfall, diese Texte zusammen mit weiteren neu gedichteten zu einer Liedersammlung auszubauen, kam Spee einer hartnäckigen, nicht nachprüfbaren Tradition zufolge 1629 in Falkenhagen, kurz nach dem bei Peine auf ihn verübten Attentat. Auf jeden Fall ist es wahrscheinlich, daß die Genese des *Trvtz-Nachtigal*-Textes sich über mehrere Jahre erstreckte. Das Straßburger Arbeitsheft zeigt, wie Spee Lieder hinzu- und einfügte, Textpartien umstellte, die Reihenfolge der Lieder änderte, Textstellen strich, darüber, darunter, daneben neue Fassungen eintrug, radierte, überklebte, nochmals strich, bis er einige Stellen wohl zehnmal geändert hatte. Inzwischen gestattete er mehrmals, daß der jeweils erreichte Textstand von anderen abgeschrieben wurde.[1] Das alles muß eine längere Zeit beansprucht haben. Die Jahreszahl 1634 im Straßburger Arbeitsheft kann also nur bedeuten, daß Spee damals die *Trvtz-Nachtigal* als vollendet betrachtete. Folgerichtig fertigte er denn auch sofort eine Reinschrift an, die Trierer Handschrift, in der er dann wiederum ganz sorgfältig auf sauberen Rasuren doch noch sehr viele Änderungen vornahm.

Spees dichterische Tätigkeit setzte vor dem Jahre 1620 mit dem Verfassen von Liedern für die Kinderkatechese ein. Von Anfang an unterschieden sich diese Lieder von anderen gleichzeitigen Versuchen zur Wiederbelebung, Vermehrung und Modernisierung des alten katholischen Liedguts durch

---

1 Vgl. dazu S. 301 f.

Melodie zum 1. Lied aus dem Erstdruck

ein alternierendes Versmaß ohne störende Tonbeugungen, durch inhaltliche Dichte, Sprachbildlichkeit und tieferen Gehalt, kurzum, durch künstlerische Qualität. Fünfzehn Jahre später dichtete Spee die letzten Eklogen, die die *Trvtz-Nachtigal* vollendeten. Auffällig ist dabei die sehr viel größere Artistik dieser Hirtendichtung, die Spees neuer Zielsetzung entsprach, »sonderlich der poëtischen Kunst gelehrten Liebhabern zur Erquickung« zu dichten, wie es auf der Titelseite der Trierer Handschrift heißt (s. S. 3). Aus dem Kinderliederdichter war ein Mann geworden, der den Ehrgeiz besaß, Gottes »Lob, vnd Namen eben also künstlich, vnd poëtisch als andere in anderen Spraachen, singen, vnd verkünden« zu wollen[2]; der nicht länger Strophenformen durcheinanderwarf, wie ihm das in den frühesten Fassungen der *Trvtz-Nachtigal* noch passiert war; der in dem zunächst so schwierigen trochäischen Versmaß nicht länger einsilbig zu dichten brauchte: »Nie kompt ihr doch voll nach hauß«, sondern inzwischen die bessere Fassung entdeckt hatte: »Ledig fahret Jhr nach hauß« (18,37). Spee hatte sich zu einem der Pioniere der neuen Dichtung in deutscher Sprache entwickelt, in die er einen deutlich eigenen Akzent einbrachte, indem er aus Frankreich nicht wie etwa Martin Opitz die neuen Formen, sondern nur einige Melodien übernahm, vielmehr in der volkstümlichen Liedart verwurzelt blieb und diese – vielleicht sogar selbst als Tondichter[3] – weiterentwickelte. Spee wußte neue Welterfahrung und authentische Glaubensinspiration so mit dem überkommenen geistlichen Lied zu verschmelzen, daß etwas völlig Neues entstand. Seine Eigenständigkeit beruht letzten Endes darauf, daß er zugleich ein moderner und ein geistlicher Dichter sein wollte, wobei der Verkündigungsaspekt offensichtlich im Vordergrund stand, wie die von Spee selber stammende lateinische Anrufung an die

---

2 »Merckpünctlein«, S. 5.
3 Vgl. das Widmungsgedicht des Pater Wilhelm Nakatenus im Erstdruck der *Trvtz-Nachtigal*, wo dieser über Spee schreibt: »Die saiten hoch besteiget / Durch noten vnbekandt«. Das könnte heißen, Spee habe einige Melodien selbst verfertigt.

Musen auf der Rückseite des Titelblatts klar aussagt: »Sizilianische Musen, bekränzt den geistlichen Dichter, / der euch nun in deutscher Sprache reden läßt.« So lautet in Übersetzung diese Anrufung, in der Spee sich als Dichter in deutscher Sprache, als geistlichen Dichter, als Eklogendichter wie auch als bedeutenden Dichter gesehen wissen will. Als Eklogendichter, weil Theokrit, der Vater der bukolischen Dichtung, auf Sizilien geboren wurde; als bedeutend, weil Spee sich der Dichterkrone würdig erachtet. Auf diese vier Aspekte seines Schaffens soll im folgenden näher eingegangen werden.

Der Jesuit Friedrich Spee verstand sich als geistlichen Dichter. Dieser Aussage scheint die so betont poetische, kunstgerecht »gemachte« Gestalt der Speeschen Lieder zu widersprechen. Geistliche Dichtung soll ja – so meint man – an erster Stelle der frommen Herzenserhebung dienen, welchem Zweck eine zu kunstvolle Form eher entgegenzuwirken scheint. Dennoch ist daran festzuhalten, daß Spee die *Trvtz-Nachtigal* nicht als lyrische Anthologie, sondern als Erbauungsbuch gemeint hat.

Bereits die Titelzeichnung weist in dieser Richtung. Zu Füßen der an einen Baum genagelten Cupido-Jesus-Gestalt sitzt die Seelenbraut, den Liebespfeil im Herzen. Meditative Versenkung spricht aus ihrer ganzen Haltung. Der fünfstrahlige Springbrunnen neben ihr ist Symbol für die Heilswirkung der Wunden Christi. Auf den Brunnen hat sich die Nachtigall gesetzt: die ganze Kraft ihres Gesangs entspringt aus dem Leiden und Tod Jesu. Wir würden uns sehr irren, vergäßen wir über dem scheinbar so hellen Ton mancher *Trvtz-Nachtigal*-Lieder diesen Ursprung von Spees Dichtung. Die Gefahr einer solchen Irreführung beginnt allerdings schon bei dem viel kunstreicheren Kupferstich des postumen Erstdrucks (s. S. 349). Die klare Struktur der Straßburger Zeichnung (s. S. 348) ist hier verwischt. Nicht länger heftet sich das Auge sofort auf den leidenden Jesus und die ganz in seinen Anblick versunkene Frauengestalt, es wird zunächst in die Allee hineingezogen und findet erst später zu den an den

Rand gedrängten Gestalten. Hier überwuchert die Form den Sinn. Der Stich ist vierzehn Jahre nach Spees Tod entstanden. Das Mißverstehen von Spees Dichtung hat offenbar schon damals begonnen. Allerdings hat der Dichter durch seine die Form besonders hervorhebenden »Merckpünctlein für den Leser« einem Mißverständnis Vorschub geleistet. Dennoch steht außer Zweifel, daß sich seit den ersten katechetischen Versuchen seine Aussageintention nicht geändert hat: Glaubensverkündigung und Anleitung zu einem gottgefälligen Leben waren und blieben das Ziel. Führer auf dem Weg des geistlichen Lebens wollte Spee sein, in den Katechismusliedern, im *Güldenen Tugend-Buch* und nicht weniger in der *Trvtz-Nachtigal*. Nur die Adressaten änderten sich: zunächst waren es Kinder, dann fromme Frauen, schließlich »alle geistlichen, gottliebenden Seelen, vnd sonderlich der poëtischen Kunst gelehrte Liebhaber« (S. 3). In Nachfolge seines Ordensgründers Ignatius von Loyola geht auch Spee zwar durch die Tür seines Gegenübers hinein, versucht aber sozusagen durch die eigene wieder herauszukommen. Darum heißt es in Spees frühen Liedern von den Kindern: sie »singen mit zwey oder drey Hundert / daß einem / der es hőrt / das Hertz im Leibe lacht. [...] damit die Kinder tåglich [...] Himlische Ding gleich als Zucker vnnd Hőnig im Mund kåwen«[4]. Im *Tugendbuch* erzählt Spee: »Es begerete einßmahls von mir eine gottliebende meine geistliche Tochter so sich der welt abgethan, vnd dem dienst Ihres Breutigams Christi Jesu gantz ergeben hatte; ich doch ihr zu papier setzen wollte, wie man sich das gantze jahr durch, in den fürnemsten Tugenden nutzlich vben köndte?« Weil dieses Werk also »nur für andächtige, fromme, doch verstendige Seelen, nicht aber für sehr gelehrte vnd hohe gemüter« geschrieben war, bat Spee jeden etwaigen gelehrten und »scharpfsinnigen« Leser, dieser möge nicht fordern, »daß auch ihme vnd seines gleichen, so wol in der Materi, als in der art, vnd manier zureden,

---

[4] Friedrich Spee, *Die anonymen geistlichen Lieder vor 1623*, hrsg. von Michael Härting, Berlin 1979, S. 63.

Titelblatt der Straßburger Handschrift

Titelkupfer des Erstdrucks

in allen stücken ein genügen geschehe«[5]. In den »Merckpünctlein« der für die Gebildeten bestimmten *Trvtz-Nachtigal* aber erklärt Spee, er wolle »auff recht Poëtisch« und »eben also künstlich, vnd poëtisch als andere in anderen Spraachen, singen, vnd verkünden«, so daß sein Werk »sich auch wol bey sehr guten Lateinischen, vnd anderen poëten dörffe hören lassen« (S. 5). Zumindest der Absicht nach stand für Spee auch in der *Trvtz-Nachtigal* die zu verkündende Botschaft zentral – nicht zufällig verwendet er das Wort »verkünden« –, die hochkünstlerische Form war das Mittel, an die gewünschte Zielgruppe heranzukommen.

Spee wollte bewußt als geistlicher Dichter verstanden werden. Dies darf nicht außer acht gelassen werden, wenn im folgenden Heinrich Böll zitiert wird, der gerade das *poetische* Wesen von Spees Verkündigung hervorhebt. Über Dominikus, den Böll hier betrachtet als Gründer jenes Ordens, dem sehr viele hexenverbrennende Inquisitoren angehörten, schreibt er: »Dominikus ist heiliggesprochen worden, nicht aber jener andere Ordensmann, Friedrich Graf von Spee, der gegen die Hexenverbrennung predigte und schrieb. Der Dominikanerorden ist fast immer ›angekommen‹, Geister von der Art des Grafen von Spee nur selten; die klugen Ordensleute waren gewöhnlich Meister der Anpassung, sie waren immer ›modern‹, manchmal geradezu ›modisch‹ – was bedeutet: sie waren immer sehr weit von Schönheit und Poesie entfernt; sie waren nicht untröstlich, wie es der Poet Spee war, hatten immer Trostworte bereit, gut gedrechselte Predigten.«[6] Und etwas weiter heißt es: »Die Hexenverbrennungen waren Zerstörung von Poesie.«[7] Gerade weil er Dichter war, so Bölls Argumentation, habe Spee so viel humanen Gehalt besessen, daß er die Unsinnigkeit, die Grausamkeit

---

5 Friedrich Spee, *Güldenes Tugend-Buch*, hrsg. von Theo van Oorschot, München 1968, S. 13 und 11.
6 Heinrich Böll, *Aufsätze – Kritiken – Reden*, Köln/Berlin 1967, S. 244. [Ich möchte betonen, daß ich mit dem Hieb auf den *ganzen* Dominikanerorden nicht einverstanden bin.]
7 Ebd., S. 246.

der Hexenjagd einzusehen vermochte und gegen die Folterungen Einspruch zu erheben wagte. Weil er ein so bedeutender Dichter war, sei in ihm eine so große Trauer gewesen, daß diese ihn befähigte, in der *Cautio Criminalis* (1631) unter juristischen und theologischen Aspekten die entsetzliche Inhumanität der Hexenprozesse endgültig bloßzulegen. Bölls These ist freilich ein etwas ungewöhnlicher Umweg, die große dichterische Qualifikation Spees nachzuweisen, sie ist deshalb nicht weniger überzeugend. Und in Anbetracht der Wirkung, welche die *Cautio* durch Christian Thomasius schließlich doch noch hervorrief, würde sie allein ausreichen, Spees Bedeutung als Dichter zu erweisen.

Aber auch der Einfluß, den Spees Dichtungen in formaler Hinsicht ausübten, weist in der gleichen Richtung. Obgleich dieses Feld noch viel zu wenig untersucht wurde, kann man sagen, daß es unter den dichtenden Jesuiten am Rhein jahrzehntelang so etwas wie eine Spee-Welle gegeben hat. Bekannt sind die Namen von Wilhelm Nakatenus (*Himmlisch Palm-Gärtlein*, 1660), Dominikus Nugent (*Christliche Nachtigal*, 1675) und Johannes Heringsdorf, der in das Gesangbuch *Geistliches Psälterlein* (1637) nicht nur viele geistliche Lieder Spees aufnahm, sondern auch eigene, die den Speeschen manchmal täuschend ähneln. Die für ihre kleinen Schüler Katechismusspiele verfassenden Katecheten plünderten in den vierziger Jahren die *Trvtz-Nachtigal* förmlich aus. Nicht erstaunlich ist es daher, daß bis 1709 fünf Neuauflagen der *Trvtz-Nachtigal* herauskamen; auch gab es Übersetzungen ins Tschechische und Lateinische. Leibniz allerdings, der Spee sehr bewunderte, ihn in seinen Werken und Briefen rund dreißigmal erwähnt und sogar ein vierseitiges »Elogium Patris Friderici Spee S. J.« schrieb[8], läßt sich nicht als Anwalt für Spees Bedeutung als Dichter bemühen, denn Leibniz staunte gerade darüber, daß Spee, der eine so schöne Prosa schrieb, so miserabel dichtete. Ganz anders

---

8 *Die Werke von Leibniz gemäß seinem handschriftlichen Nachlasse in der Königlichen Bibliothek zu Hannover*, hrsg. von Onno Klopp, Reihe 1, Bd. 8, Hannover 1873, S. 62–65.

urteilte jedoch Clemens Brentano, der 1817 eine vollständige Edition der *Trvtz-Nachtigal* besorgte, ein Beispiel, dem bis heute ein Dutzend anderer Editionen, oft mit mehreren Auflagen, folgten. Ganz anders urteilten auch Ign. Heinrich von Wessenberg und Friedrich Schlegel, die – 1802 bzw. 1806 – je eine Teilausgabe der *Trvtz-Nachtigal* erscheinen ließen. Auch von solchen Teilausgaben erschienen seitdem weit mehr als ein Dutzend.

Dieser kurze Überblick über die Wirkungsgeschichte belegt zwar, daß man, mit Ausnahme des 18. Jahrhunderts, Spee immer als einen bedeutenden und genuinen Künstler betrachtet hat. Aber unsere anfängliche Frage, ob die Gestalt dieser Lieder für eine geistliche Dichtung nicht zu artifiziell ist, scheint damit immer noch nicht beantwortet zu sein. Muß man nicht gerade Spee den von Böll andern Ordensleuten gegenüber erhobenen Vorwurf machen, er habe versucht, modern und modisch zu sein, was heißen würde, daß Spee die Form um der Form willen anstrebte? Es wurde bereits gesagt, daß die hochkünstlerische Form für Spee nur das Mittel war, womit er sein Publikum zu erreichen suchte. Oder besser noch: Spee wollte die Botschaft von der Liebe Gottes austragen, die wiederum Menschen zu Liebe und Gerechtigkeit befähigt. Für die Verkündigung dieser Botschaft hat er mit einem aufmerksamen und unendlich geduldigen Hinhören auf die Sprache schließlich die der Botschaft und ihm selber gemäße Gestalt gefunden. Das hatte mit »modern« und »modisch« nur insofern etwas zu tun, als Spee ein Mensch war, der mitten in seiner Zeit stand. Die relativ geringe Zahl der Gedichte, die unermüdliche Ausdauer, womit Spee manche Zeile bis zu zehnmal überarbeitet hat, bis sie die genaue Form für seine Glaubenserfahrung geworden war, deuten nicht auf einen modisch orientierten Literaten hin. Auf jeden Fall sind viele von den Gedichten der *Trvtz-Nachtigal* gerade in ihrer artifiziellen Erscheinung der genaue Ausdruck einer authentischen Erfahrung. Die Speesche Dichtung ist freilich, anders als ein Großteil der neuzeitlichen Lyrik, nicht subjektiv. Subjektivität war im 17. Jahrhundert nicht gefragt, wurde sogar als läppisch betrachtet. Dennoch aber klingt Spees ureigenste Erfahrung in seiner Lyrik durch: die fast völlige Verschmelzung seiner poetischen und apostolischen Anliegen, das Zusammenfallen der Naturverbundenheit mit einer tiefen christlich-religiösen Gotteserfahrung. Es ist gerade die Einheit und Einheitlichkeit von Welterfahrung und Weltschau, die uns modernen Menschen durch Spees Lyrik wiedervermittelt werden kann.

Diese Einheit der Person kommt auch in Spees Sprache zum Ausdruck. Er will in gutem Deutsch dichten, meint aber damit seine heimatliche rheinische Mundart, die sich jedoch durch Spees Aufenthalt in vielen Ordenshäusern und durch den Umgang mit aus vielen Gegenden Deutschlands stammenden Mitbrüdern von einer zu starken mundartlichen Färbung gereinigt hatte. Diese ihm angewachsene Sprache betrachtete Spee als gutes Deutsch; er hat nie nach einer allgemeindeutschen Hochsprache gestrebt, sich vielleicht nicht einmal an den von Dieter Breuer entdeckten Bestrebungen nach einer »katholischen« deutschen Allgemeinsprache[9] beteiligt. Denn die von der Forschung immer wieder angeführte Bemerkung aus der »Vorrede« des Erstdrucks über das angeblich von Spee in Anspruch genommene »Privilegium oder Volmacht Dialecten zu gebrauchen«[10], beweist gerade, daß Spee selbst keine Bedenken gegenüber dem Gebrauch der Mundart hatte. Die vielen von ihm vorgenommenen Textänderungen beziehen sich von den ersten Fassungen an bis zur allerletzten Fassung der Trierer Reinschrift eigentlich nie auf eine Zurücknahme des Mundartlichen. In aller Seelenruhe konnte Spee denn auch über seine mundartlich gefärbte Sprache bemerken: »Vnd zwar die teutsche wörter betreffend,

---

9 Vgl. Dieter Breuer, »Die Auseinandersetzung mit dem oberdeutschen Literaturprogramm im 17. Jahrhundert. Zum Verhältnis von sprachlicher und gesellschaftlicher Programmatik«, in: *Archiv für Kulturgeschichte* 53 (1971) S. 53–92; zu Spee: S. 83–91.
10 »Vorred deß Authoris«, Nr. 4, in: Friedrich Spee, *Trutz-Nachtigal*, historisch-kritische Ausgabe, hrsg. von Theo G. M. van Oorschot, Bern 1985, S. 333,22. Diese Vorrede ist die vom Herausgeber des Jahres 1649 umgearbeitete Form der »Merckpünctlein«.

solle sich der Leser drauff verlassen, daß keins passiret worden ist, so sich nicht bey guten authoren finden lasse, oder bey guten teutschen bräuchich seye.«[11] Erst dem postumen Herausgeber war im Jahre 1649 das Mundartliche zum Problem geworden. Er hat es an zahllosen Stellen zurückzunehmen versucht. Und als ihm das nicht gelang (denn sonst hätte er Spees Text bis zur Unkenntlichkeit umarbeiten müssen), war er es, der in seine stark überarbeitete Fassung der »Merckpünctlein« die Bemerkung über das Privileg des Gebrauchs der Mundart einfügte, um auf diese Weise das Scheitern seiner Sprachreinigung zu bemänteln. Spee aber hat aus der Fülle der ihm angeborenen und angewachsenen Sprache geschöpft, lediglich darum bekümmert, daß er nicht Ausdrücke verwendete, die den meisten Deutschen seiner Zeit unverständlich sein würden.

Sogar die Eklogen waren für Spee ein Mittel echter, nicht im geringsten künstlicher, sondern aufrichtig kunstvoller Aussage, auch wenn etwa die Namen Daphnis (für Jesus), Halton, Phidaemon usw. oder der mit Concetti, Antithesen und Oxymora gesättigte Stil heute den Eindruck großer Künstlichkeit erwecken mögen. Spee suchte gerade in den Eklogen die Darstellung des einfachen, des natürlichen Lebens. Als Humanist fand er dieses mit größter Selbstverständlichkeit bei den lateinischen Dichtern, vor allem bei Vergil, von dem er die Form der bukolischen Dichtung kongenial übernahm. Aber ist die Gattung des Hirtenlieds für die von Spee darin behandelten Themen nicht bisweilen völlig unangemessen? Zumal das 47. Lied, das den Gekreuzigten unter dem Bild eines jungen, zu zerlegenden Rehs darstellt, steht unserem Empfinden entgegen; allenfalls können wir es uns als Verspieltheit erklären. Hier stoßen wir auf die vielleicht wichtigste Erkenntnis, ohne die sich die *Trvtz-Nachtigal* heutzutage nicht verstehen, geschweige denn nachvollziehen läßt. Die wahre Erfahrung, die echte Empfindung treten bei Spee fast immer in Verkleidung auf; ja, sie »treten auf«, in der Form

---

11 »Merckpünctlein«, S. 5 f.

des Concetto, des geistreichen Spiels: Jesus unter der Gestalt des Hirten Daphnis, die Liebe als kühlende Flamme, Spiel mit dem Echo. Es war die jesuitische Haltung: durch Schau-Spiel die Leute anziehen, um ihnen auf angenehme Weise und – wenn es sein mußte – gleichsam unbemerkt den Glauben und die Tugend einzuflößen oder, wie es in dem 4. »Merckpünctlein« heißt: Damit »die Hertzer deren, die es lesen werden, in Gott, vnd göttlichen sachen ein genügen, vnd frolokken schöpffen«. Überdies begegnet uns darin die Haltung des gesamten 17. Jahrhunderts: die Welt wird als eine Bühne gesehen, Dasein heißt eine Rolle spielen. Spee fand dadurch, etwa mit den Natureingängen seiner Lieder, die durchweg kleine Szenerien, Bühnenbilder sind, Anschluß an die neuen dichterischen Bestrebungen seiner Zeit. Auffällig bleibt aber bei ihm, daß seine Aussage in fast allen Liedern echter Ausdruck blieb, der das Spielerische zu nutzen und zu integrieren wußte.

Abschließend sei noch kurz der Aufbau der *Trvtz-Nachtigal* berührt. Das 52. Lied darf dabei unberücksichtigt bleiben, weil Spee es in die Trierer Handschrift nicht aufgenommen hat. Bereits bei einem kurzen Blick in das Verzeichnis der Gedichtüberschriften zeichnen sich deutlich Gruppen von Liedern ab: die Liebeslieder des »Gespons Jesu«, die Lieder von Buße und Trauer, die Loblieder und jene, die die Geburt, das Leiden und die Auferstehung Jesu besingen. Der Form nach bilden die Hirtenlieder eine klar erkennbare Gruppe. Bei genauerem Hinsehen läßt sich der Aufbau noch präziser beschreiben: Das erste Lied stellt eine Einführung in die ganze Sammlung dar; Spee hat es denn auch erst spät auf einem eigenen Blatt in das Straßburger Arbeitsheft vorne eingeklebt. Die Lieder 2–11 bilden den Sponsa-Zyklus, abgeschlossen durch das lange Magdalenenlied. Es folgen die Lieder von Vergänglichkeit, Buße und Trauer (12–18), wobei das Vaterunser an dieser Stelle anscheinend vorwiegend als Reuegebet betrachtet wird. Das Xaveriuslied (19) läßt sich augenscheinlich weder zu der vorhergehenden noch zu der nachfolgenden Gruppe schlagen; es ist das Lied, das bisher die größten Schwierigkeiten bei jedem Versuch eines Strukturnachweises bereitete. Dann setzen die Lieder vom Gotteslob ein (20–32). Das große Preislied der Hl. Dreifaltigkeit (29) hätte diese Gruppe auf würdige Weise beschließen können, wenn nicht noch drei Lobgedichte in Eklogenform folgten. Es überschneiden sich hier zwei Ordnungsprinzipien: ihrer Eklogenform wegen wurden jene drei Gedichte hinter dem 29. Lied eingeordnet. Alle weiteren Lieder (33–51) beschreiben die Geburt, das Leiden und die Auferstehung Jesu, wobei das 51. Lied von Fronleichnam, vom Allerheiligsten Altarsakrament als Abschlußlied der Gruppe und zugleich der ganzen Sammlung das Weiterleben des auferstandenen Herrn in der heutigen Kirche besingt. Will man die Weihnachts-, die Leidens- und die Osterlieder als je eigene Gruppe betrachten, so können das 37. und 48. Lied als Übergangs- und Verbindungslieder angesehen werden.

Mit dieser Beschreibung der klar erkennbaren Gruppen ist jedoch deren Reihenfolge keineswegs erklärt. Gerade dieser übergreifende Zusammenhang bildet das eigentliche Problem in der Frage nach der Struktur der *Trvtz-Nachtigal*. Wieso dieses Nacheinander von Liebesliedern, Bußliedern, Lobliedern und Leben-Jesu-Liedern? Die »Merckpünctlein« bieten keinerlei Handhabe für die Beantwortung der Frage nach der Struktur. Spees Einführungslied beschreibt zwar die einzelnen Gruppen, es ist darin aber kein Hinweis zu sehen, der auf ein Ordnungprinzip der Gruppen hindeutete. Gleiches gilt für das Widmungsgedicht, das Pater Wilhelm Nakatenus 1649 dem Erstdruck voranstellte. Vierzehn Jahre nach Spees Tod wußte er offensichtlich nicht mehr als wir jetzt. Die Forschung hat schon mehrmals versucht, die Struktur der *Trvtz-Nachtigal* zu erhellen. Es sollen diese Versuche hier nicht weiter beschrieben werden; ich kann nur sagen, daß sie mich alle ebensowenig befriedigen wie die mageren Ergebnisse der eigenen Forschungen, die hier trotzdem mitgeteilt seien.

Es liegt auf der Hand, den Aufbau der *Trvtz-Nachtigal* mit dem der *Geistlichen Übungen* des Ignatius von Loyola zu vergleichen, weil diese Übungen nicht selten den Rahmen abgeben, in dem ein Jesuit Gott und die Welt erfährt und denkt. Ein wenig auf das zu erbringende Ergebnis zurechtgebogen, sähe der Aufbau der *Geistlichen Übungen* folgendermaßen aus:

1. Lob Gottes (im »Fundament«: Nr. 23 nach der üblichen Zählung).
2. Buße und Mut schöpfen (»Erste Woche«: 45–70 und 71).
3. »Ruf des Königs« (Anfang der »Zweiten Woche«: 91–98).
4. Geburt, Leiden, Auferstehung Jesu (»Zweite – Vierte Woche«: 101–229).
5. »Betrachtung zur Erlangung der Liebe« (230–237).

Würde man die *Trvtz-Nachtigal* nach diesem Schema ordnen, müßte man die Reihenfolge ihrer Lieder wie folgt ändern:

1. Die Lieder vom Gotteslob: 20–32.
2. Die Lieder von Buße und Überwindung der Trauer: 12–18.
3. Das Xaveriuslied: 19.
4. Die Lieder vom Leben Jesu: 33–51.
5. Die Sponsa-Lieder: 2–11.

Der Hauptertrag dieses Vergleichs wäre also, daß wahrscheinlich zum ersten Mal einsichtig wird, wieso Spee die Bußlieder mit dem Xaveriuslied beschließt. Wie in den *Geistlichen Übungen* folgt nach der Reue die Berufung zur Mitarbeit im Reiche Gottes. Erkennbar ist auch geworden, daß die Hauptlinien der *Geistlichen Übungen* in der *Trvtz-Nachtigal* wiederkehren. Unklar bleibt, weshalb Spee die Reihenfolge der Gruppen geändert hat. Vielleicht ließe sich dazu noch bemerken, daß die Titelzeichnung wahrscheinlich die Urinspiration der *Trvtz-Nachtigal*, nämlich das liebende Verhältnis der Braut-Seele zum gekreuzigten Heiland, in ein Bild faßt. Der reinste Ausdruck dieses Verhältnisses sind die Gespons-Lieder, die Spee denn auch unmittelbar auf die Zeichnung folgen läßt. Daß Spee die Lieder 9, 10 und 11 über Leiden und Auferstehung Jesu nicht in die Leben-Jesu-Reihe einfügte, sondern in die erste Gruppe aufnahm, zeigt m. E., daß dem Bild der Seelenbraut eine stark gruppierende Kraft innewohnte. Der Platz der Gottesloblieder läßt sich mit meiner These leider nicht erklären. Daß die Eklogen die *Trvtz-Nachtigal* beschließen, dürfte ganz einfach darin seinen Grund haben, daß sie als letzte entstanden sind und an den bereits fertigen Teil angeschlossen wurden. Insoweit ist die *Trvtz-Nachtigal* ein Florilegium, das nicht unbedingt nach einem festen Prinzip gegliedert sein muß. Bis auf weiteres läßt sich also nur feststellen, daß in der *Trvtz-Nachtigal* mehrere Ordnungsprinzipien erkennbar sind, die jedoch den Aufbau im ganzen nicht erklären können.

Gewiß ist aber, daß Spee mit der Abfassung der *Trvtz-Nachtigal* die in seinem eigenen Herzen wohnende Hoffnung zu erfüllen vermocht hat:

> Nach mir will ich verlaßen
>   In meinem Testament,
> Ein liedlein schön ohn massen
>   Zum Gottes lob verwendt.
> Daß wird noch wol erklingen
>   Ob ich schon storben bin:
> Es werdens andre singen,
>   Wan ich schon bin dahin.[12]

---

12 Spee, *Güldenes Tugend-Buch*, S. 473.